普通高等教育“十二五”规划教材

财 政 学

（第二版）

李汉文　徐　艺　主编

科 学 出 版 社

北　京

内容简介

本书分为四篇共十四章，分别为理论篇、支出篇、收入篇和管理篇。其中，理论篇包括导论、政府与市场、外部性、公共品和公共选择理论五章；支出篇包括财政支出概述、购买性支出和转移性支出三章；收入篇包括财政收入概述、税收原理、税收制度和公债四章；管理篇包括政府预算管理与财政体制、财政平衡与财政政策两章。

本书既可作为高等院校经济管理类各专业的教学用书，也可作为财会人员及其他经济管理人员的阅读参考资料，还可供企业管理人员培训、学习使用。

图书在版编目（CIP）数据

财政学 / 李汉文，徐艺主编. —2版. —北京：科学出版社，2016.3

普通高等教育“十二五”规划教材

ISBN 978-7-03-047862-7

Ⅰ. ①财… Ⅱ. ①李… ②徐… Ⅲ. ①财政学–高等学校–教材 Ⅳ. ①F810

中国版本图书馆 CIP 数据核字（2016）第 056837 号

责任编辑：兰 鹏 / 责任校对：贾娜娜
责任印制：霍 兵 / 封面设计：蓝正设计

科学出版社 出版
北京东黄城根北街 16 号
邮政编码：100717
http：//www.sciencep.com

文林印务有限公司 印刷
科学出版社发行 各地新华书店经销
*
2013 年 8 月第 一 版 开本：787×1092 1/16
2016 年 3 月第 二 版 印张：16
2018 年 1 月第七次印刷 字数：379 000

定价：38.00 元

编　委　会

第二版前言

自从公共选择理论被经济学界广泛认可之后，经济学的研究对象在深度和广度上都得到了极大的拓展，作为应用经济学之一的财政学的研究对象当然也会随之发生变化。传统财政学所研究的“政府活动”现在已经可以进一步细化为“政治家、官员、选民和利益集团活动的加总”，原因很简单，任何一个政府都是以上四大政治市场主体内部及他们之间相互博弈的场所而已，从这个角度来看，我们可以以微观的方式来理解现代财政学。同时，“政府活动”必然也会有诸多宏观目标，如经济发展、物价稳定、充分就业和国际收支平衡等，尤其是在宏观经济处于波峰和波谷时更是如此，所以我们当然也可以以宏观的方式来理解现代财政学，而且这种方式较上一种方式更为重要。正因为现代财政学可以以宏微观两种方式加以理解，所以财政学现在也可以叫做“公共财政学”、“公共部门经济学”和“公共经济学”等，但本书仍然称为“财政学”，因为按照“实质重于形式”原则，名称本身并不重要，况且国内的主流还是习惯称为“财政学”，当然我们也不会反对其他称呼。

本书的第二版在第一版的基础上进行了逻辑结构的进一步调整和优化，加入了最新的财政研究动态，反映了财政学科的前沿理论和实践。具体而言，重新梳理了政府与市场的关系，提出了财政存在的逻辑基础，于是单列出了第二章“政府与市场”；把原先的社会保障支出和财政补贴支出合并为第八章“转移性支出”；把原先的税收基本理论拆分为第十章“税收原理”和第十一章“税收制度”；删除了原先国有资产管理的部分；在原政府预算管理的章节中增加了财政体制的介绍；对原先的财政赤字与财政政策的章节进行修改和完善，拟定了第十四章“财政平衡与财政政策”。

本书的编写凝聚了贵州财经大学经济学院财税系众多老师的共同努力，具体分工如下：李汉文负责第一章第一节至第三节、第二章第四节、第三章和第四章的编写及全书的统筹；谭承友负责第一章第四节和第五节、第十二章和第十四章的编写；罗青负责第二章第一节至第三节和第五节的编写；章晓雯负责第五章的编写；梁倩负责第六章的编写；肖远菊负责第七章的编写；徐艺负责第八章的编写、全书的校对和与老师们的协调工作；杨颖负责第九章的编写；魏彧负责第十章和第十一章的编写；刘一欧负责第十三章第一节和第二节的编写；汤旖璆负责第十三章第三节的编写。

本书的出版离不开国内外同仁的相关研究，也离不开科学出版社刘志男先生的努力，当然更离不开我们所热爱的学生们的鼓励和支持，在此一并表示最诚挚的谢意。

李汉文
2016年1月于贵州财经大学花溪校区

目　录

第一篇　理　论　篇

第二篇 支 出 篇

第三篇 收 入 篇

第四篇 管 理 篇

第一篇 理 论 篇

导　论

➢引言

财政是个大家耳熟能详的词汇，但对什么是财政，财政有哪些作用，财政与我们的生活有什么联系，这些问题能准确回答的人不多。在市场经济下，市场可以通过价格调节经济，为什么还需要政府介入？国家、政府和财政是什么关系？政府财政工作的职能、作用应该表现在哪些方面？这些问题都可以通过财政学的课程得到相关解答。通过本章导论的学习将对财政的概念、财政的研究对象、财政学的发展历程、财政学的研究方法有初步了解。

第一节　生活中的财政现象

“财政”在现代社会是一个常用词汇，它是现实社会中最为普遍的经济现象之一，人们对其并不陌生。其不仅是一个与财政部门、税务部门有关的问题，更是一个与我们日常生活息息相关的事情。

对于个人而言，从出生开始，我们就享受着政府提供的各种服务。例如，接生我们的医院大多都是由政府提供并经营的。伴随着我们的成长，我们接受的各种教育，如就读的小学、初中、高中甚至大学多半是由政府开办的。大学里，对家庭经济困难的学生进行助学贷款，其在读书期间的贷款利息是由国家财政予以补贴支付的。走上工作岗位后，受伤生病，我们可以享受政府提供的医疗保障服务；如果失业，我们可以领取国家的失业保险金；退休时，我们还可以得到国家给予的养老保险金。总之，我们的“生老病死”都与政府及财政活动息息相关。

此外，生活中的一些公共品和服务，也由政府来提供，如国防、治安、公共设施及义务教育等。在遇到重大天灾人祸时，任何的个人、企业都很难抵御风险，只有政府进行大量财政投入才能抵御灾害，实现社会重建。例如，2003 年抗击“非典”的斗争，充分显示了政府和财政的巨大作用。据不完全统计，为抗击“非典”中央政府投入 20 亿元人民币，地方政府投入 80 亿元人民币，这 100 亿元人民币的财政资金挽救了无数生命，保证了国人的“自由呼吸”。又如，2008 年四川汶川大地震，政府是救灾重建的主体，累计投入 3000 多亿元财政资金，在短短几年就完成规划浩大的重建工作，让世人震惊。当前我国的道路交通业发展迅速，据统计我国高速公路已由2002年年底的2.51万千米增加到2014年年底的11.195万千米，其里程已跃居世界第二。不为人知的是，大部分高速公路的兴建都需要政府的财政资金做后盾。同时，我们日常生活所用的水、电、气都是由政府及其管理的企业进行统一提供，凡此种种构成了政府的主要财政支出。

然而，政府和家庭一样，要办事就必须有钱，有支出就必须有收入，但与家庭和企业不同的是，政府作为公共权利和公共服务机构，本身收入来源有限，其收入主要还是取之于民，用之于民。总的来看，政府收入主要包括税、费、利、债四项。税收收入是政府收入的主要构成部分，如我们在买卖各种商品和服务的过程中，我们所支付的价格已包含了各种税款；当我们的收入达到一定水平后，要缴纳个人所得税；如果拥有一定数量的动产或者不动产，还要缴纳不同形式的财产税等。费在我们日常生活中也很常见，如高速公路通行费、收看有线电视缴纳的使用费等。利和债也是政府收入的重要组成部分，利主要指国有企业按比例上缴的利润收入，债主要指国家发行债券取得的收入。以上的税、费、利、债构成政府财政收入的主要内容。

可见，我们每个人时时处处都受到政府经济活动的影响，而政府的各项经济活动都必须由财政预算进行安排。这些活动都是我们生活中的财政学，也是现实社会中最为普遍的经济现象之一。

第二节 财政的概念

财政是伴随着国家的产生而产生的，财政活动是一种历史悠久的经济现象。纵观我国几千年的古籍，可以看到诸如“国用”“国计”“度支”“理财”等都是对财政即代政府理财之道的记载，而“大司农”“大农令”则是对财政管理部门的记载。据考证，1898年戊戌变法《定国是诏》中有“改革财政，实行国家预算”，这是在我国首次使用“财政”一词。“财政”一词的适用，还是维新派在西洋文化的影响下，间接从日本引渡过来的，而在日本则是来源于英文“public finance”一词。辛亥革命时期，孙中山也多次强调要进行财政改革，并且将主管国家收支的部门叫做“财政部”。在美国，相应的机构英文用词为“Department of Treasury”，译为金库或者国库，即我国的财政部。

一、对财政概念的不同理解

自新中国建立以来，关于财政的概念，不同的学者在不同的阶段有着不同的定义，如国家分配论认为财政是国家凭借其权力而参与一部分社会产品的分配和再分配的活动；公共财政论则认为财政是为了弥补市场不足而满足社会公共需要的一系列制度安排的综合；还有其他观点直接认为财政就是政府的收支和管理活动。对财政的理解，可谓仁者见仁、智者见智。

（一）国家分配论的观点

新中国成立初期，受当时特殊的政治经济形势影响，在我国财政学理论研究中占主要地位的是从苏联引进的“货币关系论”及在此基础上形成的一些学派。此理论存在的问题是可能将所有的货币关系都归属于财政，大大夸大了财政的范围。

20 世纪 50 年代末，许廷星从参与资源分配主体的不同把分配关系分为社会经济的分配关系和国家职能所发生的分配关系两大类，并在 1957 年提出“国家分配论”，认为“财政是国家对社会的物质资料的分配。……这种分配在不同条件下，或者表现为实物形态，或者表现为货币形态，但各种形态的实质都是属于社会的物质资料的一种分配”。1964 年召开的第一届全国财政理论讨论会闭幕词中总结道：社会主义财政的本质是无产阶级专政的国家为实现其职能，分配社会产品和国民收入而形成的分配关系。这初步奠定了国家分配论在我国财政学界的主流地位。

国家分配论是对一切社会形态的财政所作的理论概括，它适用于一切社会形态，也就不存在只适用于计划经济，而不适用于市场经济的问题，它不存在过时不过时的问题。其对财政本质问题的研究方面，区别于其他财政思想与观点的最具特色之处，当数它以马克思主义国家学说为依据，通过层层剖析，揭示出财政与国家之间所存在着的本质联系。但是国家分配论以财政活动满足国家职能的需要作为理论研究的起点，这强调了国家的意志，带有任意性和主观性。同时，国家分配论没有对国家需要进行必要的规定，国家的需要可能无穷大，这会导致财政缺乏客观定量，在支出方面陷于随意性和盲目性。因此，为适应市场经济体制，国家分配论的内在逻辑必须强调发挥市场在经济中的基础性作用。

当然，这并不是说，国家分配论不能对国家需要进行界定。实际上，国家分配论可以是一个中性的理论，是一个实证的结论。财政确实表现为国家（通过政府实现的）收支活动的总和（关于国家产生之前是否有财政的问题，其实这是一个对相同概念的不同理解问题，如果那时有财政，则这种财政也和随国家同时产生的财政不是一个事物）。国家分配论的关键之处在于，国家是怎样的国家，是谁的国家？如果是人民的国家，是民主的国家，则国家的意志其实是公众意志的集中或代表，这时的国家意志就不是任意的，而是民主政治依法运行的自然结果；国家意志也不是简单的主观的，因为代表公共利益的大众意见的集合作为结果不能简单地说是主观的。特别是，说国家的需要无穷大也并不符合实际。因为在民主政治下，自然有民主政治过程限制着国家或政府的需要，也有经济状况作为其客观的限制。财政的定量从决策过程来看不是事先可以预期的，而是事后决定的；而且即使从事先看，财政也可以通过预算提出大致的设想，预算的审批则会做出定量的决策。在这个意义上，国家分配论适合于一切经济体制。市场经济下的国家的分配自然不同于计划经济下的国家的分配。所以，国家分配论具有广泛的适应性。当然这样的国家分配论应该首先明确国家的性质。

（二）公共财政学的观点

公共财政学是以政府为研究对象的经济学分支，即研究市场经济条件下政府的行为。它是一门研究与政府预算有关的组织政府收入、安排政府支出、提供公共品、矫正市场失灵、调节资源配置及收入分配等方面，并概括和分析政府经济行为的一门应用经济学。从其发展历史来看，分为早期的公共财政学和 20 世纪 30 年代大危机以来的现代公共财政学。

早期的公共财政理论将财政限定在政府的某些职能范围上，如亚当·斯密根据政府的管理范围和职能确立的财政学理论框架里，将财政限定在公共安全、公共收入、公共服务、公共工程、公共机构及公债等范围。挪威的维克塞尔和瑞士的林达尔将政府预算的支出过程和税收收入结合起来，并将公共部门的决策过程看成是一个政治的集体选择过程，从而达到公共部门供求之间的均衡。这些理论对财政的理解为后来现代公共财政学的研究奠定了基础。

20 世纪 30 年代以后，随着政府广泛干预经济活动，公共财政活动的范围扩大到对市场失灵的矫正、提供公共品、组织政府收入、安排政府支出、调节资源配置与收入分配及稳定宏观经济等方面。这一时期的公共财政理论认为财政是为了弥补市场不足而满足社会公共需要的一系列制度安排的综合，建立在现代市场经济条件下的政府财政所面对的是由私人部门经济和公共部门经济组合起来的混合经济，并从市场失灵出发来界定政府的经济活动范围和职能。

改革开放以后，尤其是在建立社会主义市场经济的过程中，英美等国的财政理论得到引进和吸收，结合我国的具体国情，公共财政不仅要矫正市场失灵，同时还要培育市场、弥补"市场残缺"，建立完整的市场体系；不仅要在收入领域通过经济和法律的手段调节收入差距、促进社会公平，还要在生产领域进行一些基础产业和基础设施的投入，提高国有企业的经济效益；同时，还要运用财政政策保持国民经济的持续、健康、稳定和协调发展。

二、本书对财政的界定

"财政"一词，有多方面的含义：

一是从实践意义来讲，财政是"理财之政"。从组织来说，财政是指国家（或政府）的一个经济部门，即财政部门，它是国家（或政府）的一个综合性部门，通过其收支活动筹集和供给经费和资金，保证实现国家（或政府）的职能。作为一个经济过程，财政包括财政收入和财政支出两个部分。收入主要来源于税收、收费和公债，支出主要有购买性支出和转移性支出。

二是从经济学的意义来理解，财政是一个经济范畴，是一种以国家为主体的经济行为，是政府集中一部分国民收入用于满足公共需要的收支活动，以达到优化资源配置、公平分配及经济稳定和发展的目标。财政的本质是国家为实现其职能，凭借政治权力参与部分社会产品和国民收入的分配和再分配所形成的一种特殊分配关系。根据美国财政学家哈维·罗森的观点，作为财政学研究的对象，财政也称公共部门经济或政府的收支活动，包括其对资源配置与收入分配的影响。

三是财政还有政治学方面的含义。这就是前面说的，财政是为国家政权的运行提供财力基础，从而服务于维持既定的政治秩序。财政是主流政治体系做出的一种政治利益或公共利益安排，关系到统治者的利益实现。因此，财政被视为政治体系的主要组成部分。

四是财政也有社会学方面的含义。财政是一种特殊的社会关系，其媒介是公共收支，其目的是维护既定社会秩序，其中某些集团处于统治地位，其他集团则处于被统治地位。

第三节 财政的起源与发展

国家与政府都有其历史，财政也有一个产生与演化的过程。本节运用马克思主义国家理论与社会契约论的国家理论，从国家（政府）与财政的关系角度，考察财政的起源与发展，目的是更加深入理解财政演化的机制与动力。

一、财政的起源

（一）马克思主义的观点

马克思主义认为，国家是一个政治权力机构和公共服务机构，它具有政治、经济、社会公共服务和文化职能，而财政是为国家实施并实现其职能提供财力的，因而说财政是国家的经济行为，是以国家为主体的经济行为。而政府是国家的执行机关和行政机关，国家通过其执行机关和行政机关来实施并实现职能，因此也可以说财政是政府的经济行为。

依据马克思主义的理论，财政是国家的组成部分，是国家的经济基础。要说明财政的起源，必须先搞清楚国家的起源。

马克思主义认为，国家是阶级统治的工具，它不是从来就有的，而是当社会生产力发展到一定阶段，出现了剥削阶级和被剥削阶级对立的时候产生的，它是阶级矛盾不可调和的产物和表现。马克思主义关于国家起源问题的基本论断是：氏族制度的解体是社会内部生产发展的必然结果，国家起源于社会内部基本矛盾的运动。

原始社会不存在生产资料私有制，社会没有分裂为剥削与被剥削、统治与被统治的两个互相对立的阶级，因而也没有一个阶级用来统治和镇压其他阶级的国家机器。原始社会末期，随着人类生产力的发展，促进了分工和交换的出现，在经历三次社会大分工之后，特别是商业的独立标志着人类社会的分工和交换已经达到相当普遍的程度，经济活动一跃成为人类生活的主要内容，经济利益也上升为决定人际关系的根本因素。分工、交换、利益分化这些因素的出现，使经济因素逐渐取代血缘因素成为决定人类社会制度的主要因素。随着群婚制度向“一夫一妻制”的被迫过渡，个体家庭逐渐取代氏族成为社会的基本经济单位，生产分工日益细化，商品交换日益频繁，人们之间的利益冲突也越来越广泛，越来越深刻。原始的氏族组织和道德力量已经无力应付这一变化，于是就需要有第三种力量站在相互斗争的各阶级之上，压制它们的公开冲突，至多允许阶级斗争在经济领域内以“合法”的形式进行。于是，氏族制度被分工及其后果——社会分裂为阶级所撼动，被新的机关——国家所代替了。

国家一旦出现，它就代替原来氏族、部落、部落联盟，具有管理公共事务、维护和发展生产等社会职能。但是，国家并不是像表面上所呈现的那样，似乎是整个社会的代表，是超越于社会各阶级之上的调和阶级利益的力量，而是统治阶级对被统治阶级、剥削阶级对被剥削阶级实行阶级压迫和阶级剥削的暴力工具，是为统治阶级利益服务的权力机构。

进一步，国家运行需要耗费资源或资金，国家的运行需要有财力作为保障，这就是财政的价值所在。没有必要的财力，国家无法运行，自然就无法持续存在，于是即使有所谓国家的产生，但是其也并不能实际存在。只有国家运行所需要的财力或资源问题得到解决，国家才能实际存在并且发挥维护统治阶级统治的作用。既然国家的实际运作以财力问题的解决为条件，从这个意义上可以说，国家和财政是同时产生的。实际上，财政是国家的必要乃至主要的部分。至于财政实现的具体形式，这是和社会生产力与社会关系的发展相适应的，在历史上有一个演进的过程。

（二）社会契约论的观点

社会契约论在政治学中是具有重大影响的政治理论，属于规范政治学的范畴。在社会契约论之中，财政又会体现为怎样的面貌呢？不同的社会契约论之下，财政分别具有怎样的特征，就是我们需要讨论的基本问题。

社会契约论是17世纪和18世纪最有名的政治理论，其主要代表人物是霍布斯、洛克、孟德斯鸠、卢梭。社会契约论是对国家神权说的直接否定，它的两个基本功用是：解释国家的起源；规定统治者和被统治者相互间的权利和义务。霍布斯、洛克、卢梭三者的“自然状态”和“社会契约”是一脉相承的，他们都以“自然状态”作为事实前提，得出社会契约论的三个版本。

霍布斯代表作为《利维坦》，他认为国家是人类为了克服自然状态而建立的。“自然状态”可以简单地概括为由自然资源匮乏而导致人与人之间的一种战争，是一种“丛林法则”。在此前提下，霍布斯提出的“社会契约”便可以很好理解了，即霍布斯将自然状态描述得过于糟糕和他对秩序的渴望有关，简单概括为个人放弃管理自己的权利，赋予某一拥有强大力量者（即利维坦），并承认他的一切行为。由此可见，霍布斯的“社会契约”还没有脱离神学影响，而且具有专制的特点。但是不可否认，霍布斯的社会契约论已经提供了西方主权文明的基本逻辑线索，即“自然状态—社会契约—主权文明”。后面的社会契约论的经典作家如洛克和卢梭都基本上是遵循这样的逻辑线索，对社会契约论提出了更加细致、世俗化和适应时代需要的修正。

洛克的代表作是《政府论》，与霍布斯一样，洛克认为国家产生之前，存在自然状态。但这种“自然状态”是一种自由和平等的状态，人们自觉地依据自然法来决定他们的行动和处分他们的财产和人身，自然状态的标志是没有共同的裁判者。洛克将作为理性规则的自然法引入了自然状态之中，并且赋予每一个遵守自然法的人以执行的权力，一定意义上洛克的自然状态已经披上了文明的外衣，尽管还远不够完备。洛克的“社会契约”是因为自然状态时时受着战争状态的威胁，所谓的自由与平等缺乏保障和极不稳定，因此自然状态中的每一个人“同其他人协议联合组成为一个共同体，以谋他们彼此间的舒适、安全和和平的生活，以便安稳地享受他们的财产并且有更大的保障来防止共同体以外任何人的侵犯”。这一原则属于有限政府原则，将作为以后发展起来的现代宪政的重要原则基础。

卢梭的代表作《社会契约论》，他对于人类“自然状态”的认识主要反映在他的另一部著作《论社会不平等的起源》中。在他看来，在真正的自然状态中，人在丛林里健康、自由而平等地生活着。但是随着文明不知不觉发生以后，自然状态的美好日益遭到破坏。他同时也承认美好的“自然状态”已经不可能通过从文明社会的简单后退实现，而必须重新设计社会制度。卢梭在这里是美化了“自然状态”，从批判现实的策略来讲，这种美化可能反映了一种“述古”与浪漫的情怀，借古讽今，以求改变现实。因此，在这里卢梭与霍布斯和洛克都产生了距离，因为卢梭的社会契约论更关注的是对现实社会制度的整体性改造，这一改造的规范起点就是社会契约，而改造的对象也许可能就是霍布斯或洛克版本的社会契约所要达到的文明社会，具体的社会改革方案反映在卢梭的《社会契约论》之中。卢梭在这部书中首先论证了强力不构成权利的基础，只有同意才构成权利的基础。“即使是最强者也绝不会强得足以永远做主人，除非他把自己的强力转化为权利，把服从转化为义务。”卢梭在这里对于强力的看法与霍布斯是接近的，因为霍布斯同样论证了个体力量不可能作为强力构成稳定的秩序，只是霍布斯更多的是在事实的意义上言说，而卢梭则更进了一步，在合法性或道德的意义上否定强力可以构成权利。卢梭在书中提出了社会契约所要解决的根本问题，即“要寻找出一种结合的形式，使他能以全部共同的力量来卫护和保障每个结合者的人身和财富，并且由于这一结合而使每一个与全体相联合的个人又只不过是在服从自己本人，并且仍然像以往一样的自由”。卢梭是要在个体自由的世俗基础之上建立政治共同体的秩序，使得个体的自由不妨碍这种政治共同体秩序的建构，同时已经建立的政治共同体的秩序又不至于危害个体自由，个体的自由与共同体层面的整体的自由是完全一致的。因此，人们高度集合成了一个意志，即“公意”——这是共同体本质意义上的最高意志，而不同于代议制民主程序产生的统计意义上的“众意”。

卢梭反对代议制民主和社会中间组织，主张直接民主和政治参与。因此，在社会契约的具体内容上，卢梭便坚持“每个结合者及其自身的一切权利全部都转让给整个的集体。……我们每个人都以其自身及其全部的力量共同置于公意的最高指导之下，并且我们在共同体中接纳每一个成员作为全体之不可分割的一部分。只是一瞬间，这一结合行为就产生了一个道德的与集体的共同体”。我们看到，尽管卢梭的逻辑是坚持在个人自由的世俗基础上建立政治共同体的秩序，但是他所描述的这一过程却充满了神圣性。如果说霍布斯的社会契约过程充满一种“恐吓气氛下”（这可以理解为是霍布斯所故意制造的）的功利选择及洛克的社会契约过程是人们相对从容的工具理性过程，那么卢梭的社会契约则是一次道德的转化，即被文明所扭曲的人性在缔结社会契约的一瞬间，由于个体所拥有的全部都已让渡给一个“道德的和集体的共同体”并且个人也立即成为整个共同体不可分割的一部分。于是我们看到，作为共同体成员的每一个人都仿佛立即分享了他们集体表演的“道德转化”的结果。这是一个极其精致的逻辑想象，因此卢梭的社会契约论实际上成为三个版本的社会契约论中最富美感的一个，卢梭所提出的整体性的社会改革方案也是那么激动人心。后来的法国大革命中罗伯斯庇尔的实践便充分展示了卢梭理论的巨大冲击力，尽管这种巨大的冲击力常常是破坏性的。

卢梭的社会契约论的最大问题在于无法在民族国家的规模上得到政治实现，因为直接民主受到特定的时空的限制，只能在“小国寡民”的条件下（如希腊城邦）实现。代议制民主在后来的政治实践中被证明可以较好地解决现代政治共同体的秩序建构问题，同时又能够较好地保护公民的基本权利与自由。对于代议制政府，约翰·密尔在理论上作了必要的展开，这里不再赘述。

社会契约论实际上是一种基于平等理念的民主的思想。前述社会契约论主要讨论社会契约的精神实质。社会契约如何运行，也是社会契约论的必要理论内容。如何保障社会契约得到履行？是否需要建立政府来保障社会契约的履行？卢梭的社会契约论似乎还没有考虑这个具体问题。如果社会契约是一个囊括全体社会成员的契约，则其履行的保障就需要一个集中的权力中心即公共权力机关或政府，这个公共权力机关的建立自然也应是经由社会契约达成的结果。于是，在社会契约论的视野里，政府及其财政自然是通过达成社会契约而建立，应该收取多少财政资金，大致怎样使用财政资金等基本的原则问题，都需要在社会契约之中得到规定。可以认为，社会契约论里的财政是民主财政，财政方面的社会契约就是财政宪法。这和现代公共选择理论关于财政的讨论是完全一致的。

当然，说财政的起源是基于社会契约，这并不符合历史的实际情形。在现实生活中，通过选举产生政府，由议会通过政府预算，看起来这就好像是在社会契约中达成关于财政安排。但是这和社会契约论主张的契约要求还是有很大距离的。马克思主义的财政起源思想似乎更符合历史真实。

诺斯认为，马克思主义国家理论是一种暴力潜能不均等分配条件下的国家理论，而社会契约论的国家理论是暴力潜能均等分配的国家理论，因此二者可以统一于基于暴力潜能分配格局下的国家理论。在不同的暴力潜能分配格局下国家会呈现出不同的面貌，而国家的起源包括财政的起源就是基于不同的假设。

一般认为，马克思主义国家理论是一种基于政治历史与现实的分析，而社会契约论则是一种对某种平等社会的理想，是一种理论期望，完美的社会契约（即达成一致同意的社会契约）是不存在的，至少不是现实。二者的统一应该依赖于国家的完善，宪法制度能够更好地保障公民充分参与政治事务的权利。考虑到马克思主义所追求的人类解放的目标即共产主义，在共产主义社会中，每个人都是平等的，都能够获得自由而全面的发展，或许那时的社会契约就是完美的社会契约。这一远景只能由未来人类的实践加以检验。

二、财政的发展

财政产生之后，和国家一样，经历了复杂的演化过程。依据马克思主义国家理论，从总体上，国家经历了奴隶制国家、封建制国家、资本主义国家、社会主义国家这样几个阶段，每一阶段都对应有相应的财政体系。

在奴隶制国家，奴隶主阶级占有土地等生产资源，奴隶阶级在总体上也隶属于奴隶主阶级，奴隶只是会说话的生产工具，没有独立的人身自由。平民阶级拥有一定的私有财产，但是也处于被统治地位。因此，奴隶制国家财政的运行所依靠的财政收入主要是通过最大的奴隶主即国王取得王田收入、中小奴隶主与平民纳税，平民还承担各种徭役与兵役，而奴隶则为各级奴隶主劳动，支持奴隶主交纳税款。奴隶制国家财政的支出主要是维护国家机关支出、军事支出与宗教支出。奴隶制国家财政存在于生产力不够发达、人身依附关系浓厚的时代。

封建制国家是地主阶级建立维护自身利益的国家，分为领主制封建国家与地主制封建国家。农民与农奴是封建国家的劳动阶级与被统治阶级，具有不完全的人身自由。封建国家的财政是农民或农奴纳税服役，中小地主也有纳税义务，政府财政支出包括军事支出、政府行政支出与维持农业生产条件的支出等。从历史存续时间看，封建制国家财政是存在时间最长的国家财政形式。

资本主义国家是资产阶级建立的国家权力机关，其是在市场经济发展条件下逐渐建立的。农民阶级失去土地获得人身自由，但是却不得不出卖劳动力维持生存，由此演变为工人阶级（无产阶级），工人阶级的其他来源还包括竞争中失败的商人等。资本家则凭借生产资料所有权占有剩余索取权，获得利润，其中部分再转化为资本，成为资本不断积累的源泉。资本主义国家财政主要是由工人与资本家、企业纳税来支撑，其财政支出包括国防支出、行政支出与公共事业支出等。资本主义国家财政是在英国资产阶级革命之后，资本主义生产方式成为主要生产方式之后建立起来的。工业革命的顺利进行为资本主义国家财政的运行与发展提供了新的基础。

奴隶制国家、封建制国家和资本主义国家的财政，都是以生产资料私有制为基础的国家财政。这种财政体现了在经济上占统治地位的剥削阶级凭借政治权力对劳动人民的剥削，具有深刻的阶级对抗性质。

社会主义国家财政和剥削阶级统治的国家财政有本质区别。它不再是某一特权阶级的工具，而是社会主义国家用以组织、影响和调节社会主义经济，巩固和发展社会主义生产方式，最大限度地满足社会成员日益增长的物质和文化生活需要的重要手段。社会主义财政体系是社会主义国家为实现其职能，由财政筹集、供应、使用、管理资金的各个环节形成的统一体。社会主义财政取之于民，用之于民。其财政收入主要是由国家税收、国有企业利润上缴、行政事业收费构成。财政支出主要用之于扩大社会再生产和社会集体与个人消费。

在社会主义条件下，财政反映的经济关系是国家与全民所有制经济、集体经济和全体居民之间，国家与各部门、各地区之间的分配关系，是根本利益一致基础上的关系。社会主义财政是社会主义国家为执行其经济职能而对社会产品进行有计划的分配和再分配所形成的分配关系。对正确安排积累与消费的比例关系，正确处理个人利益、局部利益与整体利益之间的矛盾，对形成补偿基金、消费基金和积累基金，对调整社会经济结构和国民经济结构，都具有重大的能动作用。它是社会主义分配结构中的主导环节，调节国民经济和各方面利益的强大杠杆。

当今世界各国财政的基本格局，是以资本主义财政为主体的。社会主义财政实际上还在探索之中。东西方国家更多的仍然是资本主义性质，其财政自然是资本主义财政。这些国家财政的基本政治基础是民主政治制度，选举民主，议会的立法权与政府的行政权、法院的司法权相互制衡，实行两党制或多党制的政党制度；经济上以生产资料的资本主义私人所有制为主。资本主义财政就是建立在这样的政治经济制度基础上，通过国家预算与税收等财政手段运行，起着维护资本主义国家、维护资产阶级统治的作用。

在我国，全国人民代表大会是国家的最高权力机构，全国人民代表大会及其常务委员会行使国家立法权，国务院即中央人民政府是最高国家行政机构，由最高权力机构产生，具体贯彻执行由最高权力机构指定的法律和通过的决议，并接受最高权力机构的监督。在市场经济体制下，政府和企业、居民共同构成市场经济的主体，其中政府的活动是公共行为，企业和居民的活动属于私人行为，在分析政府与市场之间的关系时，说财政是政府的经济行为，对表达财政的含义更为明确。我国财政体系由国家预算、国家税收、国家信用和国有企业财务四个环节组成。

财政的发展受到政治、经济与社会发展的影响，具有阶段性，尤其是具有制度性：不同制度之下财政的发展具有不同的规律性。这是理解财政发展的一把重要钥匙。

第四节 财政学的发展

学习财政学，自然需要弄清财政学为何。人类是出于什么动机要去研究财政学呢？财政学研究的财政，涉及国家与居民在金钱、财富创造与分配之间的关系处理。自从有了国家，就有了财政，财政历史久远。有关财政的观点、思想古已有之。但财政学成为一门独立学科，把财政实践上升为理论，并通过理论指导财政实践的历史则晚了上千年。新中国成立以来中国财政学主要受到原苏联财政学体系的影响。20 世纪 90 年代初期随着英美财政学为主要特色的西方主流财政学的流入，我国财政学全面转向当代西方主流财政学。

一、财政学的产生

亚当・斯密 1776 年出版的《国民财富的性质和原因的研究》标志着现代经济学和财政学作为一门科学正式诞生。《国富论》的第五篇“论君主或国家的收入”，对财政问题作了系统、科学的阐述，意味着作为一门科学的财政学就此诞生了。亚当・斯密提出市场“看不见的手”通过竞争供需会自动调节经济。政府职责只是做好“守夜人”，提供国防、司法、便利社会商业、促进人民教育的公共服务。亚当・斯密主要关注国家如何通过赋税、公债筹措财政收入。

二、西方古典财政学的发展

财政学的发展与经济学的发展是紧密相连的，财政理论随着经济学理论和分析方法的创新而不断更新。西方财政学理论发展史主要存在两大传统：其中一个是由英国古典学派经济学家所开创的盎格鲁-撒克逊传统。亚当・斯密持有自由放任思想，认为政府应该充当“守夜人”的角色，他认为政府的支出是非生产性的，并提出政府应该履行三个方面的职责，即提供国防、司法及公共工程建设。此后其追随者包括李嘉图、穆勒与萨伊，再以后的马歇尔和庇古等持有经济自由主义观点的古典和新古典经济学家继续研究财政问题，形成了西方财政学的盎格鲁-撒克逊传统。该传统推崇市场机制在资源配置方面的神奇作用，相信存在“看不见的手”会自动地将私人利益引导到公共利益，主张“最好的政府是管理最少的政府”。自亚当・斯密时代直到 20 世纪 30 年代资本主义经济大危机时期，这一传统居于财政学及经济学的主导地位，这一时期财政学的一项重要的特征就是注重对于税收的研究而忽视或基本没有涉足对公共支出的研究。

与此相对应的是由瑞典学派和奥意学派所开创的大陆传统。其著名的代表人物包括德国历史学派的代表人物李斯特、罗雪尔、瓦格纳，尤其重要的是以瑞典经济学家维克塞尔和林达尔为代表的瑞典学派或北欧学派，以及奥地利和意大利的一些财政学家形成的奥意学派。以维克塞尔为代表的北欧财政学派秉承以经济人假设为基本研究前提的方法，深入地探究政府制度运作的内在机理，在瓦尔拉斯、马歇尔等经济学家建立市场制度一般均衡理论的同时，构造了“维克塞尔-林达尔”模型，这一成果完全可以与完全竞争市场假说相提并论。如果说以对完全竞争市场研究为先导的对一系列市场模型（如不完全竞争市场、垄断市场等）的研究深入地揭示了市场制度的内在奥秘，那么以“维克塞尔-林达尔”模型为先导的、对系列政府制度的研究同样使人们了解了现代经济运作中另一重要制度——政府制度的奥妙。当代公共选择学派在很大程度上正是通过继承和发扬北欧学派尤其是维克塞尔的传统而发展壮大的。维克塞尔不仅对一般经济理论的发展做出了突出贡献，而且将税收和公共支出结合起来加以研究，认为公共部门的决策实际上是一个政治的和集体选择的过程。布坎南吸收了维克塞尔的重要思想并加以发展，从而开创了影响广泛的公共选择理论，进而成为现代财政学的基础理论。

在一系列的社会经济问题的催生及众多经济学家的不懈努力之下，这两大学派财政理论经过较长时期慢慢融合，使得财政学拥有了较为完整的理论体系——传统财政学即是两大财政学理论学派的综合。

在财政学发展过程中，马克思对财政学的研究也是值得重视的。马克思对财政学的贡献在于：首先，他继承了古典经济学的优良传统，坚持把国家和政府看成一个被人们所利用的制度工具，而不是一个会自动追求全民利益最大化的自为之物。尤其是针对资本主义社会的现状，他彻底批判了某些资产阶级财政学家在研究中把资本主义国家政府当成一个会自动为全民利益最大化服务的超自然机构的荒谬的唯心主义假设，指出资本主义国家只能是一个资产阶级对无产阶级进行超经济剥削的工具。其次，马克思及其他一些后续的马克思主义经典作家对于社会主义高级阶段的国家应有的职能做出了科学的描绘。

在财政学从传统理论到现代理论转变过程之中，凯恩斯的贡献尤其不容忽视。20 世纪西方财政学说发展史上的伟大学者首推凯恩斯。他在 1929 年资本主义世界经济大危机的背景下，撰写了惊世之作《就业、利息和货币通论》。他的主要贡献有两个：一是改变了传统西方经济学对于政府职能的看法，指出在明显的经济危机和萧条时期，政府有必要对经济活动进行干预；凯恩斯认为当时世界性经济大萧条的根源在于有效需求不足，对此，他提出政府要加强对经济的干预，刺激有效需求以使经济复苏。可采取的政策手段主要有宏观财政政策和货币政策，特别是财政政策，如加强税收调节宏观经济的杠杆作用、扩大政府公共投资、推行赤字预算政策并通过举债来弥补等。二是提出了总量视角的宏观经济概念，对以后几十年中世界各国的经济实践产生了深远的影响。西方各国采取凯恩斯的宏观管理政策，带来了经济的复苏和繁荣，这也使凯恩斯理论在西方经济界长期占据主要地位。

凯恩斯之后，长期占据两方财政学说主要地位的是以萨缪尔森为代表的新古典综合学派。萨缪尔森对财政学的贡献是首次明确提出了公共品的概念，从而提供了一个判别政府和市场活动边界的规范标准，这就使规范的财政学研究建立在一个更为扎实和科学的基础之上。

以琼·罗宾逊为代表的新剑桥学派将收入分配不合理视为经济的最大弊端，为此政府应采取包括财政政策在内的一系列经济政策。他们认为市场的效率是极差的，政府应加强对经济的干预，如扩大财政支出以维持高水平的就业率。他们还主张在实现充分就业以前特别是在经济衰退时应实行赤字预算。

三、当代西方主流财政学的发展

经过一系列经济学家的努力，其中主要包括鲍文、布莱克、马斯格雷夫、萨缪尔森、阿罗、布坎南等，财政理论在 20 世纪中期发生了由传统财政学向当代财政学的转变。与盎格鲁-撒克逊传统下的财政学相比，当代财政学的一个基本特点就是对于公共支出给予了充分的重视，包括对于政府干预经济必要性的基础理论分析，对于公共部门决策过程及其效率的规范和实证分析，以及对各类具体的公共支出项目的分析，从而极大地扩展了财政学的研究领域和研究方法。当代财政学区别于传统财政学的一个理论是公共品理论。

1959 年美国财政学家马斯格雷夫《财政学理论：公共经济研究》的出版，奠定了当代主流财政学科体系的基本概念与理论框架。马斯格雷夫提出政府活动的生产性，改变过去财政学只注重财政收入，忽视财政支出的不足，引入公共支出分析。当代财政学的公共支出理论，围绕公共品这一核心概念而展开。萨缪尔森是公共品理论的创始人，通过一般均衡模型探讨私人品和公共品供给的帕累托最优条件。马斯格雷夫以萨缪尔森的公共品理论为基础，最终确立了公共部门独立存在的理由。

马斯格雷夫探讨政府间财政关系理论主要涉及政府间的收入划分问题，他根据效率与公平原则来划分属于中央政府的税收、属于州政府的税收和属于地方各级政府的税收，这一分税原则较为具体和科学，已成为指导各国政府划分税收收入的基本思想。

奥茨最早提出，又经由罗森、萨缪尔森等经济学家发展的“财政联邦制”理论，探讨了财政的三大职能如何在中央政府和各级地方政府之间进行有效分工，以便最优地划分支出和收入，他们的研究表明，中央政府应行使宏观调控经济和收入再分配的职能，而有效地配置资源的任务主要应由州和地方政府承担。在此基础上，可以确定中央政府和各级地方政府的支出范围，从而再根据支出的规模来确定中央和地方税收收入的划分。现代财政联邦制理论为中央政府和各级地方政府有效地各司其职提供了理论的指导。

蒂博特则探讨了一种通过地方政府竞争达到地方性公共品最优供给的可能性。当创造一种可以促进竞争的地方政府的制度安排时，即居民可以在各地区间充分地自由流动，那么地方性公共品的提供就能如市场机制提供私人品一样，达到帕累托效率的均衡。这一创造性的构想有助于政府间通过竞争提供出更优规模的公共品来。

随着数量经济学和计量经济学的广泛应用，财政学研究方法得到了空前的发展。但对公共支出分析的重视并不意味着它在税收分析方面没有发展，而恰好相反，20 世纪 70 年代以来，税收理论丰富的发展及重大突破使得财政学进入了最为繁荣的时期。20 世纪 70 年代西方国家经济广泛出现滞涨问题。新古典综合学派的有关政策主张由此受到了巨大挑战。20 世纪 70 年代后期，当时的各非主流学派纷纷向其发起挑战。

（一）货币学派

以弗里德曼为主要代表的货币主义流派坚持货币最重要的观点，从根本上反对凯恩斯主义的宏观财政理论。货币主义者抨击政府扩大财政支出的政策，并将其视作经济不稳定的主要因素，此外，他们认为财政支出还有挤出效应。他们的结论是：财政政策不仅无法消除失业，还会引起通货膨胀。不过，他们提出了一项“负所得税”政策来保障低收入者的生活水平。

（二）供给学派

供给学派以反对凯恩斯主义的有效需求理论而著称，他们坚持从供给的角度来寻求解决宏观经济问题的良方，重新肯定了萨伊定理。他们的观点是：政府应刺激生产而不是消费，主张减税以刺激经济增长，削减政府支出从而减少对经济的干预，同时认为要综合运用财政政策手段和货币政策手段，如减税的同时缩减政府支出。供给学派主张的著名的拉弗曲线因曾一度被美国政府采纳而名噪一时。

（三）理性预期学派

理性预期学派以卢卡斯等美国经济学家为代表，他们提出了理性预期的概念，猛烈抨击凯恩斯主义。他们认为每一经济主体都能对未来经济做出合理的预期，因此得出这样的结论，即政府在经济领域中是无能为力的，政府的种种财政与金融政策都不可能起到调节经济的作用，相反只会对经济带来不利影响。他们的意见是，财政政策和货币政策的主要任务无非是为私营经济提供一个稳定的可以预测的环境。

（四）新自由主义流派

“新政治经济学派”也被称为新自由主义流派，以哈耶克、布坎南等为代表。他们倾向于经济自由主义的观点，将市场经济视为完善的，认为政府的过多干预则是有害的。布坎南是公共选择学派的代表，他批判了凯恩斯的宏观财政理论，认为其失败的原因在于忽视对政府和政府制度的研究，用一种一时奏效的政策去取代长期存在的经济规则。他虽然赞同政府有时可采用赤字财政政策，但坚决反对中央政府用举债来弥补赤字，他认为更好的办法是多发行货币。哈耶克是著名的自由主义者，他坚决反对凯恩斯和凯恩斯学派。在他看来，应充分尊重消费者主权，充分信任市场机制的自我调节功能，政府用财政政策等手段来配置资源只能是降低经济效益，使经济陷于不稳定之中。他还特别反对凯恩斯提出的扩大政府支出、用通货膨胀来医治失业的主张，他认为这种方法不仅无效，而且会给经济带来很大的负面影响。

四、我国财政学的发展

前面提到的货币分配论、国家分配论，都是我国财政学发展的重要内容。我国古代财政思想源远流长。周代即提出量入为出思想；唐代杨炎提出量出为入思想。近代以来，我国财政学发展历史可以分为清代晚期财政学、民国时期财政学、新中国计划经济时期财政学及改革开放以来财政学这样几个阶段。民国时期财政学基本上是学习当时的西方财政学；新中国成立之后，我国财政学的发展切断了与西方财政学发展的联系。早期主要是从前苏联引进财政思想与财政理论。货币关系论就是一个主要的引进成果。其存在一些缺陷，但是也有其合理性。20 世纪 50～60 年代中期是初创阶段，大批论著相继发表，确立国家分配论的主流地位；20 世纪 80～90 年代是成熟阶段，国家分配论有了成熟而系统的理论体系；20 世纪 90 年代末出现了多种理论体系并存的局面。1998 年 12 月全国财政会议明确提出要逐步建立公共财政基本框架。公共财政论在与国家分配论的争论之中获得政府的支持，成为新的财政学主流学派。2013 年 12 月，党的十八届三中全会提出“财政是国家治理的基础和重要支柱”，这一论述充分表明对于财政和财政学的探讨已经不再局限于经济领域了，而逐步扩展到政治领域、管理领域、法学领域，是定位在经济、社会、政治等多个层面构成的一个立体坐标系中，这也必将会引领我国的财政学研究进入一个新的空间。

第五节　财政学的研究方法

从根本上说，财政学的研究必须坚持运用马克思主义的唯物辩证法，这是自然科学研究和社会科学研究必须遵循的唯一科学的方法论。我们要形成一套从实际出发，从实践到理论、从现象到本质、从具体到抽象的研究方法，从本质到现象、由抽象到具体的叙述方法，以及从理论到实践的工作方法体系。具体来说，财政学的研究方法包括历史的方法、统计的方法等，但最基本的还是实证分析（positive analysis）方法和规范分析（normative analysis）方法，其他方法都是这两种方法的延伸和拓展。

一、实证分析法

实证分析旨在描述各种经济因素的存在与经济运行的过程，并试图在各种经济变量或政策手段上建立起联系。它主要涉及事实判断，重在回答“是什么”“会怎样”的问题。比如，经济增长与物价水平之间的关系如何，所得税的调整对于居民收入分配调节有何作用，开征利息税对居民的储蓄行为有何影响……这些都属于实证分析的范畴。根据研究工具的不同，实证分析可以分为理论分析和经验分析。

理论分析是从某些假设前提出发，借助一系列的假设和推论，对经济变量关系进行简化描述或推导的定性分析。比如，在考察所得税对于劳动供给的影响时，我们可将所得税产生的效应分为两个方面：一方面，所得税降低了工人在单位时间里的报酬，相应地，闲暇的代价变得轻一些，因此工人倾向于用闲暇代替劳动，这被称为“替代效应”；

另一方面，课税使工人的实际收入水平下降，为维持原来的效用水平，必须增加劳动时间，这被称为征税的“收入效应”。因此，征税到底会增加还是减少劳动供给这就要取决于“替代效应”和“收入效应”的相互作用。然而，现实要比这些复杂得多，我们只有经过经验分析才能得出某些结论。

经验分析指的是通过调查或者实验取得的实际资料而进行的定量分析。经验分析主要有三种方式：访谈、实验和计量经济分析。访谈是通过向人们直接发问的方式，调查某一经济政策的影响。但现实中访谈的人们所说的可能并非是他们实际所做的，这将影响经验分析的质量。实验的方式可以在实验室内进行，也可以在社会上进行。但也可能产生一些不利的因素，如实验成本高昂、随机样本难以获得甚至实验本身也会影响人们的行为。计量经济分析是当前经济学中最为流行的经验分析方法。该方法利用经济理论、数学、统计推断等工具对经济现象进行分析，对构建于数理经济学基础之上的经济理论模型提供经验支持，并得出数量结果。目前，在经济学或者商业的学习培训中，计量分析已成为不可或缺的部分，影响深远。

财政学研究的主要对象是政府，财政学的主要特点是通过研究政府相关收入和支出来研究政府的相关行为及其对社会的影响。财政学属于经济学的一个分支，财政学的研究视角，是把整个国民经济看成“公”“私”两大部分，并从公与私的相互关系来研究经济。财政学的重要研究课题是，界定好政府的管理权限在哪里，哪些事该由政府来做，哪些事应该由市场来做，以及政府如何做好该做的事情。

二、规范分析法

现实生活中，我们经常要对各种各样的社会行为、政策效果或制度设计方案做出或好或坏的评价，提出应该或不应该做什么的建议。比如，电信资费是否偏高？对汽油消费是实行收费为好还是实行征税为好？增加国债发行是利还是弊？类似的问题不胜枚举。在经济学中，像这类对经济行为或者政策手段的后果加以优劣评判的研究方法被称为规范分析。规范分析回答的是“应当是什么”，即确定若干准则，并据以判断研究对象目前所具有的状态是否符合这些准则，以及若存在偏离，应当如何调整。将规范分析运用于财政学，就是在社会主义市场经济这一制度前提下，从公平与效率这两大社会基本法则出发，来判断目前的财政制度是否与上述前提和准则相一致，并探讨如何进行财政制度的改革。

从财政学的主要任务来看，解释财政活动如何影响经济运行的问题主要由实证分析来完成；而为政府提供决策及探讨政府应该采取什么政策时，则有赖于规范分析的方法。但这样的区分并非绝对独立，尤其是在政府的政策探讨时，尽管其分析和判断属于规范分析的范畴，但该问题的良好解决必须建立在实证分析的基础之上。只有通过实证分析，才能够了解到政策对于经济行为的影响；否则即便确认了评价标准，一些出发点良好的政策也可能导致与预期目标相反的结果。如果一个对财政有兴趣的人从来不进行有关财政的实证分析，而仅仅热衷于提出规范性改善财政的建议，那么即便他的工作有价值，但在职业属性上却很难说是财政学家。

本章小结

财政是以政府的收支活动及其对资源配置与收入分配的影响为研究对象的一门学科。由于市场失灵，需要政府介入避免市场失灵。财政的三大职能是资源配置、收入分配和稳定经济。下面章节将具体论述财政目标、财政如何实现三大职能、财政支出的重点安排及筹措财政资金的方式等。

亚当·斯密《国富论》的出版标志着财政学作为独立学科的诞生，现在中国财政学深受西方主流财政学的影响，但是如何在借鉴西方主流财政学的思想和研究范式的同时更好地结合中国经济社会的实际，创新符合中国发展需要的中国财政学值得深入思考。

➢复习思考题

1. 什么是财政？财政的重要性是什么？
2. 为什么需要政府干预经济？
3. 如何实现财政的职能？

➢案例分析

（一）近年来，公共财政的概念日渐普及和推广。从 1998 年 12 月最高决策层明确提出构建公共财政框架的目标算起，中国的公共财政建设已经有了 10 多年的历史。再往前追溯至 20 世纪的 80 年代初期，学术界围绕公共财政问题而展开的讨论，也走过了 30 多年的历程。2003 年 10 月召开的中共十六届三中全会，还将完善公共财政体制作为一项重要战略部署，写入了《中共中央关于完善社会主义市场经济体制若干问题的决议》。

资料来源：作者自行整理编写而成

思考问题：

究竟什么是公共财政？

（二）温家宝同志曾说：“当前摆在我们面前的主要问题是：第一，农业发展滞后，农民收入增长缓慢，已经成为制约扩大内需的一个重要因素。第二，一部分企业经营困难，建立现代企业制度将是一个长期任务。第三，下岗和失业人口不断增加，社会保障的压力非常之大。第四，城乡发展不平衡，还有相当一部分地区、相当一部分人口处于贫困状态。第五，财政负担严重，金融不良资产比例较多。”

资料来源：温家宝总理答中外记者问——在第十届全国人民代表大会第一次会议举行的记者招待会上. http://www.gov.cn/gongbao/content/2003/content_62012.htm[2003-03-14]

思考问题：

请分析温家宝同志提出的上述五个问题中可以从哪些方面认识财政学的研究对象？

第二章

政府与市场

➢ 引言

在市场经济下，市场可以通过价格调节经济，为什么还需要政府介入？政府应该介入的程度是由什么决定的？政府和市场是什么关系？政府财政工作的职能、作用应该表现在哪些方面？通过本章的学习将对以上这些财政学的基本理论问题有初步了解。

第一节　市 场 失 灵

一、什么是市场失灵

（一）市场的含义

市场通常是指商品交换的场所和领域。市场作为商品交换的场所，从个体考察，它由买者、卖者、交易的对象、交易的规则及交易的中介机构等市场要素所构成。而从整体考察，市场则是一个完整的体系，它是由众多不同类型的市场所构成的统一整体。市场的另外一层含义是指市场机制。所谓市场机制是指市场各构成要素之间相互影响、相互制约的关系及特定资源配置功能的实现方式。我们一般认为，市场机制包括价格机制、供求机制和竞争机制三大分体机制。我们从资源配置角度所讲的市场通常指的就是市场机制。

（二）市场效率

市场在完全竞争的条件下是有效率的。所谓完全竞争是指一种理想的市场状态，即市场不存在任何垄断因素。完全竞争的市场至少应具备以下条件：第一，市场上有无数多个买者和卖者；第二，每个买者或卖者所买、卖的数量只占整个市场交易量的一小部分；第三，无论买者还是卖者信息都是充分的；第四，资源是自由流动的；第五，交易成本极低，甚至为零。

如果市场是完全竞争的，则市场供求双方力量的对比就决定了市场的均衡价格。此时，无论买者还是卖者都是价格的接受者。作为买者，其将根据自己消费产品所得到的边际效用的大小来确定购买量；作为卖者，则根据自己边际成本的大小来确定供给量。

此时，通过买卖双方的自愿交换，整个社会的资源配置就会符合“帕累托标准”，即资源配置状态的任何重新调整已不可能在不减少一个人福利的情况下去增加另外一个人的福利。这也称为“帕累托最优”。在资源配置达到“帕累托最优”的过程中，市场机制通过三大分体机制发挥着特定的作用。第一，价格机制可以正确引导资源流向，因为资源配置主体为了实现自身利益最大化，总是要把资源配置到价格高的方向上去。而价格高的方向恰恰是由于资源配置量不足而需要增加资源配置的方向。第二，供求机制控制着在某一资源配置方向上配置资源的数量，因为随着在某一资源配置方向上资源配置量的增多，其供求关系就会发生变化，而供求关系的变化又会影响到价格，价格的改变又会使该资源配置方向的资源流入减少、停止甚至流出。第三，竞争机制会使资源的使用者保持较高的资源使用效率。这是因为商品的价格是由生产商品的社会必要劳动时间决定的，如果个别劳动时间长于社会必要劳动时间，这对资源使用者而言就意味着要亏损或破产，所以资源使用者为了实现自身利益最大化，其必须提高资源的使用效率。

（三）市场失灵的含义

亚当·斯密提出市场是一只“无形的手”会自动调节供需，达到市场均衡，这是在完全竞争市场中可以实现的。但现实社会中找不到一个完全竞争的市场，或者即使市场符合完全竞争的条件，市场配置资源的结果也可能不符合社会所能接受的公平标准，此外，对于一些特殊的产品，还可能根本就不存在所谓的市场，因而也就不可能通过市场来配置资源。我们把市场由于上述原因而不能配置资源，或虽然可以配置资源，但是配置资源的结果却不符合社会所能接受的效率和公平标准的现象，称之为市场失灵①。

二、市场失灵的表现

一般认为，市场失灵可以表现为以下几个方面。

（一）垄断

市场效率是以完全竞争为前提的，社会资源可以没有障碍地在不同行业之间自由流动，但是现实的市场并不具有这种充分条件。在现实经济中，资源在行业之间的转移却存在着大量的交易成本。其中一个很重要的原因是存在着规模报酬递增，即有规模经济的领域。在这种状态下，生产规模越大，生产的回报就越多。因此，一些大企业就有了一定程度控制价格的能力，可以通过更低的市场价格将小企业排挤出市场，或不让其他企业自由进入市场。这就是所谓的自然垄断现象。垄断是排斥竞争的，甚至会导致整个竞争市场的解体。这种现象在一些行业，如供水、供电、邮电通信等行业中较为普遍。在这些行业中，大规模生产可以降低单位成本，由少数几家厂商生产可以提高社会生产效率。

---

① 市场失灵可以进一步细分为市场失灵和市场失效，这里细分后的市场失灵为价格机制不能起作用，即市场不能配置资源；市场失效为市场虽然能配置资源，但是配置的结果不符合社会所能接受的效率和公平标准的现象。

但是，垄断毕竟偏离了完全竞争，在给其他企业设置进入障碍的同时，垄断者往往会在追求利润最大化动机的驱使下，凭借自身的垄断优势削减产量提高价格进而谋求高额垄断利润，从而使产品的价格和产量偏离社会资源最优配置的要求，影响市场机制自发调节经济的作用，降低资源的配置效率，浪费社会资源。自然垄断行业的存在，使得生产和提供该产品和服务的企业只有在较大规模下生产时才有利可图，一旦进入该行业的公司生产达不到一定的规模，成本会高于大企业，难以与大企业竞争。因此，在规模经济显著的行业，特别容易形成自然垄断。而垄断本来就是由市场竞争带来的，所以市场没有办法解决垄断的问题。因此，应由政府承担起维持市场有效竞争的责任。

（二）不能提供公共品

公共品具有非排他性和非竞争性，由于很难排斥其他人受益，存在免费搭乘现象，所以市场无法提供，如路灯。由于公共品是社会发展、人民生活的必需，但是公共品的特征决定大家都想免费搭乘，即由于人们享用某些产品或服务时并不减少其他人的享用，后者就可以不付费。同时其消费没有竞争性，个别消费者从公共产品中获得的利益的成本难以量化，从而使公共产品的提供者很难向个别消费者收取合理的费用，因此公共产品的提供者和个别消费者之间不能按照市场经济的原则解决问题。简而言之，对公共品的消费，可以搭便车，人们不愿意出钱，而公共品的提供又是有成本的，所以市场不能有效提供公共品，市场失灵不可避免。

（三）不能解决外部性

外部性，是市场交易对买卖以外的第三方产生影响，但是商品价格并不反映出对第三方所带来的影响，出现内部收益（成本）小于社会收益（成本）的情况。外部性可以分为两种类型：外部成本，又叫负外部性，一些产品和服务给所有者以外的其他人带来损害，即内部成本小于社会成本，如工厂排污。外部收益，又叫正外部性，一些产品和服务给所有者以外的其他人带来好处，内部收益小于社会收益，如门前绿化不仅美化自己环境，也使邻居感受到环境改善。

由于有些产品和服务具有外部性，成本和收益不能全部内部化，而微观经济主体在市场上的行为是追求自身利益最大化的自利行为，它进行决策的时候，只可能将其实际承担的成本和得到的收益进行比较，即只考虑内部收益和内部成本的问题，对给其他人带来外部收益或成本却没有考虑到。在无需对外部成本进行支付的情形下，经济主体实际承担的成本小于其行为活动的总成本，因此会过度从事产生外部成本的活动；相反，在外部利益得不到补偿的情况下产生外部利益的产品就会提供不足。此时，政府应该进行干预。所以市场不能有效解决外部性，会导致市场失灵。

（四）信息不完全

完全竞争市场要求所有生产者和消费者具有充分完全的信息，才能正确对资源进行配置，但是充分而完全信息的假定显然是理想化的。所谓完全的信息是指生产者及消费者不仅充分掌握市场当前正在出现的情况，而且了解明天、后天会出现的事情。但是，随着市场规模不断扩大，信息越来越分散、复杂，加工、处理信息的成本可能会升高到决策者无法接受的程度，从而导致非理性的决策。另外，信息也是一种公共产品，增加一个人的消费不会减少其他人的消费量，因此，私人市场所提供的信息往往不足，进而影响竞争的充分性和市场的效率。

（五）宏观经济失调

完全竞争市场中，价格是有弹性的，会随着供求变化及时调整。但现实市场中由于存在价格刚性，预期及非市场因素的影响造成经济萧条与经济过热的情况交替出现，并且在短期内不能自行调整。由于市场经济并不能自发地平衡经济中的供给和需求总量，也就不可避免地导致出现高失业率、通货膨胀、反经济的周期波动等问题。单靠市场自身是无法解决这一类宏观经济问题的，相反这些顽疾随着市场经济发展的深入有不断加重的倾向。而市场对经济宏观总量不平衡的调节也只能发挥事后调节的作用，这种调节往往采取极端的经济危机的方式，这种破坏性的调节方式无疑会带来巨大的社会成本。而政府可以借助于各种财政手段来预防和调节经济的周期性波动。

（六）收入分配不公

收入分配不公，指在特定时期内，所存在的与当时社会公认的公平准则不相符合的收入、财富和社会福利的分布状态。收入分配不公是市场经济自身无法解决好的一个问题。按照法国经济学家萨伊的理论，社会生产不可缺少的三要素：土地、劳动、资本，在生产中共同创造效应，在这一过程中，三要素各自创造收入作为自身耗费的补偿，各取得利润的一部分。劳动力“按能力和劳动分配”，资本拥有者“按资本分配”，土地拥有者则取得“地租”。然而，有些人生来就拥有资金而可以不劳而获，有些人则必须依靠自己的劳动来谋生，更有一些不幸的人由于生来病残、能力较低或由于贫苦而无法受到良好的教育而收入低微。这些由于个人无法控制的原因造成的收入分配不均和贫富分化是市场机制配置资源的一个必然结果，这种结果会影响一个社会的安定，而且也不符合社会进步的道德观念。政府有义务用财政手段加以调节。

由于市场失灵的存在，市场运行会偏离资源配置和收入分配的理想状态，为政府财政存在提供必要性，同时也确定政府活动的范围。

第二节　政府失败

由于市场失灵的存在需要政府对经济进行干预，那么政府应该采取哪种方式进行干预，应该对哪些领域进行干预是值得思考的，因为我们不能认为政府的干预就一定是好的或者有效的。而事实上，政府干预也有可能出现失灵的问题。如果政府干预失灵，则可能不仅没有纠正和解决市场失灵的问题，反而影响和干预了市场经济的正常运行，进一步损害了市场效率。例如，政府宏观调控政策制定的时机选择不佳、税率或收费过高使纳税人积极性受到打击，出现税收效应等，都是政府干预失灵的表现。

一、政府及政府干预经济的方式

对于政府干预经济，首先要了解政府干预经济的基础和干预经济的手段是什么。

（一）政府的基本特征

1. 政府有强制权力

政府可以强迫人们去做某些事情，如通过征税使大家为学校、道路、公共工程、国防等进行支付；而私人企业只能诱使大家购买其产品。同时，政府可以对不履行规定义务的人们进行惩处，使人们必须为自己违反政府政策的行为付出代价；私人企业则不拥有这种权力。

2. 政府追求的目标不是盈利

私人企业的经营目标是利润最大化；而政府的目标不是利润，政府服务于公共利益，其主要的目标是最大限度地提高社会福利。

3. 政府有服务于全体社会成员的义务

政府是为社会公众服务的政府，有义务保证每一位公民平等享受政府的服务，因而政府必须是公正的，政府必须通过一定的手段或程序来保证其服务的公正性。

（二）政府干预程度的衡量

政府干预程度是和政府规模相联系的，而政府规模一般是以财政支出（或财政收入）占国内生产总值（GDP）的比重这一综合性指标来表示。一般而言，随着经济发展和人均收入的提高，政府规模呈逐步上升的趋势，达到一定阶段则相对稳定。但是，由于各国的经济制度、政治体制、意识形态、历史传统及经济发展阶段不同，市场经济体制自然有所不同，政府规模也存在很大的差别。因为社会经济运行是错综复杂的，所以，不可能有一种精确的计量方法和模型能够准确地计算出一个比重，用于确定每个国家不同时期的政府规模。就各国之间的差别来说，一般而言，经济发达国家高于发展中国家，集权化倾向的国家高于分权化倾向国家。例如，类似英国那样的多数欧洲国家实行“新自由主义”的市场模式，但其中有些国家政府仍支配钢铁、煤炭、铁路、空运等垄断行业及公用事业，政府集中的 GDP 达 50%以上。美国也属于这种类型，但政府的集中度较小，经济运行的自由度较大，政府集中的 GDP 大体为 30%以上。德国实行所谓的“社会市场经济”，主要是将自由竞争机制和一套完整的社会政策相结合，政府集中的 GDP 相对较低，但要高于美国。北欧国家号称为“高福利国家”，政府承担大量的社会服务和社会福利负担，政府集中的 GDP 达 60%以上。以日本为代表的市场经济被称为“东方模式”或“亚洲模式”，一方面主张充分自由竞争，另一方面又通过政府计划、发展战略、产业政策引导和控制市场的运行。东南亚的新兴国家大体都仿效这种模式，而且这些国家属于后发展国家或发展中国家，政府集中 GDP 的比重大体为 20%上下。我国是由计划经济体制转向市场经济体制的，当前仍处于体制转轨过程中，所以，我国以财政支出占 GDP 比重表示的政府规模形成本身特有的变化轨迹，即从1979年开始逐年下滑，到1997年开始逐年回升，目前已接近20%，至于符合我国国情的适度的政府规模，还需要通过经济改革和经济发展的实践来探索。

（三）政府干预经济的方式

1. 立法和行政手段

在立法方面，政府虽然是行政机关，但其可以充分行使提案、建议等权力，报经立法机关制定相应法律用以规范市场行为。在行政方面，政府主要是制定市场法规、规范市场行为、制定发展战略和中长期规划、制定经济政策、实行公共管制、规定垄断产品和公共品价格等。比如，为了对付垄断，政府可以提请制定反垄断法，实行公共管制，由政府规定价格或收益率；对外部效应大的物品，政府可以采取行政手段或法律手段，如强制排污工厂停产，限期治理，或对受损单位给予应有的补偿。

2. 组织公共生产和提供公共品

公共生产是指由政府出资兴办的所有权归政府所有的工商企业和事业单位，主要是生产由政府提供的公共品，也可以在垄断部门建立公共生产，并从效率或社会福利角度规定价格。政府组织公共生产，不仅是出于提供公共品的目的，而且是出于有效调节市场供求和经济稳定的目的。按广义的生产概念，公共生产既包括生产有形物品的工商企业，也包括提供无形物品和服务的学校、医院、文艺团体、气象部门、政府机关和国防部门等。比如，为了弥补市场信息的不充分和不对称，政府的有关部门要定期向社会提供有关商品供求状况、价格趋势及宏观经济运行和前景预测资料，而政府提供经济信息是一种社会性服务，也属于公共品和公共服务的范围。

3. 财政手段

应当指出，财政手段既不直接生产也不直接提供公共品，而是通过征税和收费为政府各部门组织公共生产和提供公共品筹集经费和资金。财政的目标，是最终满足社会公共需要，同时又通过税收优惠、财政补贴和财政政策等手段调控市场经济的运行。

二、政府失败及其表现

（一）政府失败的含义和衡量

政府干预是弥补市场失灵和市场缺陷的手段，目的是提供市场有效、平稳运行的条件。但是，即使政府出于弥补市场失灵和缺陷的目的而进行经济干预，面对复杂的经济情况，政府也有可能决策失误，出现政府失败。萨缪尔森认为，当政府政策或集体行为所采取的手段不能改善经济效益或道德上可接受的收入分配时，政府失败便产生了。查尔·沃尔夫认为，由政府组织的内在缺陷和政府供给、需求的特点所决定的政府活动的高成本、低效率、分配不公，就是政府失败。

可以从以下方面衡量政府失败。

1. 政府作用的结果不能实现预期的社会公共目标

这是对政府失败的最一般的概括。政府实施的每项措施无论是作用于市场过程还是作用于市场环境或作用于非市场领域，都有一个明确的公共目标。当政府的行为不能达到预期目标时，就产生了政府失败。

2. 政府的高成本和低效率

这是由政府活动的成本与收益的分离所决定的政府失败。在市场组织中，成本与收益是紧密联系在一起的，在政府组织中，成本和收益是分离的，政府维持一项活动所需的收入与它的“生产”成本无关。由于不把活动成本与维持活动的收入联系在一起，政府活动就缺乏降低成本的内在动力和外在压力，往往是低效率的。

3. 政府作用的后果损害了市场效率或社会公平目标的实现

这是深层次的市场失效。政府作用的目的本来是为了矫正市场失灵，弥补市场缺陷，创造更公平的竞争环境和平等的社会环境，以促进生产力的发展。但是，政府的干预可能会带来新的市场失灵。例如，为了治理通货膨胀而采取的紧缩型政策可能会导致经济萎缩和失业率的上升；为了缓解收入分配不公而采取的累进税率政策可能会造成企业之间的不公平竞争和效率的下降。此外，另一类失灵是与市场作用相比较而言的政府失灵，即假定政府实施某项措施使市场不发生作用、不实施某项措施让市场发生作用，通过比较成本和收益发现：政府作用的成本大而收益小，市场作用的成本大但收益也大，或者两者的收益都大，但市场作用的成本小于政府作用的成本，也表明政府作用是失效的。

因此，所谓政府失败就是一个和市场经济本身紧密联系的概念，它和市场失灵相对应，指政府作为弥补市场失灵和缺陷的手段时，不能实现预期的社会和经济目标或给社会带来的额外的福利损失。

政府失败的基本原因主要有两个方面：一是政府能力的有限性，如政府拥有的信息是有限的、对私人市场的反应控制是有限的、政府决策过程中存在一定的困难等。二是政府行为的越界，集中表现为本该选择市场交易方式，却选择了政治交易方式。

（二）政府失败的表现

政府失败是指政府干预经济的活动不仅未能有效克服市场失灵，反而限制和阻碍了市场功能的正常发挥，导致经济关系扭曲和市场失灵加重，致使社会资源最优配量难以实现。政府失败主要表现在以下方面。

1. 信息失灵

无论是市场机制还是政府机制，其运行的有效性都依赖于完善的信息，市场信息的不充分和不对称，将导致市场风险和不确定性，从而导致市场失灵；而政府信息的不充分和不对称，则可能导致政府失灵。导致信息失灵的原因主要有：一是生产技术、投入要素和产出种类繁多，政府难以通过零成本获取全部信息。二是政府官员的理性有限，难以对所面临的信息做出准确的认知。三是政府通过行政系统收集和传递信息的过程中，低层级政府可能向高层级政府“报喜不报忧”，导致信息失真。

一旦政府获取的信息不及时甚至失真，政府就难以了解其政策的全部成本和收益，也许会不清楚某个政策所带来的预期后果，因为影响某一后果的因素本来就具有不确定性。由此政府可能会出现决策失误，造成经济低效率甚至负效率。

2. 决策失败

政府决策失败是指政府按照其决策规则所做出的决策不能满足资源配置最优的需要。导致决策失败的原因主要有：一是信息失灵导致决策失灵。在信息不充分的条件下，政府的决策可能偏离正确的方向，从而导致决策失误。二是有限理性导致决策失败。政府官员的理性认知程度是有限的，其对客观世界的认识可能会存在偏差，因此即使在完全信息条件下也可能无法做出正确的决策。三是决策者的自利动机导致决策失败。无论是政治家还是政府官僚均具有自利动机，政治家谋求政治利益最大化，官僚谋求预算最大化，其自利动机将难以保证与民众利益产生相容性激励，从而产生决策失败。四是利益集团的存在导致政府决策失败。利益集团通常是指具有某种共同目标或利益并试图对政府施加影响的相关组织。利益集团为了共同目标或利益，将通过寻租、游说等手段向政府部门施加影响，并进而影响政府决策。由于受到外部非中立思想的干扰，政府部门的决策很可能偏离正确的方向，从而产生决策失败。五是政府决策规则的缺陷导致决策失败。政府决策规则大致可以分为一致性规则和多数票规则。一致性规则能够照顾每一位决策主体的意见，但决策的协调成本太高，且不容易达成一致意见。多数票规则解决了一致同意规则的缺陷，但公共选择理论的研究成果表明，如果投票者具有双峰或多峰的偏好结构，两两对决式的多数票规则可能产生投票循环（cycling），无法产生稳定的投票均衡，存在潜在的投票悖论（voting paradox）。

3. 管理失败

政府管理失败是指政府决策执行过程及其结果的低效或失效，无法实现决策的预期效果。导致管理失败的原因主要有：一是激励约束不对称导致管理失败。一方面，政府决策执行成本和收入分离，缺乏降低执行成本的激励，导致政府决策执行成本升高；另一方面，政府部门及其服务具有一定的垄断性，缺乏外部的有效竞争，从而导致政府决策的执行缺乏约束，导致管理失灵。二是权力失控导致管理失败。“绝对权力产生绝对腐败”，在缺乏有效监督的情况下，政府权力极易失控。比如，政府决策执行过程中的“长官意志”或政府行政权力的滥用，都可能损害市场的正常运行，导致市场混乱和资源配置失当。权力失控最典型的例子是执行力弱化，即“上有政策，下有对策”。三是决策执行时滞导致管理失败。任何一项决策的执行都需要一个过程，在这个过程中会有许多因素导致政府决策在不适当的时候发挥不恰当的作用。

第三节　政府和市场的关系

在社会主义市场经济体制下，市场机制在资源配置中起决定性作用，在理想条件下，市场以最有效率的方式配置资源。但是，在市场机制失灵的领域里，需要借助于政府来弥补市场缺陷，实施资源配置的高效率。市场与政府各自配置资源的范围、程度到底如何，这个问题也是政府和市场关系的另一个表述。

经济学研究的逻辑起点是资源的有限性，即在有限的资源下，如何使得资源配置有效率。从资源配置的手段来看，主要有两种：一种是市场配置；另一种是政府配置。那么我们将从资源的有限性和资源配置方式来论证政府和市场的关系，另外明确政府与市场的关系是研究财政问题的基本理论前提。

一、在资源有限的条件下，政府和市场的关系

政府和市场同时为社会提供物质产品和服务，而物质产品和服务的提供必然消耗社会资源，因而有限的社会资源必须同时分别配置在两个部门即公共部门和私人部门当中。正因为如此，我们必须分析和研究市场配置和政府配置对资源利用的不同特点，研究两种配置方法在提供物质产品和服务时的不同的内在规律，揭示两个领域之间的相互关系，进而说明哪些物质产品和服务应当由市场经济活动提供，哪些应当由政府经济活动提供。应当说，市场与政府的关系及私人部门和公共部门各自提供物质产品和服务的内在规律和不同特点，是研究财政学的主要理论基础。财政学的研究对象其实就是政府经济活动的内在规律及政府经济活动与市场经济活动的关系。

二、在资源配置方面，政府和市场的关系

在市场经济条件下，市场在资源配置中发挥基础性作用，但是市场并不能解决所有的资源配置问题。在资源配置的某些领域或方面，存在市场失灵。这就需要发挥政府财政的作用加以弥补。而政府介入市场经济领域也必然有一个限度，那就是市场竞争的效率。可以说市场竞争的效率决定了政府介入市场经济领域的规模和范围。从理论上讲，只有在市场失灵的领域，政府才发挥作用，才可能使资源配置的边际收益大于其机会成本。显然，要做到这一点，就应清楚划分政府和市场的边界。只有如此，才能合理界定市场和政府的职责范围，才能说明哪些事情应该由市场来做，哪些事情应该由政府来做，才能有效防止政府的“越位”和“缺位”问题，实现政府职能的合理定位。

三、政府和市场的选择

由于市场失灵和政府失灵的存在，单纯的市场或政府都无法实现理想目标，因此社会经济的发展需要协调市场和政府的关系，并在二者中选择更为有效的资源配置机制。市场与政府的选择，取决于以下因素：一是人们用怎样的标准来衡量市场失灵。如果衡量的标准比较宽泛，只有严重的市场失灵才能被筛选出来，那么，留给政府作用的范围和空间将会相对较小。相反，如果衡量的标准比较严格，市场失灵将被认为是一种普遍存在的现象，政府作用的范围和空间将会得到大大扩展。二是政府活动能力及政府失败的严重程度。在确定了市场失灵的范围之后，政府将需要根据市场失灵的类型考虑多种干预方案，估算每一种方案可能的政府失败及其效率损失。三是市场失灵与政府失败所造成的效率损失之间的比较。在众多的市场方案与政府干预方案中，尚需要进一步比较各种结果与理想目标的接近或偏离程度，从而决定政府是否需要干预及应采取怎样的干预方式。当然，市场机制与政府机制的选择，归根结底取决于人们如何看待市场与政府的关系。

总之，政府（或财政）与市场的某些经济职能是共同的，如配置资源和收入分配是两者共同的基本职能，只是由于两者的运行机制不同，在实现同一职能中的适用领域、作用方式、经济效应方面就有所不同。市场失灵才存在政府介入或干预的必要性

和合理性。同样政府也存在失效和缺陷，财政作为政府干预的主要手段，可能产生正效应，也可能产生负效应，不仅无助于弥补市场失灵，甚至会干扰市场的正常秩序，给国民经济带来效率损失。但不论是正效应还是负效应，都是财政职能的表现。正是出于以上两种原因，财政学关心的问题，不是在市场或政府的经济职能之外另寻什么新的财政职能，而是如何界定各自的最适合的领域和最佳的结合方式，最终实现公平与效率的最优结合。

第四节　财政的目标

人类从事经济活动的目的是为了满足个人自身的需要，增进社会总福利。首先考虑的是如何生产出尽可能多的产品和服务，然后考虑产品和服务如何在社会各成员之间进行恰当的分配，可以说社会福利是效率和公平的函数。因此，评价财政活动的两个基本准则就是效率与公平。效率与公平之间的关系经常被形象地比为“做蛋糕”和“切蛋糕”的关系，很显然，只有做大蛋糕，切出来的蛋糕才会更大，对参与分配的人来说才更有意义。同时，如果蛋糕的分配方案和结果对社会成员是相对公平和合理的，无疑也有助于提高大家努力做蛋糕的积极性。

一、公平

（一）公平的含义

公平一般是指人们对一定社会历史条件下人与人之间利益关系的一种评价，是一种价值判断，主要包含以下两层含义。

1. 经济公平

经济公平即社会对每一个成员参与竞争、进行就业等一切经济活动的资格都一视同仁，所有社会成员都按同一规则参与经济活动，各人按照其对生产的贡献份额获得其相应的收入份额，即机会均等。经济公平追求的是竞争规则和过程的公平，能够有效激发社会成员的积极性并推动社会生产力的发展。它是市场经济的内在要求，强调要素投入和要素收入相对称，是在平等竞争的环境下遵循等价交换原则来实现的。

2. 社会公平

社会公平即国家通过对国民收入和社会财富的调节与再分配，以达到社会普遍认可的公平和公正的要求。国家可以通过社会保障体系和财政补贴对缺乏竞争能力的弱者提供帮助，同时通过税收对个人收入和财产进行制约和调节，避免两极分化，以实现收入分配的社会公平，即结果公平。社会公平是收入分配的理想状态，强调的是将收入差距维持在现阶段各阶层人们能接受的范围之内，贫富差距较大是不公平，缩小贫富差距就是促进公平。

（二）公平的分类

1. 程序公平和结果公平

程序公平是指在事件的处理与决策的过程中，对事件利益相关方与当事者都是公平的，这个过程中不存在因为人为偏好而造成处理与决策过程中的不公正和不合理。具体来讲，一是程序公平是为了保障与实现公平的，一种针对事件处理过程的制度设计。它要求程序的设计者，综合分析影响这种过程的各种因素，制定一套能保证透明与公正的制度与法规，从而实现事件或事物当事者与利益攸关方能在同一个程序中实现各自的利益诉求与合法合理权利的保障。二是程序公平除在制度设计上达到不偏不倚与严谨无漏洞外，还要求制度在指导事件处理的实施与监督中是开放与透明的，在事件处理的过程中，当事方与利益攸关方的地位是平等的。只有这样，程序公平的公平诉求才能得到体现。因此，程序公平的实现要求起点公平，同时这也是保证结果公平的条件。

结果公平是指分配的均等，强调生产成果在分配上的均等，强调各社会成员之间所拥有收入份额的相对关系。财政学将结果公平作为收入分配的理想状态。从结果公平的角度来看：结果公平不是公平范畴的全部内容，它只是起点公平与规则公平的产物，如果起点公平与规则公平都很好地做到了，那么结果公平也就自然得以实现。这就提示我们：关注结果公平很好，但要从根本上解决它，关键不在结果公平自身。总之，只有结果公平才能形成可以与效率并列的一个独立的评判标准。

2. 收入公平和效用公平

收入公平是指衡量社会公平是以人们获得的收入作为标准的。实现收入公平，需要深化收入分配制度的改革，从源头上解决好社会初次分配问题，努力实现收入公平。同时要强化国家对收入分配的宏观调控功能，要关注社会弱势群体，千方百计扩大就业，解决由失业导致的贫困问题，提高低收入者的收入水平。

效用公平是指衡量社会公平的标准是人们获得的满足程度。效用是对于通过消费或者享受闲暇等使自己的需求、欲望等得到满足的一个度量。因此，通过效用来衡量公平程度，政府在制定政策措施时，应该使人们的心理得到最大程度的满足。

（三）公平的标准

社会福利主义认为，社会福利的高低是由社会成员的个人效用决定的。比如，假定社会上有 n 个人，其中第 i 个人的效用为 $U_i(i=1,2,3,\cdots,n)$，那么该社会的福利 W 就是这 n 个社会成员的个人效用的函数，用公式表示为 $W=F(U_1,U_2,\cdots,U_n)$称为社会福利函数。从社会福利学派的角度，这里介绍功利主义、罗尔斯主义和纳什主义的福利经济学[①]。

1. 功利主义

功利主义社会福利函数，也被称为边沁主义社会福利函数，$W=U_1+U_2+\cdots+U_n$ 为其表达式。公式显示：社会各成员的个人效用的简单加总组成全体社会福利。不难看出，在社会上其他人的效用不变的条件下，只要任何一个人的效用得到提高，社会福利就会上升。也就是说，只要有一种变化能够使某些人的境况变好，而不使任何人的境况变差，这种变化就会增加社会福利。

功利主义认为，政府进行收入再分配的理由基于个人收入的边际效用递减假定。也就是说，一元钱对穷人的重要性高于富人，取走富人的一元钱所减少的效用低于穷人增

① 另外，从非福利主义学派的角度，还有诺齐克的自由至上主义和森的多边主义。

加一元钱所增加的效用，因此收入再分配行动可提高社会福利。

2. 罗尔斯主义

美国哲学家罗尔斯曾提出，社会福利的高低取决于社会上境况最差的那个人的效用，即罗尔斯主义的社会福利函数表示为 $W=\min[U_1,U_2,\cdots,U_n]$。罗尔斯的公平理论，是以洛克、卢梭和康德的社会契约论为基础，反对传统的功利主义，认为正义是社会制度的主要美德，就像真理对思想体系一样；非正义的法律和制度，不论如何有效，也应加以改造和清除。总体来说，罗尔斯基于公平的正义观念是在自由主义框架内阐发的一种正义理论。但同时，它也将社会主义的实质平等观念的某些要素纳入了公平的、正义的理论。在这个理论中，核心的概念是平等和自由。

罗尔斯提出“最小最大化原则”理论。具体思路是，每个人都不太确定自身的生活前景，每个人都担心自己有朝一日可能会成为社会中最不幸的人。因此，出于规避未来生活风险的考虑，人们将特别关注处于收入分配最底层的可能性。所以，他们必然会一致认为，社会福利的高低应以社会上境况最差的那个人的效用作为衡量标准，而致力于实现收入分配公平的政策则应该努力实现最小效用的最大化。由于“最小最大化原则”强调的是社会上最不幸的人，政府通过将富人的收入转移给穷人，社会增进了最不幸的人的福利，从而也就增进了社会的总体福利。但是“最小最大化原则”事实上并不会导致一个收入完全平等的社会。原因在于，如果政府努力使收入完全平等化，人们就不会有努力工作的热情，这将导致社会总收入的减少，并促使最不幸者的状况的进一步恶化。这一道理同样适用于功利主义。因此，无论是功利主义，还是罗尔斯主义，实际上都允许一定程度的收入不平等的存在，因为这种不平等有助于提高人们的工作积极性，从而提高社会帮助穷人的能力。著名经济学家曼昆提出，罗尔斯主义只重视最不幸的社会成员，因此它要求采取收入再分配行动，使境况最差成员的效用最大化。

3. 纳什主义

纳什主义的福利函数的表达式为 $W=u_1\times u_2\times\cdots\times u_n=\prod_{i=1}^{n}u_i$。公式显示，全体社会福利是由社会上每个成员的个人效用相乘得到的。通过公式可以得出，只要社会上一个成员的个人效用得以提升，社会总体福利会得到成倍增加；反之，若社会上某个成员的个人效用下降了，社会福利就会数倍减少。即只要某种政策措施使得社会某个成员效用得以提升，同时不损害其他任何人的效用，那么这样的政策措施将会使社会整体福利得以倍增。

（四）公平的量度

收入分配要求实现公平原则，但不等于平均化，它允许存在一定的收入差距。不过，收入差距应控制在与效率相适应的水平上。一个社会的收入分配状况经常用洛伦兹曲线和基尼系数进行衡量。

1. 洛伦兹曲线

为了研究国民收入在国民之间的分配问题，著名统计学家洛伦兹提出了洛伦兹曲线。洛伦兹曲线也译为“劳伦兹曲线”，它指的是在一个总体（国家、地区）内，以“最贫穷的人口计算起，一直到最富有人口”的人口百分比对应各个人口百分比的收入百分比的点组成的曲线。它是对收入分配离散程度进行研究的一个图形。如图 2-1 所示，横轴表示人口的累计百分比，纵轴表示收入的累计百分比。在实际测算中，通常将人口分为若干等分组，根据每一等分组所持有的收入比例描绘出洛伦兹曲线。通过洛伦兹曲线，可以直观地看到一个国家收入分配平等或不平等的状况。因此，该曲线作为一个总结收入和财富分配信息的便利的图形方法得到广泛应用。

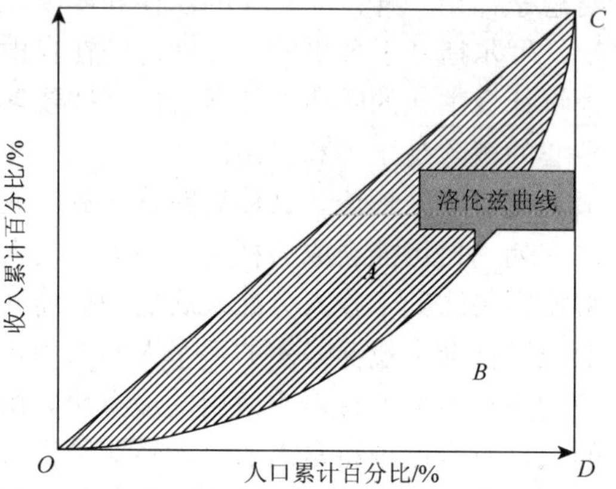

图 2-1 洛伦兹曲线

洛伦兹曲线的弯曲程度及其与对角线 *OC* 之间的面积可以反映在各阶层之间的不平等程度。一般来讲，它反映了收入分配的不平等程度。弯曲程度越大，收入分配越不平等，反之亦然。特别是，如果所有收入都集中在一个人手中，而其余人口均一无所获时，收入分配达到完全不平等，洛伦兹曲线就是折线 *ODC*。另外，若任一个人口百分比均等于其收入百分比，从而人口累计百分比等于收入累计百分比，则收入分配是完全平等的，洛伦兹曲线就是通过原点的 45°线 *OC*。一般来说，一个国家的收入分配，既不是完全不平等，也不是完全平等，而是介于两者之间。相应的洛伦兹曲线，既不是折线 *ODC*，也不是 40°线 *OC*，而是像图 2-1 中这样向横轴突出的弧线 *OC*，尽管突出的程度有所不同。

2. 基尼系数

基尼系数（Gini coefficient）或译为坚尼系数，是 20 世纪初意大利经济学家基尼，根据洛伦兹所定义的判断收入分配公平程度的指标。它是比例数值，在 0 和 1 之间，是国际上用来综合考察居民内部收入分配差异状况的一个重要分析指标。基尼系数是对角线 *OC* 与洛伦兹曲线 *OC* 所围成的阴影部分的面积 *A* 与三角形 *ODC* 的面积之比，即为 $G=A/(A+B)$。如果收入绝对平等，即洛伦兹曲线为对角线 *OC*，基尼系数为 0；如果收入绝对不平等，即洛伦兹曲线为 *ODC*，基尼系数为 1。一般情况下，基尼系数在 0 和 1 之间，数值越小，表明收入分配越平等，反之则越不平等。

二、效率

由于稀缺性的存在，即生产资源的相对有限性，人们不得不考虑如何能够利用有限的资源来满足人类无穷的欲望。这样，如何在既定技术条件下，充分利用有限的资源，生产出尽可能多的产品，以最大限度地满足人类的需要，这就是所谓的效率问题。

在经济学中，19 世纪意大利经济学家帕累托提出了判别效率的标准，因此命名为帕累托效率。帕累托效率是指不可能通过资源的重新配置，使得某个人的境况变好而不使其他任何人境况变差。与帕累托效率密切相关的概念是帕累托改进（Pareto improvement）。所谓帕累托改进，指的是可以通过资源的重新配置，达到使某个人的境况变好而不使其他任何人境况变差的结果。显然，如果一个社会能够实现帕累托改进，社会福利就可以得以提升；反之，如果社会福利已经没有进一步提升的可能，那就说明该社会的资源配置已经达到帕累托效率状态。

帕累托效率是一个比较抽象的概念。为此，我们从以下三个相关问题入手：首先是生产效率问题，讨论在现有资源和技术条件的限制下，如何将各种资源用于不同产品的生产，使产出最大；其次是产品组合效率问题，分析在产出给定的条件下，什么样的产品组合才能最大限度地满足社会的要求和愿望；最后是交换效率问题，讨论在产出给定的条件下，不同的产品应该怎样被各个人所利用才最为理想。

（一）生产效率

我们首先讨论生产效率的问题。我们假设社会上只有甲乙两个人，他们使用劳动和资本两种生产要素，生产大米和衣服。并且在这种条件下，可供甲和乙支配的资源是有限的，那么，应当怎样配置资源，才能使大米和衣服的产量最为理想呢？在此，我们借助埃奇沃斯框图加以说明。在图 2-2 中，横轴表示劳动 L 的数量，纵轴代表资本 K 的数量，并且长方形盒子的长表示社会拥有的劳动总量，盒子的宽表示社会所拥有的资本总量。生产大米所需的要素投入量以离原点 O 的距离来度量，生产衣服所需的要素投入量则以离原点 G 的距离来度量。这样，对于大米和衣服来说，要素投入和产量之间的关系就可以用等产量曲线来表示。具体说来，在以 O 点为原点的坐标平面中，劳动和资本的不同投入量形成了反映大米产量的一系列等产量曲线。

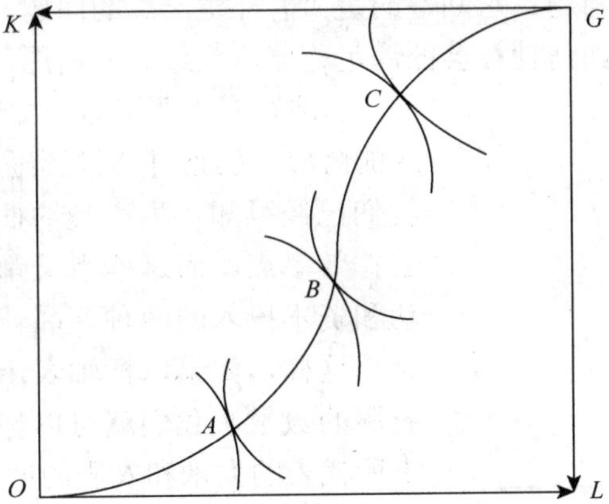

图 2-2　埃奇沃斯框图——生产效率

根据上述分析，当大米和衣服的等产量曲线相切时，生产处于帕累托效率状态，即当均衡点在 B 点时，社会就不可能在影响一种产品产量的条件下增加另一种产品的产量。此时，生产达到帕累托效率状态。而从数学意义上说，两条曲线相切意味着它们在切点处有共同的切线，从而有相同的切线斜率。在经济学中，等产量曲线的切线斜率的绝对值表示在保持产量不变的条件下，增加一个单位的某种要素可以替代另一种要素的数量，即边际技术替代率（marginal rate of technical substitution，MRTS）。比如，劳动对于资本的边际技术替代率可以表示为 $\mathrm{MRTS}_{L,K}=-\dfrac{\Delta K}{\Delta L}$，其中，$\Delta L$ 表示劳动投入的变化量，ΔK 表示对应于劳动的变化，在产量保持不变的条件下资本的变化量。

如图 2-3 所示，在等产量线上，当劳动投入量增加时，资本投入量相应减少。此时，要素组合从 A 点移动到 B 点。可以看出，由于 A 点和 B 点位于一条等产量线上，在劳动投入变化幅度很小的条件下，边际技术替代率反映了等产量线在 A 点附近斜率的绝对值。

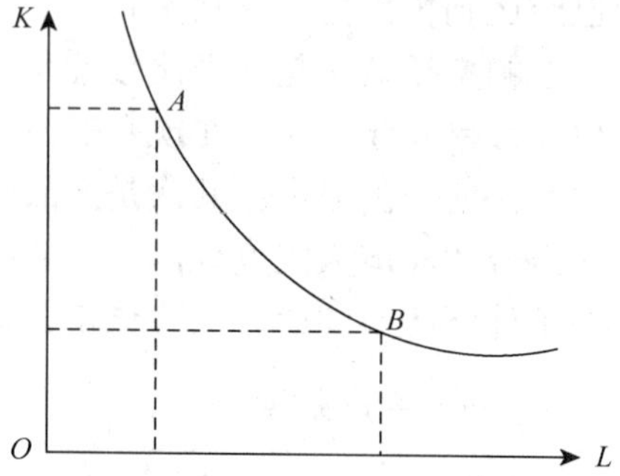

图 2-3 边际技术替代率

根据上述分析，可以得出，生产符合帕累托效率标准的条件是，任意两种要素生产两种产品的边际技术替代率相等，即：

$$\mathrm{MRTS}_{L,K}^{\text{大米}}=\mathrm{MRTS}_{L,K}^{\text{衣服}}$$

其中，$\mathrm{MRTS}_{L,K}^{\text{大米}}$ 表示生产大米时劳动 L 对资本 K 的边际技术替代率；而 $\mathrm{MRTS}_{L,K}^{\text{衣服}}$ 表示生产衣服时劳动 L 对资本 K 的边际技术替代率。因此，只要是大米和衣服的等产量曲线的切点，就一定满足帕累托标准。这就意味着，生产满足帕累托效率标准的资源配置有无数多种。如果将这些等产量曲线的切点用光滑曲线联结起来，就形成一条生产契约曲线，该曲线上的任何一点都是帕累托效率点。

（二）产品组合效率

生产效率所要解决的是一个社会在既定技术水平的约束下，如何充分利用稀缺资源，实现产出最大化的问题。它回答的是“怎样生产”的问题。下面分析一个社会在实现生产效率的条件下，如何使社会的满足程度达到最大的问题，即产品组合效率问题。

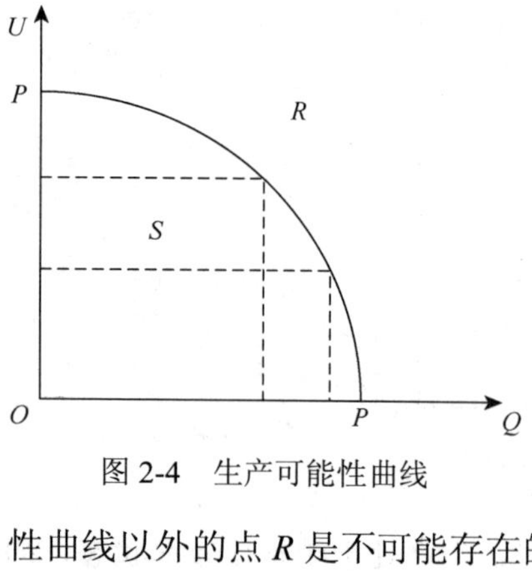

图 2-4 生产可能性曲线

首先，有必要用另一种形式反映社会实现生产效率的情形。为此，重新观察图 2-4 中的生产契约曲线。我们已经得知，生产契约曲线上的任何一点都是帕累托效率点，而这些点又都代表着对应于一定的劳动和资本投入的两种产品——大米和衣服的数量组合。这样，如果以横轴表示大米的产量，纵轴表示衣服的数量，我们就可以把生产契约曲线上的所有点所代表的大米和衣服的产量在图 2-4 中标出，由此形成的曲线称为生产可能性曲线 PP。生产可能性曲线上的任何一点都具有生产效率。同时，生产可能性曲线以外的点 R 是不可能存在的，因为它们超出了现有资源和技术条件下可能达到的生产能力；而生产可能性曲线之内的点 S 则是不具有生产效率的，因为它们所代表的产品组合没有达到最佳水平。

生产可能性曲线 PP 呈现出向右下方倾斜的特征。该特征表示在既定的资源和技术条件下，沿着生产可能性曲线，增加大米的产量会导致衣服的产量下降。这一反向变动关系说明了两种产品产量之间此消彼长的转换关系，因此，生产可能性曲线也称为产品转换曲线。那么在产品转换曲线上的点称为边际转换率（marginal rate of transformation，MRT），它表示在资源既定的条件下，增加一单位某一种东西而需要放弃的另外一种东西的产量。用公式可以表示为

$$\text{MRT}_{\text{大米,衣服}}=-\frac{\Delta S}{\Delta Q}$$

接下来我们探讨社会的满足程度或者称为效用水平。描述效用我们借助无差异曲线，它反映的是能给人们带来相同效用水平的不同产品组合的轨迹。无差异曲线上某一点处的切线斜率的绝对值被称为边际替代率（marginal rate of substitution，MRS），它表示的是在保持效用水平不变的条件下，增加一单位某种产品的消费可以代替的另一种产品的消费量。比如，对于甲和乙来说，边际替代率 $\text{MRS}_{\text{大米，衣服}}$ 表示在保持效用不变的情况下，增加一单位的大米的消费所能替代的衣服的消费量。

无差异曲线借助图形方法反映人们的偏好，它既可以用来表示某个人的偏好，也可以用来表示一个社会的偏好。由于我们所要考察的是产品组合效率，即怎样的产品组合对社会来说才是最好的问题，所以需要借助社会无差异曲线进行分析。

假设由甲和乙组合的简单社会中，有既定的资源生产大米和衣服，同时他们又消费这两种产品。社会生产两种产品的最优状态可以用生产可能性曲线表示，甲和乙消费这两种产品所获得的效用水平则由社会无差异曲线表示。在生产可能性曲线 PP 的某一点处，生产处于最优状态，但是它未必就是社会最需要的产品组合。如图 2-5 中的无差异曲线 W 与曲线 PP 相交，那么沿着曲线 PP 移动时，就可以找到能够获得更大效用的产品组合。在社会无差异曲线和生产可能性曲线的切点 E，该社会才不可能实现继续改善社会成员的整体状态。此时，产品组合达到了帕累托效率状态。

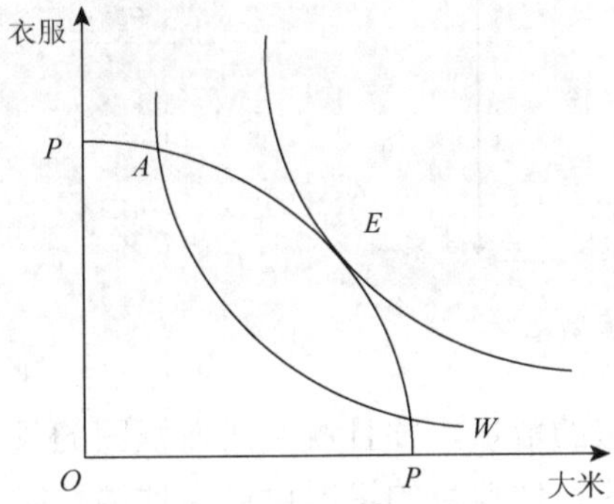

图 2-5 产品组合效率

由于生产可能性曲线的切线斜率的绝对值表示产品的边际转换率，而社会无差异曲线的切线斜率表示社会成员关于两种产品的边际替代率，所以，社会实现产品组合效率的条件是，任意两种产品的边际转换率等于边际替代率，即

$$\text{MRS}_{\text{大米，衣服}}=\text{MRT}_{\text{大米，衣服}}$$

只要边际转化率等于边际替代率，就存在实现帕累托改进的可能。因此，边际转化率等于边际替代率是实现产品组合的必要条件。

（三）交换效率

假如一个社会能够同时实现生产效率与生产组合效率，这就意味着该社会在既定资源和技术限制下，能够生产出最大数量的产品组合，并且该产品组合能够最大限度地满

足整个社会的需要。但是，由于社会成员之间对同一产品可能有不同的偏好，而且不同的偏好之间不存在可比性，社会效用水平达到最大并不等同于个人效用水平达到了最大。比如，由甲和乙组成的简单社会中，他们充分利用现有的资源和技术，生产出 100 千克大米和 10 套衣服，并且这一产品组合也是使社会成员达到最大满足的产品组合。此时，生产效率和产品组合效率已经同时实现。但是假如甲只需要大米，而乙只需要衣服，那么，社会该如何分配大米和衣服给甲和乙呢？如果将大米全部给乙，衣服全部给甲，甲和乙获得的效用都为零。最为理想的格局是：100 千克大米全部给甲，10 件衣服全部给乙。这个例子表明，即使产量最大且产品组合对整个社会最佳的情况下，不同产品如何在各人之间进行配置，仍然会影响这些产品及生产这些产品的资源给人们带来的好处。那么，一个社会在产出水平既定的条件下，如何将各种产品配置给个人使用，才是最为理想的？为了解决这一问题，我们再次借助埃奇沃斯框图进行分析，如图 2-6 所示。

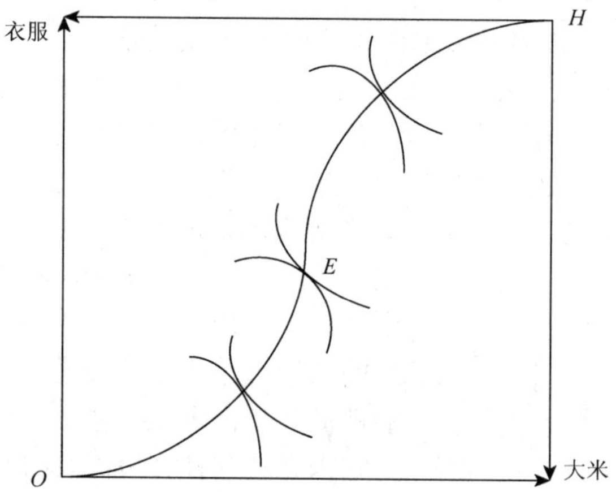

图 2-6 埃奇沃斯框图——交换效率

在图 2-6 中，横轴表示大米的数量，纵轴表示衣服的数量，并且埃奇沃斯框图的长和宽表示社会所拥有的大米和衣服的总量。对于甲来说，他自身的境况可以由他消费大米和衣服所获得的效用来表示。随着两种产品消费量的增加，甲的境况可以由从图 2-6 中原点 O 向右上方延伸的一系列无差异曲线来表示。同样，对乙来说，从原点 H 向左下方延伸的一系列无差异曲线反映了乙的境况。

通过上述重新配置产品的过程可以发现，只有在甲和乙的无差异曲线相切时配置，才不存在帕累托改进的可能。在 E 点，甲和乙的无差异曲线相切，因此其斜率的绝对值相等。而无差异曲线斜率的绝对值就是消费两种产品的边际替代率，因此，交换符合帕累托效率标准的条件是，甲和乙消费两种产品的边际替代率相等，即：

$$\mathrm{MRS}^{甲}_{大米，衣服}=\mathrm{MRS}^{乙}_{大米，衣服}$$

分析埃奇沃斯框图还可以看出，满足帕累托效率标准的配置不止一个，甲和乙的无差异曲线相切的点都符合边际替代率相等的条件，这些切点联结而成的曲线称为交换契约曲线。该曲线上的任何一点都满足帕累托最优。

三、公平和效率的关系

（一）矛盾统一

公平与效率之间存在冲突和矛盾的关系，即要实现收入分配的公平，就要以降低效率为代价，存在一定的效率成本；反之，要提高效率，也需要牺牲一定程度的公平。效率与公平之间存在替代关系，也就是说，如果要使公平程度提高，就需要以效率水平的降低为代价；反之，如果希望使效率水平提高，就需要以公平程度降低为代价。

公平与效率之间既有相互冲突的一面，也有互相协调的一面。公平和效率是矛盾的统一，因此，在实际生活中，不可能完全做到公平和效率的兼顾。是优先考虑公平，还是优先考虑效率，还是选择其他的结合方式，对此，理论界也有不同的观点。一种观点主张效率优先。这种观点来自西方自由竞争的各个学派，他们认为自由竞争是最平等的，主张把效率放在优先的政策目标，反对政府通过行政干预进行收入的再分配，认为这样会阻碍经济的发展。一种观点主张公平优先。他们认为，应将公平作为优先考虑的政策目标，如果听任市场机制发挥作用，必然会产生两极分化，要求通过政府的宏观调控，缩小收入分配的差距。因为，市场竞争中产生的收入差距过大或两极分化是最不平等的，效率不是来自公平而是来自不公平，市场竞争中的效率是建立在不平等的基础上的。一种观点主张公平和效率两个政策目标同等重要，没有先后次序之分，二者必须兼顾，即如何以最小的不平等换取最大的效率，或以最小的效率损失换取最大的公平。市场机制的作用要限制，但是不能过分限制。收入均等化措施可以实施，但不能过度。

（二）主次关系

效率与公平也有主次之分，但不同时间段上，效率与公平的主次可能不同。例如，中国作为社会主义国家，在社会主义发展初期，“效率优先，兼顾公平”的原则随着市场化的迅速推进彻底确立。随着经济的不断发展，人民生活水平的不断提升，对“公平”的呼声不断高涨。如何实现公平，不仅是自由平等主义（以罗尔斯为代表）与极端自由主义者（以诺齐克为代表）争论的焦点，更是迅速崛起的中国经济所不可回避的问题。城乡差距、地区差距、收入分配差距等问题越发严峻，是否坚持市场化的发展方向，重视起点平等还是结果平等问题的争论也就越发激烈。因此，“兼顾公平与效率，更加注重公平”成为政府的发展方向。

第五节 财政的职能

市场自身缺陷导致市场失灵不可避免，需要政府来介入。为了实现经济效率和社会公平两大目标也需要政府的介入。市场失灵和公平与效率问题是政府财政存在的基础。财政职能是指财政的职责和内在功能，财政的本质决定了财政能否具备某种功能和履行某种职责，而市场失灵、市场与政府的关系、政府失败决定了财政应该具备某种功能和履行某种职责。因此，财政职能明确了政府介入经济活动的主要范围。目前，关于财政职能的界定一般采用美国著名财政学家马斯格雷夫提出的财政的三大职能，即资源配置、收入分配和稳定经济职能。

一、资源配置职能

财政履行资源配置职能，是指财政应该为全社会提供公共品和服务，并运用经济、法律等手段矫正外部性和维护市场的有效竞争。

财政之所以要为全社会提供公共品和服务，是由于这类物品和服务所提供的效用不能被分割出来，从而不能向企业或个人出售，也无法对其进行定价，导致市场供给失效。例如，国防、外交等都具有消费的非竞争性和受益的非排他性，这使得该类产品容易出现免费搭车的行为，而交易费用的存在又使人们难以达成一致的协议，由此决定政府应该介入该领域，并担当起供给的责任。然而，以财政手段提供公共品，并不一定意味着公共品的供给一定要由公共部门直接生产，如西方国家的军用物资相当大部分是由政府出资交由私人部门生产的。

财政履行资源配置的职能，还因为外部效应的存在。外部效应指未在价格中得到反映的经济成本或者效益。无论是正的外部效应还是负的外部效应，如果得不到纠正或抵消，都将会使资源配置低效或失效，因此需要政府运用包括财政手段在内的各种方式加以纠正。对于负的外部效应可对其进行收费，而正的外部效应可对其进行价格补贴。

财政履行资源配置职能，还表现在对不完全竞争的干预上。不完全竞争是市场失灵的表现，会导致资源配置的失效。为实现资源配置效率，政府既可以对垄断厂商发放财政补贴，从而要求其增加产量和降低价格，也可以接管这类企业，直接规定产品低价出售，或按市场原则规范公共定价，调整产业组织形成竞争格局，以及运用法律等手段维护市场竞争的有效性。

财政配置的机制和手段主要有以下几种。

（1）在明确社会主义市场经济中政府经济职能的前提下，确定社会公共需要的基本范围，确定财政收支占 GDP 的合理比例，从而实现资源配置总体效率。我国过去一段时间内，预算内的财政收支占 GDP 的比重、中央财政收入占全部财政收入的比重明显偏低，不能有效地保证理应由财政承担的重要投入，对引导社会资金的合理流动也缺乏力度，教育、公共卫生、环境保护、社会保障、科技进步、农业发展等方面的投入不足，财政在支持经济建设特别是结构性调整方面处于软弱无力的地位。这些都是财政资源配置职能弱化的表现。当前，我国财政收入占 GDP 的比重已由逐年下降转为逐年上升，但也要防止财政收入增长速度过快，财政收入占 GDP 的比重过高，以致影响市场在资源配置中的决定作用。

（2）优化财政支出结构，保证重点支出，压缩一般支出，提高资源配置的结构效率。我国国民经济和社会发展战略规划，明确规定了当前对资源配置的要求：向农业、教育、社会保障、公共卫生和就业等经济社会发展的薄弱环节倾斜；向困难地区和群体倾斜；向科技创新和转变经济增长方式倾斜。着力支持就业再就业，完善社会保障，促进构建和谐社会。着力推动自主创新，促进经济增长方式的转变。着力加大转移支付力度，促进区域协调发展。着力支持改革，完善社会主义市场经济体制。着力财政保障力度，加强政权建设。

（3）合理安排政府投资的规模和结构，保证国家的重点建设。政府投资规模主要指政府投资在社会总投资中所占的比重，表明政府集中的投资对社会总投资的调节力度。政府投资对产业结构调整起着重要作用，这种作用对发展中国家有着至关重要的意义。过去一段时间内，我国政府投资占全社会投资比重曾经过低，公共设施和基础设施发展滞后对经济增长形成了“瓶颈”制约，自 1998 年实施积极财政政策以后，政府投资规模大幅上升，今后仍然必须从财力上保证具有战略性的国家重大建设工程，但切忌越俎代庖，排挤市场的作用。

（4）通过政府投资、税收政策和财政补贴等手段，带动和促进民间投资，吸引外资和对外贸易，提高经济增长率。

（5）提高财政资源配置本身的效率。对每项生产性投资的确定和考核都需要进行成本-效益分析，对于公用建筑和国防工程之类的属于不能回收的投资项目，财政拨款应视为这种工程的成本，力求以最少的耗费实现工程的高质量，甚至作为财政收入主要形式的税收，也存在税收收入与税收成本的对比问题。我国近年来编制部门预算，实行政府采购制度、集中收付制度、“收支两条线”制度及加强税收征管，都是提高财政资源配置本身效率的重大举措。

二、收入分配职能

市场机制并不能保证收入分配的公平状态，客观上要求社会有一种有利于实现公平目标的再分配机制。然而，在市场机制框架内，有效的再分配很难完成。原因在于：在市场机制中不存在以公平分配为目标的再分配机制，即便某种机制有这个功能，但其作用微乎其微；私人慈善机构进行的某些活动，不能从根本上解决问题；在缺乏相互配合的情况下，慈善机构之间可能发生相互间的冲突。因此，收入分配职能自然落到政府财政上面。

收入分配的职能是指财政具有通过对社会产品的占有、使用来调整市场参与者之间的物质利益关系，从而实现社会公平的功能和职责。财政分配收入职能的目标是影响社会各阶层之间的分配关系与利益格局，促进社会公平与共同富裕的实现。首先，政府可以使用手中强制征税的权利，通过税收，在相当大的范围内实现对收入的调节。例如，超额累进的所得税制，对收入越高的群体，税率越重，而对收入偏低的群体，少纳税甚至不纳税，可以此来调节收入差距。其次，通过各项政府支出进行收入的分配。例如，通过社会救助性质的转移支出、社会保险性质的转移支出及一些公共项目支出影响收入分配格局。再次，还可以通过政府管制对市场机制进行直接干预，典型的例子是规定企业必须向雇员支付最低工资。与此类似，还可以实施旨在使穷人受惠的其他价格管制政策，如对生活必需品实行价格上限、房租管制等。还有一些非价格管制，如规定同工同酬，不得对特定的群体实行歧视工资制度。

总的来看，财政实现收入分配职能的机制和手段主要有以下几种。

（1）划清市场分配与财政分配的界限和范围，原则上属于市场分配的范围，财政不能越俎代庖，凡属于财政分配的范围，财政应尽其职。比如，应由市场形成的企业职工工资、企业利润、租金收入、财产收入、股息收入等，财政的职能是通过再分配进行调节。而医疗保健、社会福利、社会保障等，则应改变过去“企业办社会”的状况，由财政集中分配，实行社会化。

（2）规范工资制度。这里的工资制度是指由国家预算拨款的政府机关公务员的工资制度和视同政府机关的事业单位职工的工资制度。凡应纳入工资范围的收入都应纳入工资总额，取消各种明补和暗补，提高工资的透明度；实现个人收入分配的货币化和商品化；适当提高工资水平，建立以工资收入为主、工资外收入为辅的收入分配制度。

（3）加强税收调节。税收是调节收入分配的主要手段：通过间接税调节各类商品的相对价格，从而调节各经济主体的要素分配；通过企业所得税调节公司的利润水平；通过个人所得税调节个人的劳动收入和非劳动收入，使之维持在一个合理的差距范围内；通过资源税调节由于资源条件和地理条件而形成的级差收入；通过遗产税、赠与税调节个人财产分布；等等。

（4）通过转移性支出，如社会保障支出、救济金、补贴等，使每个社会成员得以维持起码的生活水平和福利水平。

三、稳定经济职能

所谓稳定经济职能，是指政府作为市场上的一种经济力量，运用宏观上的经济政策手段有意识地影响、调控经济，实现经济的稳定增长。自由市场的运作，经常会使一国处于周期性的波动之中，致使经济增长呈现出景气与萧条相互更替的状态。严重的经济波动会给市场带来巨大灾难，如20世纪30年代的世界经济大危机、2008年的次贷危机等。国际上公认的宏观经济稳定要达到四大目标：充分就业、稳定物价、经济增长和国际收支平衡。

财政实现稳定和发展职能的机制和手段主要有以下几种。

（1）经济稳定的目标集中体现为社会总供给和社会总需求的大体平衡。如果社会总供求保持了平衡，物价水平就是基本稳定的，经济增长率也是适度的，而充分就业和国际收支平衡也就不难实现。财政政策是维系总供求大体平衡的重要手段。当总需求超过总供给时，财政可以实行紧缩政策，减少支出和增加税收或两者并举，一旦出现总需求小于总供给的情况，财政可以实行适度放松政策，增加支出和减少税收或两者同时并举，由此扩大总需求。在这个过程中，财政收支发生不平衡是可能的而且是允许的。针对不断变化的经济形势而灵活地变动支出和税收，被称为“相机抉择”的财政政策。

（2）在财政实践中，还可以通过一种制度性安排，发挥某种“自动”稳定作用，如累进税制度、失业救济金制度，都明显具有这种作用。原则上说，凡是业已规定了的，当经济现象达到某一标准就必须安排的收入和支出，均具有一定的“自动稳定”作用。当然，这种“自动稳定”的机制究竟有多大的作用尚可存疑，更何况，在类似我国这样的发展中国家，这种机制本身就是欠缺的。

（3）通过投资、补贴和税收等多方面安排，加快农业、能源、交通运输、邮电通信等公共设施的发展，消除经济增长中的“瓶颈”，并支持第三产业的兴起，加快产业结构的转换，保证国民经济稳定与高速的最优结合。

（4）财政应切实保证前面提到的那些非生产性的社会公共需要。诸如，为社会经济发展提供和平的和安定的环境，治理污染、保护生态环境、提高公共卫生水平，加快文教的发展，完善社会福利和社会保障制度，使增长与发展相互促进，相互协调，避免出现某些发展中国家曾经出现的“有增长而无发展”或“没有发展的增长”的现象。

本章小结

财政是以政府的收支活动及其对资源配置与收入分配的影响为研究对象的一门学科。由于市场失灵，需要政府介入避免市场失灵。财政的三大职能是资源配置、收入分配和稳定经济。与此同时，政府也存在政府失败，那么如何界定市场和政府之间的最适合的领域和最佳的结合方式，最终实现公平与效率的最优结合是财政学研究的最基本问题。

➢复习思考题

1. 为什么研究财政学需要学习市场和政府的关系？
2. 为什么需要政府干预经济？
3. 研究财政职能的思路是什么？

➢案例分析

2015 年 9 月 13 日，中共中央、国务院印发了《关于深化国有企业改革的指导意见》，这是新时期指导和推进国有企业改革的纲领性文件。改革开放 30 多年以来，我国国有企业的管理体制和经营机制发生了深刻变化，党的十一届三中全会以来，国有企业改革大体经历了四个阶段。第一阶段，以扩权让利为重点，实行企业利润留成制度，调整国家与企业的利益分配关系（1978～1984 年）；第二阶段，以承包经营责任制为重点，实行企业所有权与经营权适当分离，确立企业的市场主体地位（1984～1992 年）；第三阶段，以建立现代企业制度为重点，实行规范的公司制改革，转化企业经营机制，探索公有制的多种有效实现形式（1992～2002 年）；第四阶段，以深化国有资产管理体制改革为重点，实行政资分开，推进企业体制、技术和管理创新（2002 年以来）。现在新出台的指导意见必将开启国有企业发展的新篇章。

资料来源：根据中共中央国务院印发《关于深化国有企业改革的指导意见》的新闻资料整理

思考问题：

请运用本章知识思考我国国有企业存在的必要性及我国为何要持续进行国有企业的改革，以及改革的目标。

第三章

外 部 性

➢ 引言

有段时期，社会舆论称补钙有益于身体健康，于是厂家推出了各种各样的补钙产品，电视、广播、报纸和杂志上也全都是补钙的广告。当补钙广告做得如火如荼的时候，人们发现菜市场卖肉摊上的肉骨头旺销。因为肉骨头的含钙量特别丰富，吃肉骨头是最补钙的。尤其是猪的脚筒骨，它的骨髓多，敲骨吸髓的味道好，大家都抢着买，而一只猪身上只有一千克左右的脚筒骨，供给有限，价格上涨。同时，各家饭店的各种骨头汤、骨头煲也十分畅销。而那些花钱在媒体上大做广告的厂商发现，他们的广告费为他人做了嫁衣裳，给卖肉摊、饭店带来了更多的生意，而受益的人并没有付费给广告商，这是什么现象？厂商还要不要做广告？肉摊们要不要付费给厂商？

第一节　生活中的外部性现象

外部性是指一个人在自己的生产和消费活动中产生了一种对他人的影响，如果是好的影响叫外部经济性，如果是不好的影响叫外部不经济性。这种现象在经济学中称为“外部性”。生活中这样的例子很多。

养蜂场养蜂取蜜，蜂儿飞到别人的果园从果树采回了蜜，果园的主人也因此受益，因为他的果树经蜜蜂传授花粉能结更多的果实，在这里，养蜂场的生产活动给果园的主人带来了额外的收益。

某人家的房子的外形弄得别致独特，并在阳台上种满花草，建筑的美丽和花草的芳香让路人感到赏心悦目，若家家都如此，可成风景区的景观，引来游客。因此，这样的装饰行为具有外部经济性。

造纸厂为了节约成本，把没有经过处理的污水直接排放到河流。河流污染使得造纸厂附近的居民饮用水受到污染，必须花更多的钱去买纯净水。河流污染使得附近的渔民由于河流里面鱼虾的大量死亡而收入大幅度减少。同时长期污染得不到有效治疗，也使附近居民生病的概率大幅度提高，医疗花费增加。但是由于没有有效监督体制，造纸厂还在继续生产，没有负担给其他人带来的损害，这就是典型的外部不经济。

第二节 外部性的概念

一、含义

外部性（externalities）又称为溢出效应、外部影响或外部效应，是指某一个人或厂商的行为活动造成了他人的福利损失或额外收益，却没有为之承担应有的成本费用或没有获得应有的报酬。即私人边际成本和社会边际成本之间或私人边际效益和社会边际效益之间的非一致性。经济外部性是经济主体（包括厂商或个人）的经济活动对他人和社会造成的非市场化的影响。外部性的存在，使得人们进行经济抉择时所依据的价格，无法准确反映经济交易的全部边际社会收益或边际社会成本，由此将导致价格信号失真，依据失真的价格信号所作的经济抉择，将使资源配置无法达到帕累托状态。

二、特征

（一）外部性具有方向性，分为单向性和交互性

外部性的单向性是指一方对另一方所带来的外部经济或外部不经济。例如，化工厂从上游排放废水导致下游渔场鱼产量的减少，而下游的渔场既没有给上游的化工厂产生外部经济效果，也没有产生外部不经济效果，这时就称化工厂给渔场带来单向的外部性。大量外部性属于单向外部性。

外部性的交互性是指所有当事人都有权利接近某一资源并可以给彼此施加成本（通常发生在公有财产权下的资源上）。例如，所有国家都对生态环境造成了损害，彼此之间都有外部不经济效应，这就属于交互的外部性。交互的外部性的一个特例就是双向外部性。双向外部性是指两个经济主体彼此都存在外部性，主要的形式有三种：一是甲方和乙方相互之间的外部经济；二是甲方和乙方相互之间的外部不经济；三是甲方对乙方有外部经济效应而乙方对甲方有外部不经济效应，或者反之。例如，养蜂人与荔枝园园主之间的关系，蜜蜂要酿蜜，离不开花粉，也就是说荔枝园园主对养蜂人具有外部经济效果；相反，荔枝花开后要结果，离不开蜜蜂传授花粉，这时，养蜂人对荔枝园园主具有外部经济效果。当然，养蜂人与荔枝园园主之间给对方所带来的外部经济效果的大小是不一定相等的。如果两者正好相等，就说明外部经济效果相互抵消。如果两者不相等，说明有的经济主体从中占了便宜，有的经济主体从中吃亏了。

（二）外部性独立于市场机制之外，外部性的影响不通过市场机制发挥作用

它不仅存在于经济主体决策的外部（因为它无法因其行为影响他人而承担成本或获得补偿），而且也存在于市场机制之外。即某个经济行为所产生的效应包括在价格之中，那么这种效应并不构成外部性。例如，小明喜欢踢足球，此时其他人对足球鞋的需求上升，导致足球鞋的价格上升，因此使得小明的境况变差。但是，球鞋的价格上升只是表明该产品相对于需求变得稀缺，从而刺激了厂商生产这些球鞋的动机。从这个例子可以看出，虽然一些人对球鞋的需求上升影响了小明的福利，但是由于所有的

影响都是通过市场价格的变化进行传递的，市场在配置资源方面仍然是有效率的，因此不能称为外部性。

第三节 外部性的种类

一、按作用方向分类，外部性可分为正外部性和负外部性

正外部性（positive externalities）是指个人或企业给他人带来积极的影响，无偿给他人带来收益，但不能得到其决策和行为带来的额外收益。例如，老王在饲养蜜蜂的过程中，蜜蜂飞到老李家的果园采集产生蜂蜜的原料，同时帮助果树传授花粉，给老李家果园带来了丰收，但该经济活动并没有通过市场的方式得到补偿，且具有正外部性。

负外部性（negative externalities）是指个人或企业的经济活动给他人带来消极影响，且不必承担其行为带来的成本，即对他人施加了成本，但并不因此而付出代价。例如，某处于河流上游的造纸厂把污水排放到河流中，造成河水污染，污染的河水影响了下游居民的饮水质量；在公共场所随意抽烟的烟民，影响了公众的身体健康；某司机在生活小区或校园里随意按喇叭，噪声影响了居民或学生的正常生活和学习环境等。这些经济活动能给自己带来某种利益或满足，同时也给他人或社会的利益带来了负面影响，而并没有因此承担这种负面影响的成本。

二、按产生环节分类，外部性可分为生产中的外部性和消费中的外部性

外部性既可以发生在生产领域，也可以发生在消费领域。

生产中的外部性，给他人带来额外的收益，称为生产中的正外部性；给他人带来额外的损失，称为生产中的负外部性。教育是一种生产中的正外部性。完善的教育系统培育出的人才，会对社会建设做出贡献，这是对所有人都有益的；建设一栋造型美观的建筑，让这个地区的所有人都可以欣赏到这一道风景线，也是一种生产中的正外部性。工厂在生产中所排放的污染物就是一种负外部性。它所造成的社会成本包括政府治理污染的花费、自然资源的减少及污染物对人类健康造成的危害。

消费中的外部性，同样可以分为消费中的正外部性和负外部性。例如，某人去注射了甲流疫苗，这场消费不仅对于他自己有好处，对他周围的人也有一定的好处，即接触到病毒的传染源减少；安装防火材料和烟雾警报器的居民可能使邻居同时受益，因为这些材料减少了火势蔓延的可能性，这些是消费中的正外部性。消费中的负外部性比比皆是，如某人养了一只狗，这只狗喜欢每天夜里不停地叫。这个人由于习惯于夜生活，所以并不会对此感到困扰。可是他的邻居习惯于早睡，每天就会被狗的叫声弄得失眠，影响睡眠质量。某一游客随手将吃剩的香蕉皮往街上一扔，这不仅影响别的游客旅游观光，而且有可能让别的行人不小心踩上后滑倒摔伤。

第四节 外部性带来的效率损失

在市场经济条件下，通常通过对私人成本和私人利益的比较来决策经济活动。当私人成本与社会成本不相一致，对于企业或个人来说是最优的决策，但是对于社会来说不一定就是最优的决策。因此，当存在外部效应时，不能达到有效率的资源配置。竞争性市场之所以能够达到效率，原因之一是它能够促使市场价格等于边际社会成本和边际社会收益。当外部性存在时，作为经济主体决策基础的边际私人成本或收益将会偏离实际的边际社会成本或收益，从而导致经济主体基于自身利益而做出的决策与社会的要求相背离，从而影响资源配置的效率。

一、正外部性产生的效率损失：供给不足

在经济活动中存在正外部性时，商品的价格并不等于该商品的边际社会收益。比如，企业的技术进步带来生产率的大幅度提高，当该项科学成果变成常识的一部分，其他公司就能够借此以更低的成本从事生产，却不必为此付费。消费者也会因原有产品单位成本下降或者新产品的消费而提高生活质量。这表明该企业的研究开发工作产生了正外部性。如图 3-1 所示，假设该企业选择的开发水平为 E，在该处边际私人收益（marginal private benefit，MPB）等于边际成本（marginal cost，MC），每单位研究开发给其他公司带来边际外部收益（marginal external benefit，MEB）。这样，研究开发的边际社会收益（marginal social benefit，MSB）必定等于边际私人收益和边际外部收益之和，即 MPB+MEB=MSB。若最优效率，则要求边际成本和社会边际收益相等，这发生在 E^*点。比较 E 和 E^*点，可见，实际研究开发的数量 Q 小于效率要求的数量 Q^*。这表明，研究开发的数量是不足的。可见，正外部性的存在引起厂商的最优数量低于社会最优数量，即供给不足。

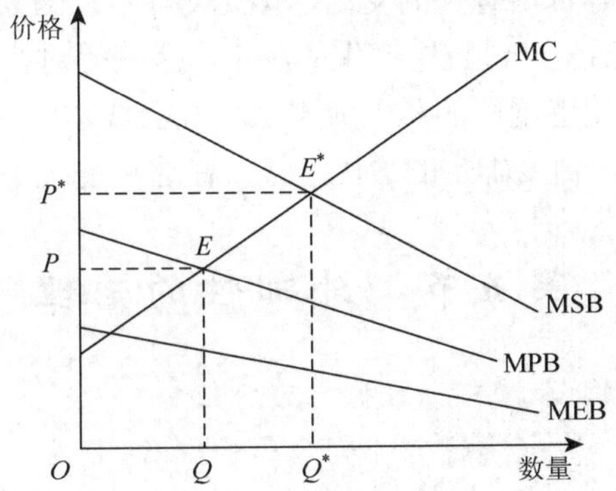

图 3-1 正外部性的均衡

二、负外部性产生的效率损失：供给过剩

当经济活动存在负外部性时，商品的价格并不反映生产该商品的边际社会成本。比如，有一个造纸厂，每次生产纸张都伴随着污水的排放，而污水的排放给河流下游的居

民造成的损害，并没有在纸张的市场交易过程中，通过买卖双方确定的价格中反映出来，而是由买者和卖者之外的第三方——河流下游的居民承担。在此，我们引出边际外部成本（marginal external cost，MEC）来表示增加一单位的某商品生产所导致的由第三方承担的额外成本。因此，对于造纸厂来说，它的边际成本是生产纸张的边际私人成本（marginal private cost，MPC）。而边际社会成本（marginal social cost，MSC）等于边际私人成本加上边际外部成本，即 MSC=MPC+MEC。

假设边际外部成本 MEC 是一个常数。如图 3-2 所示，在完全竞争市场上，边际成本曲线即为其供给曲线，则当负外部性存在时，生产纸张的边际社会成本曲线 MSC 位于边际私人成本曲线 MPC 的上方，在每一产量水平上，两条曲线之间的垂直距离就是该产量上的边际外部成本 MEC。以边际收益 MB 为基础的需求曲线 D 和供给曲线 S 相交于 E 点时，分别形成均衡价格 P 和均衡产量 Q。但是，E 点并不是效率最优的均衡点，因为效率要求在生产决策时要考虑全部的边际社会成本，但供给曲线 S 所代表的仅仅是私人边际成本 MPC，而没有将外部边际成本 MEC 考虑在内。事实上，反映边际社会成本 MSC 的曲线是供给曲线 S'，它与曲线 D 相交形成均衡点 E^*，E^* 点所对应的均衡价格 P^* 和均衡产量 Q^* 才符合资源配置的效率要求。因为在 E^* 点，实现资源配置效率要求的条件得到满足，即 MSC=MB=MPC+MEC。

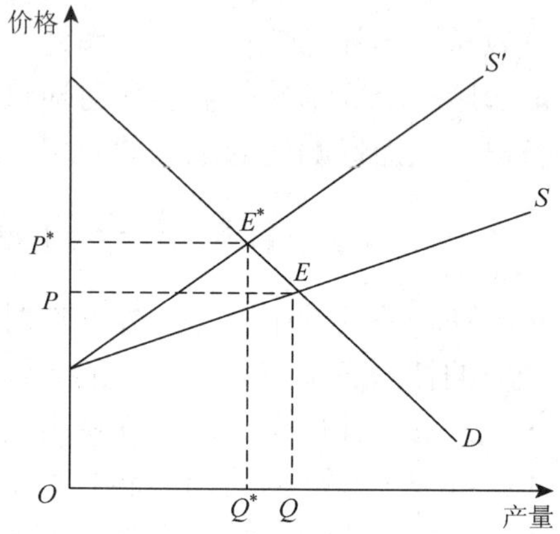

图 3-2 负外部性均衡点

综上所述，比较 E 点和 E^* 点，可见，实际产量 Q 大于效率最优的产量 Q^*。可见，负外部性的存在会导致过量的产出水平，即供给过剩。造纸厂生产纸张的私人成本包括与材料、运输、资本、劳动、管理等费用有关的支出，但是对于整个社会来说，纸张生产成本除了这些私人成本以外，还包括生产过程中产生的污水、废气等对社会环境造成的危害和损失。但不考虑环境污染成本，使造纸厂的私人成本低于社会成本，因而基于私人成本决定的生产数量将会高于从社会成本角度确定的最优产量。在这种情况下，造纸厂的供给过剩。

第五节 外部性的治理

一、科斯式谈判

罗纳德·科斯（1960 年）指出，在产权明晰的前提下，政府不需要制定微观经济政策，市场机制就能通过自我调节，使克服负外部性的成本降到最低限度。私人之间的市场交易同样可以解决问题，政府所要做的只是“明晰产权”。这就是所谓的“科斯定理”。它的基本内容就是，如果存在外部性，只要在交易过程中没有交易成本，并且产权是明确界定的，则不论产权在哪一方，私人之间的自愿交易都可以使得资源获得同样的有效配置。科斯定理可分为前提和结论两个部分，即不存在交易成本或交易成本很低和产权明晰的前提下，通过私人交易就可以实现资源的最优配置。外部性的私人解决方法是利益相关各方通过谈判签订合约。

例如，假定有一工厂排放的烟尘污染了周围 5 户居民晾晒的衣服，每户由此受损 75 元，5 户共损失 375 元。再假定有两个解决方法：一是花 150 元给工厂烟囱安装除尘器；二是给每一户买 1 台价值 50 元的烘干机，5 户共需 250 元。如果产权明晰，不论把产权给工厂还是给居民，即如果听任市场机制发生作用，工厂或居民都会自动采取 150 元解决问题的方法，因为这样最节省。科斯定理认为，外部影响之所以导致资源配置失当是由于产权不明确。如果产权明确，且得到充分保障，有些外部影响就不会发生。在这个例子中，只要产权归工厂或居民是明确的，则他们中任何一方都会想出用 150 元安装一个除尘器来消除污染，即解决外部影响问题。

科斯定理分为第一和第二定理。科斯第一定理论述为只要产权明晰，交易成本为零，则无论将产权赋予谁，市场均衡的最终结果都是有效率的。科斯第二定理是说在交易费用为正的情况下，产权的初始界定会带来不同的配置效率。可见，给定资源所有者能够分清对其财产损害的来源，并且能合法地防止损害，同时私人各方可以无成本地就资源配置进行协调；那么，无论谁获得产权，有关各方总能达到一种协议。通过这一协议，每个人的状况都能变好，而且其结果是有效率的。它表明，产权一旦确立，私人经济主体就能有效解决私人之间的外部性问题，从而无需政府的介入和干预。

按照科斯的思路分配产权，有助于解决某些重大环境和自然资源保护问题。比如，在英国某些地区，河流和航道的私人产权已有 800 年的历史，所有者向获得本段河流捕鱼权的人收费，这一做法使所有者具有保持鱼群数量和航道清洁的经济动力，从而成功地防止了过度捕捞，控制了水污染。同时，只要河流的产权是明确的，洁净河水的价格就能够反映其用于其他用途的价值，从而使河流得到有效使用。像森林、草原、清洁的空气和水等公共资源之所以常常被滥用，就是因为没有人有节约使用资源的动机。

科斯定理也存在一定的局限，源于严格的假设条件，科斯定理一般只适合当事人很少且外部性来源很清楚的情形。而像大气污染之类的外部性，无论是污染者还是受污染者都涉及千家万户，无法想象他们坐在一起谈判的成本会很低。此外，即使确立了天气的产权，但大气所有者怎样才能在成千上万的潜在污染者中分清谁是污染者，以及每个污染者应负责多大比例的损害，这些问题仍不清楚。

二、合并

在外部性活动中，有些成本和收益没有反映在私人收益和成本内，因而决策主体在经济活动过程中就没有考虑到这些因素。由此，需要解决外部性对资源配置效率产生的不利影响。如果某一企业受另一企业的外部性影响而成本增加，一种简单的解决外部性问题的方法是企业合并。比如，A 企业造成的负的外部性侵占了 B 企业的利益，或由 B 企业承担，通过 AB 企业合并也能够实现外部性内在化，从而达到资源最优配置。原来的外部性对于合并后的新企业来说就内部化了，原先造成外部性的企业所不需考虑的成本和收益这时就成了新企业的内部成本与收益，这就使得新企业的私人成本收益同社会的成本收益一致，从而原先外部性所造成的资源配置低效率的情况也就得到了纠正。

通过合并的措施来解决外部性也有困难的地方。首先，合并后的企业规模必须足够大，才能承担得起外部性内在化的成本；其次，交易成本高，企业合并谈判成本高，且合作的利益分配难达成一致；最后，制度安排及执行成本高，在交易成本较高的时，政府介入可能是可行的办法之一。

三、排污权交易

排污权交易制度是指为了实现污染控制的最优水平，政府向企业拍卖污染许可证，特许排污权在企业之间交易的做法。在这种制度下，政府实际上创造了一种新的市场：排污交易市场。该市场受供求因素支配，只有以高成本才能减少污染的企业，愿意为污染许可证支持更高的价格；而那些低成本可以减少污染的企业也愿意出卖他们所拥有的许可证。这些都是通过价格这只“看不见的手”来配置排污权的。

如图 3-3 所示，横轴为拥有污染权的数量，纵轴表示污染权的价格。政府宣布它将发售 Q^*单位的污染权，事实上，污染权的供给曲线是在 Q^*点的一条垂线。污染权的需求 D 向右下方倾斜。每单位污染权的均衡价格是 P^*。那些不愿为每单位污染支付 P^*的企业，要么减少产量，要么采用更清洁的技术。

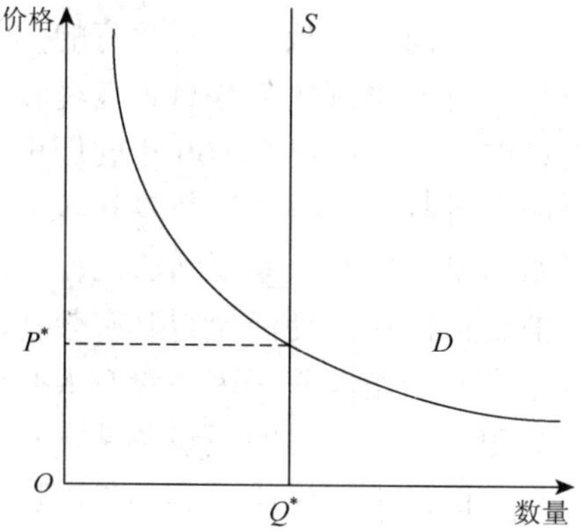

图 3-3　排污权的交易

可见，污染许可证通过使企业排污要付出成本而将污染的外部性内在化，且实施此种制度要求了解污染程度。排污权交易制度可能存在的一个问题是，为了阻止其他企业进入市场，现在企业可能会购买超过其实现成本最小化要求的污染许可证。这种策略行为是否出现，难以预测。

四、庇古税与庇古补贴

（一）征收庇古税

20 世纪伟大的英国经济学家庇古（1932 年）首先提出通过税收来矫正外部性的方法，因此称为“庇古税”。一般来说，当存在外部性，社会成本与私人成本之间有一个差额，社会收益与私人收益之间也存在一个差额。税收可以使边际私人成本等于边际社会成本，边际私人收益等于边际社会收益，此时，外部成本就变成污染者的内部成本，他们在决策时就会考虑到这些成本，从而可以避免效率损失。由此可见，税收是实现外部性内在化的手段。

庇古税的实施存在一些现实问题，由于估计边际外部成本函数的困难，要找到一个正确的税率是很难的。一般来说，征税的办法是以知道谁在制造污染及污染程度如何为假定条件的，但在很多情况下，这些问题是很难确定的。

（二）庇古补贴

补贴是实现外部性内部化的一种传统手段。政府对具有正外部性的产品，可以在最优产量水平上发放相当于外部边际收益的补贴。政府可以对厂商每生产单位产品提供补贴。

矫正性补贴在一些国家较为常见，如政府对有突出贡献的科技人员发放的特殊津贴，以鼓励研究开发活动，因为研究开发活动往往具有正外部性。再如，居民个人在自己的庭院里植树，由于有利于改善自然环境，政府往往以优惠价格供应树苗。当然，并非所有的补贴都基于正外部性的矫正，如有些补贴仅仅是为了缓解贫困或进行灾后救济。政府可以要求对环境造成污染的厂商增加用于减少污染物排放物的支出，包括购买相应的设备、进行技术更新，政府则对厂商的这类支出予以补贴，鼓励其扩大投入采取减除污染的措施，改进生产工艺，以减少排向河流的排污量。但是这类补贴不能使资源配置达到帕累托最优。

五、政府管制

政府管制是政府依据有关的法规，通过许可、禁止等手段，对私人经济活动施加直接影响的行为，是政府直接控制的办法。例如，在汽车尾气排放过高时，或者食品中的某种添加剂的含量超标时，公众的健康将遭受明显的损害，针对污染或食物添加剂超标所造成的负外部性问题，政府可以通过制定环境质量标准，规定厂商排污的最大限额。对付这类问题严重的外部性时，政府管制的方法往往比经济方法更加有效。

当然，政府管制也存在的局限性。政府部门无法完全了解企业的实际情况，在管制方法的制定上只好使用同样的标准。例如，政府管制部门无法清楚了解不同厂商的污染情况，通常只能实行统一排污标准的办法。这样，如果存在大量不同的厂商，政府管制的结果可能是缺乏效率的。在现实生活中，同样存在这样的情况。比如，行驶在人烟稀少地区的汽车所造成的损害，要比那些在人口稠密地区行驶的汽车所造成的损害小。同样为两辆车规定相同的废气排放标准是低效率的。当然，管制部门也可以为每个污染者规定具体的排污标准，但在污染者众多的情况下，这种管理方法的管理成本太高。

六、选择性激励

从道德层面上来讲，当存在正的外部性时，需要鼓励和激励。而当存在负外部性时，应该加以谴责和批评。具体措施可以体现为：道德劝告在公共场合吸烟的人、对主动扶老人过马路的少先队员进行表彰、通过网络舆论宣扬私人植树造林的光荣事迹等。

上述措施就是选择性激励措施，“选择性激励”一词，源自奥尔森的《集体行动的逻辑》一书。他指出：集体行动所提供的公共品具有非排他性，因此，奥尔森认为，理性人从自身利益出发不但不会采取集体行动，反而会使集体行动陷入困境。为了摆脱这种困境，奥尔森提出了选择性激励这一手段。选择性激励措施能够对外部性造成的额外效率损失予以适度的弥补和规避。

本章小结

外部性是指某一个人或厂商的行为活动造成了他人的福利损失或额外收益，却没有为之承担应有的成本费用或没有获得应有的报酬。外部性的种类按照作用方向分为正外部性和负外部性；按照产生环节分为生产中的外部性和消费中的外部性。正负外部性都会造成效率的损失：正外部性产生的效率损失引起供给不足，负外部性引起供给过剩。

市场失灵的重要表示就是不能解决外部性，科斯定理表明，一旦产权明晰，且交易成本为零，那么无论将产权赋予谁，市场均衡的最终结果都是有效率的。但是科斯定理只适用于涉及人数很少的情况才能实现。外部性的解决还是需要政府来介入，通过政府管制、排污权交易和征税等方式来有效解决。外部性问题的解决离不开政府，公共品更是需要政府来提供。

➢复习思考题

1. 什么是外部经济？外部经济是如何导致资源的错误配置的？

2. “污染只能给人带来负效用，因此，应努力将污染水平降低到零。”这种说法对不对，为什么？

3. 政府解决外部经济有哪些方法？解决外部经济只有靠政府干预吗？

4. 列举三项运用科斯定理时可能遇到的问题。

5. 某产品的私人边际收益为 $10-X$，X 为产品数量；私人边际成本为 5 元。每单位产品同时制造 2 元的外部损害。如果不存在政府干预，产量为多少？社会效率产量应该为多少？如果将私人产量调整为社会产量，社会福利增加了多少？如果考虑征收庇古税，政府可以得到多少税收？如果使用庇古补贴，则补贴量是多少？

➢案例分析

济南以泉水众多著称于世，素有“泉城”的美誉。清代刘鹗的《老残游记》中有“家家泉水，户户垂杨”的描写。泉水与济南的城市发展息息相关，它在做出历史性贡献的同时，也抚育了李清照、辛弃疾等诸多文化名人。泉水是济南的灵魂。但自 20 世纪 80 年代以来，泉水时涌时停，断流周期缩短且断流持续时间逐渐延长，最长断流时间多达 926 天。造成泉水断流的主要原因有两个：一是上游水土流失，涵养水源能力降低；二是随着济南市人口和城市规模的扩大，下游地下水超采。

泉水是具有外部性的公共品，济南人人都可享用它的社会及生态效应，这是一种典型的正外部性。而对泉水资源的过度开采会破坏生态环境，具有明显的负外部性，从根本上说，环境的破坏也使得济南的每个居民收益受损。正外部性的存在，意味着提供保护泉水的这项服务的生产者的边际效益小于社会边际效益，导致生产者缺乏足够的积极性去进行这种活动，也就是说，从经济角度考虑，作为独立的投资者，因为受益小或无收益，没有私人投资者愿意投资保护泉水这项活动。泉水外部性的存在，则使泉水的使用者（泉水采水户）无需支付必要的代价就可获得较大的利益。采用地下泉水资源不必支付高代价，济南泉域内的公共供水企业和采用地下泉水的企事业单位，受经济收益的影响，人人都趋向于多采用地下泉水资源，而不愿使用高成本的地表水和黄河客水，从而导致地下泉水资源被过度使用。

资料来源：孟庆斌. 济南“保泉”的制度分析和安排. 中国水利，2003，（8）：24-27

思考问题：

请用所学知识解释上述现象。解决公共品外部性的措施有哪些？

第四章

公　共　品

➢引言

从世界范围看，各个国家国防都是由中央政府或联邦政府提供，而一般街上的路灯都是由地方政府提供。国防、路灯这样的产品具有什么样的性质，为什么它们不能由市场来提供？政府如何保证国防、路灯这样产品的提供是最优的？还有哪些产品也必须由政府来提供？

第一节　公共品的定义和性质

关于纯粹公共品的定义和性质，我们可以由下述定义得出：

对于私人品来说，

$$X_j = \sum_{i=1}^{n} X_j^i$$

即某一物品 X_j 的总量等于每一个消费者 i 所拥有或消费的该物品数量（ X_j^i ）的总和，这意味着私人品是能在消费者之间分割的。

而对于公共品来说，

$$X_{n+j} = X_{n+j}^i$$

即对于任何一个消费者 i 来说，他为了消费而实际可支配的公共品的数量就是该公共品的总量 X_{n+j} ，这意味着公共品在消费者之间是不能分割的。

此外，生活中还常有这样一种情形，任何一个消费者 i 为消费而实际可支配的公共品数量要小于公共品的总量 X_{n+j} ，如免费提供的运动场、医疗福利等，可表示为

$$X_{n+j} \geqslant X_{n+j}^i$$

这类公共品的提供，应该区别于纯粹公共品的提供。

公共品理论是不断发展的，对于其定义现在也是众说纷纭。纯粹公共品的严格定义最先是由萨缪尔森提出的，他将公共品定义为“每个人对这种产品的消费，都不会导致其他人对这种产品消费的减少”。公共品的特性是在与私人品的比较中得到的，具体来讲，我们可将公共品的特性归纳如下。

一、非排他性

非排他性（non-excludability）即受益上的非排他性，指在技术上没有办法将拒绝为之付款的消费者排除在其收益范围之外，同时任何人也不能用拒绝付款的办法将公共品排除在其享用的范围之外。在纯私人产品中，财产权决定着人们对某项产品的所有权，拥有财产权的个人完全有权利享有该产品所带来的好处，并可以排斥其他人对该产品的占有。在纯公共品里，想要完全进行排他，几乎是不可能的。首先，纯粹公共品大都是那种在技术上不易排斥众多受益者的产品，如国防服务，要把任何居住在这个国家的居民排除在保护范围之外都是极其困难的。其次，某些公共品即使排他的技术可行，但其成本是十分高昂的，以至于在经济上不可行。

二、非竞争性

非竞争性（non-rivalness）即消费上的非竞争性，指某一个人或厂商对公共品的享用，不排斥、妨碍其他个人或厂商对它的同时享用，也不会因此而减少其他个人或厂商享用这种公共品的数量或质量，即增加一个人消费某产品的边际成本为零，这包含两方面的含义。

（一）边际生产成本为零

这里的边际生产成本指增加一个消费者给供应者带来的边际成本，而非微观经济学中的产量增加导致的边际成本。在公共品的情况下，消费者增加和产量增加导致的边际生产成本并不一致。例如，海上灯塔是典型的公共品，增加一艘船经过时并不需要任何边际成本，但若再造一座灯塔，则边际成本显然不为零，我们所讨论的是消费者增加时的边际成本。

（二）边际拥挤成本为零

边际拥挤成本即每个消费者的消费都不影响其他消费者的消费数量和质量，这种产品不但是共同消费的，而且在消费中不会存在拥挤现象。

公共品，就是同时具有非竞争性和非排他性的产品。然而，现实生活中同时满足非竞争性和非排他性的公共品非常少见，公共品的实际范围远远大于这个性质所限定的范围，且某些产品随时代的发展，在过去不是公共品的现在已成为公共品。比如，公共卫生和义务教育，并不符合上面的两个特征，在过去并不完全由国家提供，但在当前几乎所有国家都把它当成公共品来看待。为了更好地解释这一现象，公共品还有其他一些特征，如具有强烈的外部性、动态性等，下面我们仅以动态性来进行分析。

动态性指政府对公共品的提供范围、程度及提供方式是随着社会的文明进程而发展变化的，它是历史的、不断发展变化的，而不是凝固的、永世不变的。某些在过去不是公共品的产品，在现代已经打下了公共品的烙印，如当今世界各国普遍存在的经济宏观调节就是现成的例子。众所周知，在 20 世纪 30 年代以前的西方国家，政府对经济的宏观调节是“大逆不道”的“另类”，经济调节完全是属于市场经济下私人自己的事，属于私人品而非公共品。那为什么在20世纪30年代以后，其普遍成为西方国家必须承担的职能和必须提供的公共品呢？原因就在于当时世界经济大危机的爆发，其残酷之烈和危害之大，迫使人们不得不认识到大工业的发展已经使整个国家乃至世界的经济紧密地联系在一起，而经济中的某一部分出问题都将必然产生强烈的“蝴蝶效应”，对整个国家乃至世界经济产生巨大影响，并进而引发社会、政治危机。于是，经济调节再也不可能完全是市场经济下的纯粹私人的事，而是关乎整个国家经济、社会、政治稳定的，私人无力独自实行，经济调节成为必须由国家或政府负责组织提供的具有社会性的公共品了。

第二节　公共品的种类

按照不同的标准，我们可以对公共品进行分类。一般地，我们可以按照非竞争性和非排他性将公共品分为不同的标准，具体如下。

一、纯公共品

如果一种产品完全具有非竞争性和非排他性，那么这种产品就是纯公共品（public goods）。这个概念最先由马斯格雷夫提出，虽然现实中纯粹的公共品少之又少，国防和外交就是这方面典型的例子。此外，人们普遍认为，公平的收入分配、有效率的政府和制度，以及货币稳定、环境保护等也具有类似的特征。

二、准公共品

如果一种产品是公共品，但又不完全满足纯粹公共品的非竞争性和非排他性，我们可以将这类产品称为准公共品（混合品）。根据产品满足的特性不同，我们又可以将准公共品分为共同资源和俱乐部产品。

（一）共同资源

共同资源（public resource）的特点是在消费上具有竞争性，但是却无法有效地排他。也就是说，对于这种产品，不付费者不能被排除在消费之外，如公共牧场、公共渔场就是如此。将这些产品归入准公共品的原因在于：第一，与纯公共品一样，共同资源具有向任何人开放的非排他性。这也意味着共同资源的消费中也会出现不合作的问题，即由于每个参与者都按照自己的理性办事，却导致了集体的非理性。在纯公共品那里将导致其供给不足；而在共同资源中，将会导致提供过多的公共劣等品（public bads）。所有这些显示的是与私人品的不同特征，而和公共品相似。第二，共同资源的竞争性意味着个体消费的增加会给其他人带来负的外部效应，也就是在对公共资源的消费超过了一定限度后就会出现“拥挤”问题，进而会带来一定的“拥挤成本”。

（二）俱乐部产品

俱乐部产品（club goods）的特点是在消费上具有非竞争性，但却可以做到轻易地排他。例如，要收费的高速公路，以及公共游泳池、电影院、图书馆等都是这方面的例子。正是由于消费这些产品的使用者数目是一定的，且在人们的印象中是和俱乐部中的产品消费一样，故称其为俱乐部产品。保证该种产品具有非竞争性和排他性的条件在于：第一，当消费成员超过一定的数目时发生拥挤现象，从而会破坏其非竞争性的特征，正因如此，人们一般认为“俱乐部产品是一种可以排除其他人消费的一种拥挤性质的公共品”。第二，由于该产品具有排他性，可以采取措施限制使用者数目。

三、私人品

私人品（private goods），它是一种相对于公共品的产品，其具有排他性和竞争性的特征。由于排他性，每个消费者只有在支付产品价格之后才能享受该产品，从而可以将那些没有支付产品价格的消费者排除在外；由于竞争性的存在，某个人已经享用的既定数量的产品无法同时提供给他人享用。

根据上面的阐述，我们可以将各种产品和服务进行以下的分类，见表 4-1。

表 4-1　各种产品按性质分类

性质	排他性	非排他性
竞争性	私人品 如苹果、鞋子、书本	共同资源 如公用绿地、公共渔场
非竞争性	俱乐部产品 如剧院、公园	纯公共品 如国防、环境保护

第三节　公共品的供给[①]

供给的概念在传统经济学理论中与“私人品”密切相关，作为私人品市场上的供给行为可以简单概述为以下几个阶段：考察市场情况—融资—生产—销售—收集消费者反馈的意见—考察市场情况—融资……然后周而复始，进行下一轮循环。私人品的供给过程，包含了私人品从无到有再到利用的过程。与之相对应，公共品虽然属于市场失灵的范畴，但其也同属于从无到有再到利用的过程。与私人品相类似，我们也可以把公共品的供给概括为以下几个过程：需求表述阶段—决策阶段—提供阶段—生产阶段—管理阶段。

一、需求表述

公共品的需求表述是指潜在消费者在一定条件下通过一定的表述渠道表达自己对公共品数量、质量、分布等的偏好过程。我们必须清楚地认识到，公共品的需求表述并不是一个独立的过程，贯穿于公共品的提供、生产和管理的过程中，但主要集中在公共品形成以前。

① 本节为选修内容，供学有余力同学扩宽知识。

在私人市场上，需求者和供给者之间的沟通以价格信号为主，供需者根据价格的变动做出相应决策，然而公共品属于价格失灵的范畴，价格信号在这个领域无法发挥出其在私人产品市场上的巨大作用。但是，需求者和供给者可以通过其他信息渠道进行沟通，进而做出相应的决策，在公共品的需求表述阶段，我们主要从“呼吁渠道”和“投票渠道”进行分析。

（一）呼吁渠道

赫希曼的研究表明：随着科技和劳动生产率的不断提高，剩余会被组织不断生产出来，由于剩余的出现，组织就或多或少地具备了承受组织衰减的能力，而无论组织最初设定的制度多么健全，组织在剩余出现后都会出现绩效衰减的倾向。这种衰减可能是持续的直至整个组织不复存在，也可能是间歇的、短暂的直至衰减得到抑制，而后使组织重新焕发活力，这取决于组织应对绩效衰减时的修复机制，而呼吁就是其中的一种重要修复机制。呼吁机制来自组织内部成员的选择，面对绩效衰减成员们总是会选择向组织者抱怨他们的不满而非选择退出。在日常生活中的上访就是如此，如果上访的渠道越畅通和健全，上访者的抱怨就越会得到尊重，管理者也会对此采取行之有效的措施，进而降低组织的绩效衰减。此外，我们可以清楚地看到，组织的垄断程度越高，同类组织的竞争就会越小，其发挥的作用也会越大。

（二）投票渠道

公共品的需求表述，除了向政府和组织进行呼吁以外，还可以通过投票进行表决。一般情况下，我们有两种方式进行投票：一是“用手投票”；二是“用足投票”。

关于“用手投票”，需要在一定的投票规则（一般为简单多数法则）下，通过选民就一个或者几个公共品提供的方案进行表决。然而，现实中也会出现许多问题，如容易产生投票悖论（第五章进行讲解），以及易受利益集团的控制。因此，投票的结果可能并未真正显示公共的偏好。

“用足投票”是经济学家蒂博特 1956 年在《政治经济学杂刊》杂志发表的《地方支出的纯粹理论》中提出的解决公共品最佳供应和显示机制的方法。在蒂博特模型中，他提出了一系列的假设前提，如地区间财政存在竞争性和流动性、人口可自由迁徙且迁移成本为零、个人收入非劳务化、消费者所消费的公共品与该社区设定的税率高低相对应等。通过这些假定，人们表露自己的偏好可以通过“用足投票”的方式进行。

蒂博特指出，社会成员之间消费偏好的不同和人口的流动性，制约着地方政府生产和提供公共品的种类、数量和质量。如果有许多地方政府和相应的辖区分别提供类型各异的公共品，那么对于每一位消费者来说，哪里提供的公共品最适合其需要，消费者就往哪里迁移。通过这种“用足投票”的方式，表明了人们对某种公共品的消费偏好，就如同人们在私人市场上表达自己的消费偏好一样。同时，对利益最大化追求的政府也会力求提供适合该地区居民偏好的公共品。

蒂博特的“用足投票”影响深远，然而在现实生活中我们可以清楚地看到，其许多假设条件得不到满足，如人口自由迁移、迁移成本为零、个人收入非劳务化等，这些假设目前在很多国家都是无法满足的。

二、决策

相对于人们欲望的无限性，资源总是稀缺的。同时，由于资源的用途很广，我们总是面临着如何优化资源配置的问题。公共品供给的过程中，同样避免不了资源如何优化配置，这也决定了公共品的供给效率。公共品决策是指决策者通过一定的程序和方法就相应的内容进行取舍定夺的过程。决策的具体内容包括：公共品供给的数量、公共品供给的质量、公共品的分布及供给方案的取舍等。公共品的消费者在需求表述阶段所表达出的需求意愿能在多大程度上得到执行取决于决策者的决策，并且，决策阶段还会对公共品的提供、生产和管理阶段产生影响。

理论来说，公共品的出资提供者就是公共品的决策者，谁出资筹建就由谁来决策。政府、集团和私人可能既是供给者，也是决策者。但实际上大多数时候，公共品的出资者并非其实际决策者，而是由其他主体如个别领导、专家或者精英来决策，在此处存在一个委托代理关系。在决策主体确定之后，我们必须通过一定的方法来保障决策活动的顺利进行。一般来讲，政府作为决策主体时，习惯于采取官员决策法和专家决策法。如果决策主体是该受益产品的选民，则多以投票决策为主，也有可能是能人决策、乡绅决策等，如果提供者为仁慈的私人或者慈善机构，这时候的提供者一般是出于利他主义的动机，这时候一般由受益人决策或者委托地方政府进行决策。

在决策方法确定之后，我们必须清楚地看到，决策主体如官员、专家、能人等也是一个理性“经济人”，特别是官员，他们的决策可能由于“利己”的动机而做出违背人们利益最大化的决策，以致出现一些负面的效果。因此，对公共品的决策进行事前、事中和事后的监督是必不可少的，只有加强监督才能保证决策按照既定要求执行、才能在动态中发现和解决问题。

三、提供

在公共品的决策阶段，我们就已部分地接触到了公共品的提供问题。简单来说，公共品的提供阶段就是研究公共品融资的阶段，谁为公共品出了资，谁就是该项公共品的提供者。任何公共品都不是独立存在的，都是与组织联系在一起的。公共品对于组织内部的人员具有非竞争性和非排他性，只对组织外的人员具有排他性和竞争性。在研究公共品的提供主体时，我们可以将最小的公共组织（2 个人组成的集合）以下的单位，即分散的决策主体定义为私人（可以是个人，但不同于个人），将政府定义为靠近极大端点的组织即国家或政府，将介于政府和私人之间的各种组合定义为集团。这样，政府、集团和私人就成了公共品提供的全部主体。

（一）政府提供

政府作为一种超然的外部力量，可以凭借其手中的权力，进行公共品的提供。当然，所需的资金来源与其手中的权力密切相关。政府可以凭借其手中的政治权力取得税后收入；凭借拥有的财产权利取得股本的分红；凭借其拥有的管理权利取得各类费用；还可以凭借其建立的信誉发行国债来筹集财政资金等。虽然政府拥有各项收入的权利，但并不足以让其提供所有的公共品，我们一般认为，以下几种情况应该是政府提供公共品的大致范围。

1. 纯公共品

由于纯公共品具有非排他性，我们不能将“免费搭车者”排除在外，所以理性消费者都会选择“免费搭车”而不对公共品“付费”。此外，公共品的非竞争性，理性消费者还会对提供的产品过度利用而无视与其他消费者合作。由于这两个原因，纯公共品必须由政府进行提供及管理。虽然现实中纯公共品少之又少，但大部分国家都把国防、外交及环境保护列为纯公共品的行列。

2. 集团最优规模大于集团自身规模，又难以发生“蒂博特流动”

要达到蒂博特的“集团最优规模”需要非常苛刻的条件，但现实中基本不能满足。比如，当前受我国户籍制度的限制，人口并不能达到完全的自由流动，加之迁移成本过高，致使“蒂博特流动”很难发生进而集团调节自身规模的功能很难发挥，这时政府提供反而会更有效率，如我国农村教育改革中的“集中办学”就可以规划为此类情况。

3. 受集团收入约束影响，集团提供的准公共品水平远远低于全国平均水平

由于各种原因，经济发展的水平并不一致，当前我国东、中、西部的贫富悬殊就是典型例子。不可否认，一些地区的人们承当公共品的能力十分有限，造成这些地方公共品的供给严重不足。因此，政府必须给予适当的帮助，如通过转移支付、财政补贴等方式对贫困落后地区的道路、水利等基础设施进行帮助。

4. 集团成员之间实力差距很大，交易成本高

集团成员间实力差距大，在利益集团左右整个集团的决定及其他原因造成集团成员之间谈判的交易费用过高时，通过集团成员之间的谈判几乎不可能，即使能达成协议也会以牺牲集团大部分人的利益代价。这时，政府的强制行为就不可避免，通过向集团成员强制征收所需资金以提供公共品。

（二）集团提供

集团是所有消费某种公共品的消费者所形成的集合[①]，关于集团提供我们主要从集团最优规模的确定及集团提供具有帕累托效率两个维度进行分析。

从理论上讲，集团的最优规模是：增加一成员给现有成员带来的边际效用和边际成本相等时的规模。对此，布坎南给出了如下的证明：对于联合提供公共品的集团来讲，每一种公共品 X_j，都有一个与之相对应的集团规模的变量 N_j。这样个人的效用函数就是

$$U^i = U^i[(X_1^i, N_1^i), (X_2^i, N_2^i), \cdots, (X_{n+m}^i, N_{n+m}^i)]$$

① 我们在讨论公共品提供时，集团特指某项公共品消费者所组成的团体，非政府组织虽然符合一般意义上的团体概念，但不能作为与公共品有关的集团，只能当成私人提供者来对待。

设 X_r 为“标准商品”，u_j^i / u_r^i 为成员 i 对 X_j 和 X_r 的边际替代率，u_{Nj}^i / u_{Nj}^i 为 i 对集团成员数量与 X_r 之间的“消费替代率”，也就是成员 i 为新增加一个成员而愿意付出的货币的数量。当单个成员所负担的集团公共品的成本因成员数量增加而降低，或者成员数量增加本身就可以给原有成员带来效用时，这一数字大于零，集团成员可以付费吸引新成员；如果由于集团的公共品生产发生“拥挤”等原因造成成员增加而减少了原有成员效用时，这一数字就小于零，此时新成员为加入集团必须向原有成员付费。因为在其他条件不变的情况下每个成员所负担的成本随成员数量的增加而减少，因此集团规模这一变量引入生产函数

$$F = F^i[(X_1^i, N_1^i), (X_2^i, N_2^i), \cdots, (X_{n+m}^i, N_{n+m}^i)]$$

这样，可以通过效用函数和生产函数推导出成员 i 个人效用最大化的两个条件，第一个条件为在集团成员数量（N）既定时公共供给最优数量：

$$u_j^i / u_r^i = f_j^i / f_r^i$$

即 X_j 和 X_r 的边际替代率必须等于边际转换率。第二个条件为在公共品供给数量（X_j）既定时最优集团规模：

$$u_{Nj}^i / u_{Nr}^i = f_{Nj}^i / f_{Nr}^i$$

共同提供集团公共品 X_j 的集团成员数量和 X_r 在消费时的边际替代率也必须等于它们在生产时的边际替代率，即增加一个新成员给原有成员 i 带来的边际效用等于这一成员同时给他导致的边际成本。联合上述两个条件，可以得到集团中实现个人效用最大化的完全条件为

$$u_j^i / u_r^i = f_j^i / f_r^i = f_{Nj}^i / f_{Nr}^i$$

当公共品确定由集团提供后，我们就必须在集团上面分摊该种公共品的成本，不同的分摊方式有着不同的效率。布坎南认为，只要扩大公共品的数量还能增进双方的利益，那双方就会开启资源相互受益的谈判，有关各方将会进行任何可能的帕累托改善，直到各方的利益最大化。

（三）私人提供

公共品的私人提供是指私人出于一定的目的而为某种公共品出资的行为。这里的私人既可以是个人，也可以是非政府组织。本书主要从公共品私人提供的性质、缺陷、动机及途径选择入手进行分析。

1. 私人提供的性质

相对于政府和组织提供来讲，私人提供具有如下两个特点：

一是自愿性。政府提供公共品，其资金来源主要是通过强制手段获得的税收收入，其决策大多也是“自上而下”的，消费者偏好并不会起决定性的作用。集团提供公共品，理论上可能存在联合提供的自愿解。在该种情况下，假定所有人都会真实表达自己的边际收益，并按照边际收益等于边际成本的原则承担费用。但现实中很多人都不会真实表达自己的偏好，因此，绝大多数人实际承担的费用可能和他自愿承担的费用存在差距。另外，某些集团提供公共品采取投票方式进行表决，也会产生“中位选民偏好”，这也

是对非中位选民的一种强制。对于私人提供公共品，当事人完全是一种自愿行为，甚至是一种自发行为，所有的强制都与之无关。

二是偶然性。政府提供和集团提供，往往需要经过一定的程序，更多的时候这种程序还会被制度化，因此我们一般可以预测这两种提供方式的结果。私人提供则完全不同，我们无法预知它将会发生的时间、地点，完全具有偶然性。

2. 私人提供的缺陷

纯公共品的非竞争性和非排他性，对“搭便车”现象无能为力，收费无从谈起，价格机制也就失去了作用，进而导致个人理性与集体理性的冲突，以至于会产生“公地的悲剧”等，因此任何想利用市场提供纯公共品的努力都不会取得成功，这是私人提供纯公共品的根本缺陷。但是，私人可以通过市场来提供准公共品及混合品，如私人提供的教育等。

3. 私人提供的动机

一些理论认为，人除了“利己”①的天性外，还存在着“利他”的可能。私人提供公共品就存在着利他主义的可能，但我们必须清楚不是所有的私人提供公共品都是抱着“恻隐之心”而来的，私人提供公共品的动机归纳如下。

一是出于“利己”的动机。例如，“科斯的灯塔”，由于技术上的排他成为可能，在提供灯塔后，对过往的行船进行收费，以达到弥补成本甚至盈利；受益范围较小的“俱乐部产品”，前面我们已经介绍过，俱乐部产品具有排他性，因此可以对其消费者进行收费，达到“利己”。

二是出于“利己”和“利他”的混合动机。例如，各种福利彩票，发行彩票所聚集的资金除部分当成“彩头”返还中奖者外，其余部分都是用于提供公共品。因此，购买彩票这个出于“利己”的动机，却变相地产生了“利他”的行为。

三是完全意义上的“利他”主义。例如，众多的匿名捐赠，受宗教和文化等影响而提供公共品等。

4. 私人提供的途径选择

在探讨了私人提供的动机以后，我们来考虑一下私人会通过哪些途径来实现自己的动机呢？可选择的方式主要有两种：一种是不通过任何中介机构的直接方式，如某华侨衣锦还乡时，直接为当地修建一栋教学大楼；另一种就是间接的方式，如向希望工程办公室捐款等。现实生活中，间接方式是最主要的途径，这些中介机构我们一般称为非营利组织（Non-profit Organization，NPO），有时候我们也称其为独立部门、第三部门。虽然这些机构在我国的慈善机构中有着举足轻重的地位，但我们也必须清楚地看到，我国的慈善机构还存在着善款的利用不当或者管理不当等问题，缺乏必要的监督。

四、生产

公共品的供给者解决了资金问题以后，如何利用这些资金把公共品建造出来就是公

① 这种“利己”主要是物质上的利己，如为了其他非物质的“激励”我们可以看成是“利他”主义。

共品的生产，如国防大楼、高速公路的修建等。一般而言，政府、企业、个人都可以成为公共品的生产者，而后两者在建造上性质是一样的，我们不妨把他们统称为私人①。私人生产公共品可以充分利用市场的优势，但同时无法避免市场失灵带来的损失。政府也具有其优势，但政府的委托代理机制同样可能会造成一定的损失。因此，研究公共品的生产，主要是研究如何利用政府和市场的优势，避免它们的劣势，两者相互配合，尽量提高公共品的生产效率。

（一）私人生产

私人参与生产的方式主要有政府招标、授权经营、政府参股、政府补助等几种方式。私人生产虽然可以利用市场的优势提高效率，但同样也会遭受市场失灵带来的损失。

1. 垄断带来的效率损失

现实中，几乎不存在完全自由竞争的市场②，任何市场都具有垄断成分在内。在垄断条件下，厂商对价格有一定的控制能力，反映在它的边际收益曲线和平均收益曲线并不一致，前者要低于后者。生产者按照边际收益曲线和边际成本曲线的交点来决定产量，但这个产量会低于理想的产量水平，存在一定的效率损失。为了克服垄断带来的效率损失，一般国家都制定《反托拉斯法》《反垄断法》等法规来避免企业的过度垄断。

2. 外部性带来的效率损失

关于外部性我们已经在前面进行了详细的阐述，其存在会造成社会的效率损失。此处，我们主要讲述如何克服外部性：一是通过产权界定使外部性内部化；二是在能够准确衡量私人成本和社会成本，私人收益和社会收益的情况下，建立相应的惩罚和补偿机制来消除外部性的影响。

3. 信息不对称带来的效率损失

完美的市场结构是和信息完全对称联系在一起的，事实上信息就没有完全对称过。生产者在产品的性能、质量等方面具有信息优势，如果隐瞒这些信息对自己有利的话，生产者就不会主动把这些信息透露给消费者。在这种情况下，生产者就可以用隐瞒或欺骗的手段使消费者高估产品的价值，这样需求曲线就背离了实际，均衡产量和价格就偏离了帕累托均衡点，造成一定的效率损失。建立规范、科学的信息披露制度是克服信息不对称的主要方法。

（二）政府生产

政府是一个抽象的概念，一般来讲，政府参与生产主要是指政府控制的企事业单位参与生产。政府可以通过直接方式进行公共品的生产，也可以通过间接方式参与公共品的生产中。然而，政府生产公共品也会存在一些效率损失问题。

---

① 与提供者的种类不同，生产者中并不包含集团，集团在本书中只是特指某项公共品消费者所组成的团体。即使有这样的团体参与了公共品的生产，如果他们是免费的话，实际上相当于通过“投劳”的方式成了公共品的提供者而非生产者；假如他们是收费的话，和私人生产者追求利润的本质又是一样的，这里也把集团当成私人生产者来对待。

② 一般认为，农产品市场比较接近完全竞争市场。

1. 缺乏效率机制

在市场上，企业迫于外在的竞争压力和内在的利润刺激会努力提高企业自身效益，否则将会遭到市场的淘汰。而在公共机构，特别是在政府机关中则没有这样的竞争机制，即使它们低效率运作，仍然能生存下去，造成了“*X*-非效率”。政府部门追求的不是公共效益最大化，而是政府的预算最大化，这可能导致盲目的重复投资。同时，官员既是国家利益的代理人，又是一个理性的“经济人”，某些官员可能会为了自身利益而损害国家利益。克服政府由于缺乏竞争所带来的非效率损失，必须引入政府竞争机制，通过建立规范、科学的考核机制来促进官员间、政府间的竞争。

2. 缺乏监督机制

政府官员的行为要受到立法者和公民的政治监督，立法者通过立法，公民通过政治选票来约束政府。但是现实中大多数监督机制都是软弱无力的，如官员们和监督人员之间的信息不对称，官员们多数时候都会隐瞒自己的信息，不将其披露给监督者，造成了监督成本的高昂。并且，在某些国家，监督者中的立法者本身也属于政府官员，他们在很多方面都有共同利益，进而造成监督不力。要克服这方面的问题，可以在加强政府内部监督的同时，通过增强政府透明度的方式加强立法和选民监督，这也是政治体制改革的有效方向。

五、管理

（一）管理中的困境

公共品的非排他性决定了理性的人们会在公共品的提供和维护环节选择“搭便车”，非竞争性决定了人们还会在公共品的利用环节选择满足自身利益而无视和其他利用者之间的合作。前者可以让他们节约成本，后者可以让他们增加收益，都可以达到个人效用最大化。然而他们的效用最大化是建立在集团其他成员效用水平降低和集体利益受损的基础之上的，如我国的谚语“一个和尚有水喝，两个和尚挑水喝，三个和尚没水喝”，就是一个典型。在经济学的研究中，有三个这样的典型例子。

1. 公地悲剧

美国生物学教授哈丁在 1968 年的《科学》杂志上发表了一篇著名文章《公地的悲剧》，其中引用了这样一个例子：有一片公共牧场，无偿地向所有牧羊人开放。每个农民从追求自己最大利益的角度出发，在这片牧地上放养尽可能多的羊，最终有一天，牧地的容量达到了极限，“公地悲剧”发生了：牧地过度使用，被过多的羊群摧毁了。

在这个悲剧产生的过程中，每个人都打着自己的小算盘，即增加一头羊的收入完全归自己所有，而过度放牧对公地造成的损失则在所有牧羊人中分摊，因此增加一头羊给个人带来的收益要大于给个人带来的损失。正因为公地的损失大家分摊，从而不受约束的自由放牧最终带来了公地毁灭。

2. 囚犯困境

博弈论中的“囚犯困境”，其实就是“公地悲剧”的形式化，当然，我们也可用该模型来考察公共品的维护问题。

假定一个小村庄只有一条道路通往村外，村中聚居着两个宗族的村民，同宗族的村民在乡村道路的维护上具有共同的利益，他们往往统一决策。我们可以把对局人看成农民甲和农民乙两人，他们的策略为“维护”或者“不维护”，并且维护者不能把不维护者排除在道路的使用范围之外，同时他们具有相似的效用函数。如果他们都选择不维护道路，道路会逐渐损坏不利于他们的出行，假定他们此时的效用水平都为 3 个单位；假如有一个人选择维护而另一个人选择“搭便车”，此时不维护者由于“搭便车”而能得到 10 个单位的效用，而维护者由于维护道路承担了所有的维护成本，只能得到 2 个单位的效用；如果他们两人都选择维护道路，那他们平均分摊成本，并共享维护道路带来的好处，因此其维护后带来的效用高于不维护后的效用，我们假定都为 8 个单位。他们的对局可概括为表 4-2。

表 4-2 囚犯困境

农民甲	农民乙	
	维护	不维护
维护	*A*（8，8）	*B*（2，10）
不维护	*C*（10，2）	*D*（3，3）

对于农民甲和农民乙来讲，无论对方选择维护还是不维护，他的最优策略都是不维护，这种情况下“不维护”就成为他们的最优策略，从而他们的博弈均衡就都是“不维护”，此时他们的效用组合为 *D*（3，3），低于都维护时的 *A*（8，8）。显然都不符合帕累托效率，他们就陷入了博弈中的“困境”。

3. 集体行动的逻辑

群体理论认为：具有相同利益的个人会为促进他们的共同利益而行动。奥尔森在《集体行动的逻辑》中，对这种只要存在着一种与群体有关的利益，就足以激发其行为去获取这一利益的假定提出了挑战。他认为：除非一个群体中人数相当少，或者除非存在着强制使用某种特别手段，促使个人为他们的共同利益行动，否则理性的、追求自身利益的个人将不会为他们共同的或群体的利益而采取行动。

可以看出，奥尔森所认为的“集体行动的逻辑”，实际上就是集体行为的悲剧，理性的个人在追求自身利益最大化的同时却损害了集体利益，并且最终会损害他们的个人利益，这和“公地悲剧”“囚犯困境”观点一致。

（二）治理之道

通过上面的分析，我们仿佛觉得，公共品的提供貌似只能是无效率或者低效率的，但现实中，我们可以对公共品的提供进行有效的管理，以提高其供给的效率。

1. 利维坦式的政府

如何摆脱上面的困境成为当下人们关注的话题，“公地悲剧”的提出者哈丁后来认为：在一个杂乱的世界上，如果要避免毁灭，人们就必须臣服于他们心灵之外的某种强制力，用霍布斯的话就是“利维坦”。海尔布罗纳甚至还偏激地认为“铁的政府”对实现生态控制是必要的。

霍布斯笔下的利维坦式的政府虽然有点可怕，但却近似于万能，他能准确收集信息、监督能力强、制裁可靠有效、行政费用为零且没有官员的“寻租”行为，这样政府就能够知道每个牧人的最优胜出量，并可以促使陷入困境中的牧民选择合作，这样就达到了个人利益与集体利益的统一，于是万能政府通过改变每个对局人的效用函数而使社会效用函数达到最大化了。

但是，现实中我们必须看到，万能的政府是很难出现的，毕竟他要由追求私利的官员来构成，我们不能完全寄希望于政府来改变个人理性对集体理性不利的效用函数，但政府修正集体非理性函数的作用不可忽视。

2. 私有化的作用

奥尔森认为：当一个群体中的人数相当少时，个人追求自身利益的理性行为对集体利益的影响往往比较显著，此时个人可能会自觉地维护集体利益。哈丁认为：如果能够把牧场分给每个牧人，这样每个牧人将在一个较小的牧场里和自然展开博弈，而非在一个较大的牧场和其他牧人展开博弈，集体利益也可以得到维护。因此，进行私有化，明晰产权，也是一种有效的措施。

3. 重复博弈

上面两个博弈模型只是考虑了对局人的策略，属于一次性博弈，实际上在公共品的管理中，对局人往往是进行无限次重复博弈。在无限次重复博弈中，对局人往往会采取针对性的策略：在第一阶段若采取合作维护，共 t 阶段，如果 $t-1$ 阶段都是（维护，维护），则会采取继续合作维护，否则采取不维护。也就是说，双方在无限次重复博弈中总是先试图合作维护，第一次无条件选择合作维护，如果对方也是选择维护，则坚持合作进行维护；假若一旦发现对方不维护，在下一阶段也会选择不维护来进行报复，以后永远选择不维护，以迫使对方选择合作，来达到双赢的局面。至此，双方的重复博弈可以达到一个完美的均衡。但我们必须认识到，在小群体下，只有少数人参与的情况下，这一均衡才容易实现。如果参与人过多，参与人欺骗的动机就会增加，使得重复博弈出现困难。

另外，对局人进行协商、利用外部资金予以帮助等方式也是公共品供给管理的必要补充。

第四节 公共品的需求[①]

公共品的需求是客观存在的，并且符合一般的经济规律。公共品的性质特征，使得公共品的需求推导过程较私人品更为复杂。由于缺乏购买激励，公共品消费者表露出来的偏好往往是虚假的，所以我们必须在私人品需求推导过程中的偏好表露环节和偏好传导环节之间再加上偏好甄别和偏好表露激励两个环节，这样才能够保证公共品需求的真实性。

---

① 本节为选修内容，供学有余力同学扩宽知识。

一、偏好表露

在私人品市场上，消费者面临着琳琅满目的商品，决定买还是不买完全取决于他当时的想法，这个想法是他的真实偏好，这样的偏好表露和购买行为之间基本没有时滞。然而，公共品的潜在消费者却没有这个福气，他们不可能拿着货币选票或者政治选票到现实的市场上购买某种公共品，因为这样的市场根本不存在。他们只能凭空想象某种还未生产出来的公共品能给他们带来多少好处，要花费多少成本。他们表露出来的偏好究竟能不能转化为“购买力”还不能确定，不过我们能肯定的是公共品偏好表露和购买行为之间存在时滞。在私人市场上“购买行为”这种优良的偏好表露机制在公共品领域将难以发挥作用。

此外，公共品或多或少都具有非排他性的特点，在技术上、经济上我们都不能把没有付费的消费者排除在公共品的消费之外。如果我们要求每个消费者都根据自己将获得的收益来付费，那么理性的个人将选择“搭便车”而隐瞒自己的真实偏好，也就是说公共品的非排他性给消费者表露自己的真实偏好提供了负激励。同时，虽然公共品筹资方式多样，如在零付费条件下筹资、收益非筹资、一次总付费筹资等，但经研究发现，公共品不管采取何种筹资方式，消费者都很有可能隐瞒自己的真实偏好以获得自身效用最大化。也就是说，我们收集的公共品消费者表露出来的偏好往往是不真实的，必须想办法进行解决。

二、偏好甄别

虽然理性的消费者并不乐意表露他们的真实偏好，但现实的情况也不至于过分悲观，在技术上我们还是可以找到一些方法来甄别消费者的偏好。方法之一是观察消费者们在消费公共品时的行为，进而推导出他们对公共品的偏好，这种方法叫显示偏好方法。方法之二是从提问中了解消费者对公共品的偏好，这种方法叫表达偏好方法。

（一）显示偏好方法

一般来讲，公共品显示偏好方法是一种机会成本的方法，且不同的公共品或服务有不同的评价方法。某些情况下，享用某公共品的成本可以粗略地衡量该公共品的效用。常用的公共品显示偏好方法包括交通成本法、资产选择法和投票评估方法。例如，在资产评估法中，它通过比较不同环境下的资产价值来推导该资产（公共品）的价值，但是这种方法也有两个缺陷：一是此方法只能用来评价消费者具有自主选择权的公共品，而不能用来评价没有消费选择权的公共品，如国防、外交等；二是该方法并不能将所有因素都考虑在内，有些因素很难剔除。

（二）表达偏好方法

现实中，消费者在消费公共品时，我们并不总是能够透过他们的消费行为观察到他们的真实偏好，因此有必要用其他方法来补充偏好甄别机制。另一种常用的甄别方法主要是通过向消费者提问来进行的，这类方法叫做表达偏好方法，最常用的是或有评价法和心理评价法。我们以或有评价法进行简述。

或有评价法是通过设计问卷，促使公共品消费者表达其愿意为公共品支付的货币价值，或者换句话说，如果停止该公共品的提供，他们愿意接受多少的补偿。不过这里并不需要消费者为公共品的消费进行实际支付，因此或有评价可以看成是通过假设一个或有的或者假定的产品市场，估计该产品的影子价格。但是，经研究后发现不同的或有评价方法所推导出来的结果可能会存在差异，人们一般认为以下原因造成这些结果：数据收集不一致、策略影响、假设的问题性质及人们看待潜在收益和潜在损失本身就存在差异等。

三、偏好表露激励

偏好甄别环节中各种方法的运用都有其局限性，还不足以对抗人们的策略行为。为得到一条真实的需求曲线，我们必须再加入其他一些方法，偏好表露激励作为一种有效的机制进入我们的视野。其中最具代表的是维克里（1961 年）的“第二价格法”和“克拉克-格劳维斯税”。我们仅以维克里的“第二价格法”进行分析。维克里的“第二价格法”激励机制，主要适用于有多个潜在购买者的单个不可分割的商品的拍卖。虽然这种商品并不同于公共品，此种方法并不能直接套用在公共品偏好表露激励机制当中，但维克里的这一研究为这个领域奠定了基础。此方法要求每个潜在的购买者把他对该种商品的出价放在一个密闭的信封里，并且事先告诉他们，该商品将以仅次于最高出价的价格卖给出价最高的人。也正是这个意义上，才被称为第二定价法。可以证明，这种方法能够激励人们表露自己的真实偏好从而实现帕累托最优。

四、偏好加总

经过以上环节的分析，我们大致可以确信公共品需求者所表露的偏好是真实的，这样我们就可以根据消费者的真实偏好推导出消费者的效用函数进而找到其无差异曲线。同私人品的需求曲线推导类似，我们可以在公共品的消费者的预算约束下结合消费者的无差异曲线，推导消费者对公共品偏好的需求曲线（证明和推导略）。一般而言，和私人品的需求曲线相似，它是一条关于价格的递减曲线，但是在需求的加总过程中，公共品和私人品的加总却大相径庭。

在私人产品市场中，每个消费者都只是既定价格的接受者，他所能调整的只是其消费的数量。因此，市场需求曲线就是个别需求曲线的水平加总，如图 4-1 所示。图 4-1 中横坐标代表私人品的数量，纵坐标代表价格。假设社会上有两个人亚当和夏娃，亚当和夏娃的私人品个人需求曲线分别为图 4-1（a）和图 4-1（b）。而图 4-1（c）为整个社会的市场需求曲线。由图 4-1 可以看出，私人品的市场需求为个别需求的水平加总，即 $P=P_{亚当}=P_{夏娃}$。

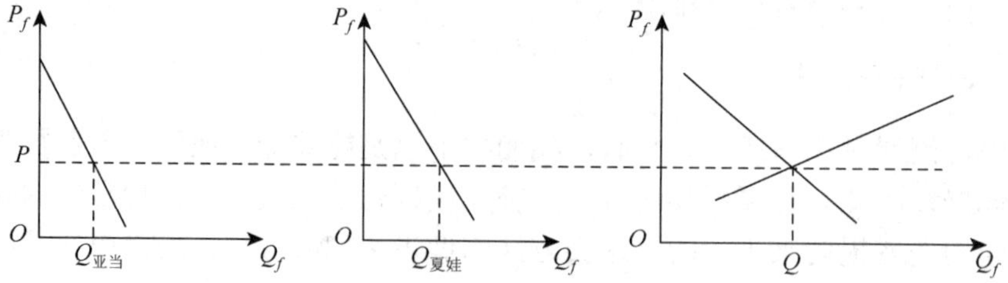

(a) 亚当对私人品的需求曲线 (b) 夏娃对私人品的需求曲线 (c) 社会对私人品的需求曲线

图 4-1 私人品市场需求曲线

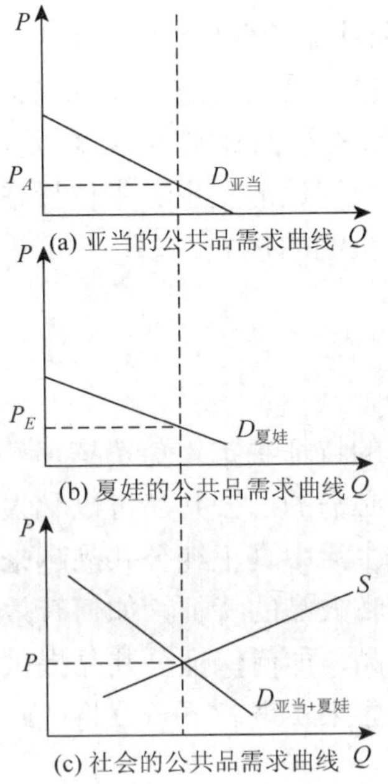

图 4-2　公共品市场需求曲线

而对于公共品，由于其具有的非排他性，所以任何人都可以消费它，不管是否出于本人的意愿，每个消费者的消费量都是相同的，但不同的个人从公共品中获得的满意程度即边际收益却不同，这意味着每个人愿意支付的“价格”是不同的。因此，全体个人对一定数量的公共品所愿支付的价格是由不同个人的需求曲线垂直相加而得到的，如图 4-2 所示。在图 4-2 中，横坐标代表公共品的数量，纵坐标代表价格。图 4-2（a）和图 4-2（b）分别表示亚当和夏娃的公共品需求曲线，图 4-2（c）则为整个社会的公共品需求曲线。由图 4-2 可以看出，私人品的市场需求为个别需求的纵向加总，$P=P_{亚当}+P_{夏娃}$。

在此，从技术上我们已将消费者的偏好进行加总，得到了公共品市场需求曲线。然而这只是公共品偏好加总的其中一种方法，其他一些加总方法我们不再论述。

五、偏好传导

以上的分析，让我们对消费者的市场需求有了一定的了解。但接下来的问题是，公共品消费者表露出来的偏好，是否可以像他们在消费私人品那样，可以通过价格机制迅速、准确地传导给供给者呢？根据前面的分析，我们已经知道，公共品都或多或少都具有非竞争性，在增加一个消费者时，增加的边际成本为零，此时价格机制将失去作用（若想提供变得有效率，公共品定价必须为零）。因此，像私人品一样通过价格进行的偏好传导根本不存在，他们之间的偏好传导纽带只能借助于其他机制。

（一）呼吁机制

虽然竞争的价格机制在公共品消费者偏好传导方面无能为力，但这并不意味着公共品消费者和供给者之间就无法交流。霍希曼的呼吁机制就是其中一种，虽然这种机制在研究集团组织的变迁时作用巨大，但我们也可以将其引入到公共品消费者的偏好传导中，消费者可以借助于呼吁机制向公共品的供给者主动传导他们的偏好。

（二）退出机制

霍希曼认为，组织成员面对组织衰减时，除去竞争的价格机制和呼吁机制以外，退出该组织也可以成为该组织成员不得已的一种选择。蒂博特用模型对其做了深刻表述，他认为在公共品供给出现较大的区域差别时，消费者可以对政府的“财政采购”进行“用脚投票”，从而选择他们所偏好的公共品。这也是公共品消费者的一种重要的消费传导机制。然而，现实中由于“蒂博特模型”的假设条件过于苛刻，还只是处于理论研究阶段。

（三）投票机制

除了呼吁和退出机制以外，投票作为人们在公共决策和政治生活中常见的一种机制，也在一定程度上起到了传导他们对公共品偏好的作用。在公共品的偏好传导过程中，投票作为一种最重要的机制经常出现在我们的身边，小到班级里班委的选举，大到农村公共品提供过程中的“一事一议”制度，都是典型的利用投票来进行偏好的传导。但是，我们也必须清醒地看到，投票过程中也会出现一些问题，如投票悖论的发生、中位投票者偏好的制约、利益集团的控制等，这些都会影响消费者偏好机制的传导。

本 章 小 结

同时具有非竞争性和非排他性的产品就是公共品。公共品的特征决定“免费搭车”现象的出现，市场很难有效提供公共品。公共品是大家生活所必需的，公共品可以私人生产和公共生产，但只能由政府来提供。随着科技进步，现实生活中真正纯公共品越来越小，更多是以准公共品的形式出现。准公共品具有公共品和私人品的特征，如何有效提供准公共品需要政府和市场共同来完成。政府如何提供公共品，如何保证公共品提供的最优规模都是世界性难题，更多的是通过一定的公共决策程序来实现。下一章将就政府公共选择过程进行深入分析。

➢复习思考题

1. 什么是公共品？公共品如何提供？
2. 什么是准公共品？准公共品的类型是什么？如何提供准公共品？

➢案例分析

古装剧里面，我们经常听到这样的话：此山由我开，此路由我修，要想从此过，留下买路钱。在过去，经常会出现大大小小的山贼占山为王，剪径取财。而到了现代社会，经济发展迅速，公路四通八达，我国的高速公路事业更是飞速发展。然而，部分网友调侃，将古装剧里面的话喻之为我国高速公路当前的收费状况。

资料来源：作者自行整理编写而成

思考问题：

请问为何在古代会出现山贼占山为王，剪径取财的状况？剪径取财和网友调侃的高速公路收费有何区别与联系？

公共选择理论

➢引言

公共品的有效提供问题是财政学中极为重要的问题。由于公共品具有非竞争性和非排他性，所以无法通过市场来有效提供，很多时候需要政府做出相应的决策。我们把这种决策称为公共决策。公共品供应是否达到最佳化，从根本上说是以是否符合社会公众的意愿为基本判断标准的。什么是公众意愿？怎么表达及体现公众的意愿？政府如何决策才使公共品的提供最有效？这就涉及公共选择问题。在本章中将集中研究政府的公共选择理论。

第一节　公共选择理论的概念

一、公共选择与公共选择理论

公共品的供给和公共部门的资源配置机制与市场资源配置机制有着重大区别。对私人产品的私人决策而言，市场资源配置机制是简单而有效的价格机制。尽管决策是由个人和厂商个别分散地做出的，但在竞争性市场下，价格信号的传递能充分反映出资源的稀缺性和消费者偏好，这决定了稀缺资源用于生产什么、如何生产和为谁生产等基本问题，从而保证了资源配置的效率。而对公共品而言，其非排他性和非竞争性的特性决定了个人不愿真实显示自己的偏好，也不存在市场价格体系去揭示个人的偏好，这使得建立在私人选择基础上的市场过程的失效，必须通过政治程序将个人对公共品的偏好转换成集体行动来解决。这种机制和程序就是公共选择。因此，所谓公共选择，指的是与个别私人选择相对应的集体选择的概念。它指人们通过政治过程来决定公共品的需求、供给和产量，从而把个人偏好转化为集体决策的一种机制或过程，它是对资源配置的非市场决策机制。在这里，投票机制代替了市场价格机制，成为表达个人偏好连接公共品供给和需求的媒介。因此，公共选择也称集体选择或社会抉择。

公共选择理论所要研究的就是公共选择问题，即对非市场决策的政治过程进行研究。不过，尽管研究对象或主题与政治学无异——投票规则、选民行为、国家理论、党派、官僚集团、宪法规则等，但公共选择理论采用的方法却是经济学的方法论。因此，公共选择理论可以定义为对非市场决策的经济学研究，即把经济学运用于政治科学的分析。丹尼斯·缪勒认为，“公共选择理论可以定义为非市场决策的经济研究，或者简单地定义为把经济学应用于政治科学。公共选择的主题与政治科学的主题是一样的：国家理论、投票规则、投票者行为、政党政治学、官员政治等。公共选择的方法仍然是经济学的方法。像经济学一样，公共选择理论的基本行为假设是，人是一个自利的、理性的、追求效用最大化的人”。

二、公共选择理论的产生

公共选择理论是一门介于经济学和政治学之间的新的交叉学科。公共选择理论以新古典经济学的基本假设、原理和方法作为分析工具来研究和描述政治市场上的主体（选民、利益集团、政党、官员和政治家）的行为和政治市场的运行。

公共选择理论认为，人类社会由两个市场组成，一个是经济市场，另一个是政治市场。在经济市场上活动的主体是消费者（需求者）和厂商（供给者），在政治市场上活动的主体是选民、利益集团（需求者）和政治家、官员（供给者）。在经济市场上，人们通过货币选票来选择能给他带来最大满足的私人物品；在政治市场上，人们通过民主选票来选择能给他带来最大利益的政治家、政策法案和法律制度。

（一）公共选择理论产生的背景：对双重人格的否定

公共选择理论认为，在经济市场和政治市场上活动的是同一个人，没有理由认为同一个人会根据两种完全不同的行为动机进行活动；同一个人在两种场合受不同的动机支配并追求不同的目标是不可理解的，在逻辑上是自相矛盾的；这种政治、经济截然对立的“善恶二元论”是不能成立的。公共选择理论试图把人的行为的这两个方面重新纳入一个统一的分析框架或理论模式，用经济学的方法和基本假设来统一分析人的行为的这两个方面，从而拆除传统的西方经济学在经济学和政治学这两个学科之间竖起的隔墙。

（二）公共选择理论的提出：研究政治市场上用于满足公共欲望的集中决策

公共选择理论的重心不在于价值判断，也就是它并不纠缠于国家或者政府这样做是否会比那样做好。它关注的是为什么国民作为一个集体选择了这个公共品而不是那个。公共选择理论是用经济学的工具揭示了公共品的供应和分配的政治决策过程。

公共选择理论最初产生于公共财政理论，财政理论是公共选择的理论之源。财政理论是关于政府税收和政府支出的理论。税收和政府支出是政府或集体的活动，而不是单个的个人行为。在政府的收支过程，消费者面对的是国家或政府，而不像在经济市场上面对的是企业。为此必须研究税收和支出选择的政治决策机制，而政治决策则是公共选择理论研究的主题。在 19 世纪英法经济学家的经济理论模型中，国家被视为一种“不生产”的活动，是一个不可避免的负担。与这种“国家（或政府）缺位”的模型不同，19 世纪末欧洲大陆一些经济学家开始运用古典经济学的分析方法来分析决定公共活动的结构，这种分析内容构成公共财政理论的一部分。

公共选择理论是由于第二次世界大战以后经济学领域尤其是福利经济学领域中的

一些争论和需要而产生和发展起来的。这些争论主要包括两个方面：一是社会福利函数的性质；二是市场失灵与政府干预的论述。公共选择理论于20世纪60年代产生于美国，80年代成为西方经济学界享有盛誉的一个重要流派。当代美国著名的经济学家布坎南，是公共选择理论的创始人和主要代表人物，诺贝尔经济学奖获得者。由于其突出贡献，他被人们誉为“公共选择理论之父”。

（三）公共选择理论的两层含义

一是集体性，单个个人的决策不在考虑范围内，但只要有人群的地方就必须要有集体决策。二是规则性，为使人与人之间存在的偏好差异行为能够有效地协调起来，必须进行集体决策以制定能够满足一般人偏好的规则。

第二节 政治市场与公共选择理论

一、政治市场主体

在经济市场上活动的主体是消费者（需求者）和厂商（供给者），在政治市场上活动的主体是选民、利益集团（需求者）和政治家、官员（供给者）。选民是手中握有选票并可以自由选择的需求者，政治家和官员是供给者，供给各种政策、法制秩序、公共品等。

1. 选民

选民（voters）是政治过程结果的消费者。政治市场上选民有三种方法来进行活动：投票，直接参与某项政治活动，通过能够影响立法机构的活动、集团来影响立法。

2. 利益集团

利益集团（interest group），又称“压力集团”，指的是具有共同利益目标而组织起来的，并试图对公共政策施加影响的团体。利益集团是公共选择中的重要角色。出于自身利益最大化动机，具有共同利益基础和目标的个人组织起来，以集体的力量来影响公共选择的结果，从而实现个人利益最大化，就成为一种合理的选择。

3. 政治家

政治家（politicians）是政府中被选举出来的官员，包括各级政府主要官员及立法机构成员。

4. 官员

官员（bureaucrats）也被称为官僚，是在各级政府部门工作的，由被选举出来的政治家直接或间接任命的人员，官员的任务是具体执行政治家制定的政策。在西方社会，大多数官员都具有一定的专业技术或者技能。

选民、政治家和官员按一定的规则就公共品的供给量及相应的成本分摊（税收）达成协议，即为政治市场的均衡。

二、政治市场的结构

英国经济学家皮科克将政治市场分为以下三级结构，如图 5-1 所示。

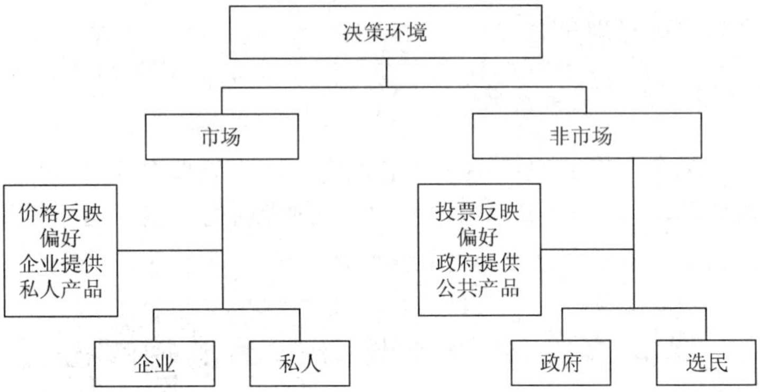

图 5-1　决策环境

1. *初级政治市场*

政治家出售政策给选民，选民为购买合意的政策支付选票。

2. *政策供给市场*

官员向当选政治家提供政策选项和实施政策的手段，政治家向官员提供预算。

3. *政策执行市场*

官员向选民提供公共品和公共服务，选民向政府纳税。

三、公共选择理论的方法论

由于公共选择理论是研究政治的经济学，采用的是经济学的方法论，一般认为，它是在坚持主流经济学的经济人假设、个人主义方法论基础上，将其应用于政治交易过程的分析。方法论上的个人主义、经济人假设和交易政治观构成了公共选择研究方法论的三要素。

（一）个人主义

这种个人主义的方法论认为，个人的行为决策是一切社会行为的起因，应从个人的角度来分析包括政治和经济在内的一切社会行为和社会现象，将个人的偏好和决策作为经济学分析的出发点和基石。因此，在公共选择理论看来，理性的个人是决策的基本单位，集体行动不过是由个人行动组成的，公共利益也不过是个人利益和偏好的汇总和表达，因此集体决策或公共选择最终分析的基点，必须落实在对政治过程中的单个个体——投票者（选民）、政治家、官僚等的决策分析上。

（二）经济人假设

经济人假设是经济学最基础的假设前提，即现实中的人是利己地、理性地追求自身效用或利益最大化的。但在公共选择理论产生以前，经济人的假定只是单纯地局限于经济领域，而对政府政策和决策的分析，则抽象化为简单的社会福利函数，似乎政府就是无私地自动追求公共利益的。但在公共选择理论看来，个人在政治过程中也是经济人。不论是在经济市场上还是在政治市场上，他们的行为动机都是一样的，没有理由认为同一个人在经济和政治领域会根据两种完全不同的行为动机进行决策。在对选民行为、政治家行为、官僚行为和利益集团行为的分析中，经济学假设都得以坚持，从而实现了经济方法在政治领域中的运用，并使得经济理论具有内在的一致性。

（三）交易政治观

在公共选择理论看来，经济学是一门交易科学或市场理论，这不仅体现在经济市场上，也体现在政治过程中。它认为，资源配置和人类社会实际上由两个市场组成，一个是经济市场，另一个是政治市场。在政治市场中，选民、利益集团相当于经济市场中的消费者（需求者），政治家和官僚相当于经济市场中的生产者（供给者），人们通过相当于货币的“选票”来交易，并选择能给他们带来最大利益的政治家、政策、法律等公共品。在经济市场中，人们通过货币来交易，并选择能给他们带来最大满足的私人产品。因此，政治活动和经济市场活动一样，本质上也是个人出于自利动机而进行的交易活动，都是利益的交换。经济市场与政治市场上交易的实质性差别主要在于个人在追求并实现其各自不同利益时所处的条件和采用的手段上。在政治市场上，个人偏好的显示和加总与经济市场相比，存在更大的困难。公共部门中官僚所受的约束，要比在私人企业中的经理所受的约束松弛得多。

四、公共选择下的财政决策

在公共选择下，个人对公共品的偏好是通过投票来表达的，进而形成决策并转化为行动。与个人在私人产品购买中通过买还是不买、买多还是买少来直接地表明其偏好不同，在公共品决定的公共选择过程中，个人只能通过投票选举代表，然后由代表们去投票决定公共预算，即公共品的供应及其税收的来源与水平。因此，对公共选择下的财政决策而言，始终面临两方面的问题：一是偏好的显示问题，即个人对公共品的评价，如何通过有效的机制将其真实地表达出来；二是偏好的加总问题，即当个人对公共品给予不同评价并显示出其不同偏好时，如何将这些观点集中起来进行权衡，以形成最终的决定并最大限度地反映选民的意愿。

（一）偏好的显示问题

虽然有投票机制作为人们对公共品的偏好表达机制，但这一机制未必能充分和有效地发挥作用。效用在各人之间的不可比较性和偏好强度的不同，不等于该项目的总收益一定会超过总成本，从而也未必是有效率的。即使单个个人有机会充分表达自身的偏好，个人也未必能真实地将其偏好表达出来，其中主要的原因可能有：第一，如果人们要承担的公共品成本取决于自己所显示的对公共品的评价，人们就很可能隐瞒真实的偏好以少负担成本；第二，在与投票有关的信息成本较高，而自己一票无关紧要的情况下，可能放弃投票从而不主动显示自己的真实偏好，这被称为“理性的无知”；第三，投票交易等策略性的行为的存在，会使个人对具体公共品的偏好显示不真实；第四，政治过程的结果所反映的，可能不是大多数社会成员的利益，而是特殊利益集团的利益，即少数可能战胜多数。公共选择下财政决策所出现的这种问题，在私人产品的私人决策下是不可能出现的。

（二）偏好的加总问题

即使每个人都真实地给出了其偏好，还存在偏好的加总问题。由于个人之间的偏好和愿望不一致，在提供什么样的公共品、提供多少上存在着利益的冲突，所以需要有一套协调的、将不同偏好下的信息汇集起来做出决策的机制，即实现偏好的有效加总机制。在民主社会下，偏好的加总机制也就取决于投票规则下的决策机制，如一致性规则、多数票规则等，其中简单多数票规则又是最常用、最常见的偏好加总规则。这些规则将在本章第三节中分析。公共选择的理论分析表明，再有效的投票制度，也无法实现将每个人偏好完全真实地显示并进而无扭曲地加总，从而实现完全的帕累托效率。经济学家一般认为，在一定的投票规则下，如果社会成员能就公共品的供给量及相应的税收分摊达成协议，就意味着实现了政治均衡。

第三节　财政决策主体行为

一、选民行为

既然财政决策是把个人偏好转化为集体决策的一种过程，那么选民（公众、投票人）的行为，就成为公共选择的基础环节，是形成财政决策的源头。按公共选择理论的经济学研究方法，选民也是在个人成本-收益分析下，追求自身效用的理性的经济人。唐斯（1957 年）正是以这一假定为基础，最早提出了理性选民假说。虽然在政治市场中把个人称为选民，但在投票中他同样是追求自身利益最大化的，只会把选票投向能够给他带来最大利益的政治家。个人无论是作为经济市场上的消费者，还是政治市场上的投票者，这一行为方式和行为动机是一致的。

然而，选民的理性并不仅仅限于去投能给他带来最大利益的政治家的票，理性的选民也可能选择不投票。不论选民选择投不投票、投什么人的票，都取决于他投票的期望收益与潜在成本间的比较，并在此基础上追求他期望效用的最大化。

在现代民主选举中，合法的选民人数非常多。而选民人数越多，单个选民投票最终结果的影响就越不重要。当他认识到自己这一票在大范围的选举中对最终结果的影响无足轻重时，他就缺乏收集信息的激励；而对集体选择过程保持一种无知的状态，反而将使自己付出的成本最小化。这常被称为“理性的无知”（rational ignorance）。在理性的引导下，选民放弃投票或随意投票也成为常见现象。这种现象被称为“投票冷漠症”。它解释了现实中普遍存在的参与投票的选民不多的现象。不过，观察现实往往会发现，不少选民往往在意识到自己的投票无足轻重下，却仍然认真搜集信息、参与投票并乐于投票，由此使得理性假设似乎受到了否定。赖克和沃尔德舒克（1968 年）进一步认为，这是由于投票人还会考虑投票行为带来的额外收益。比如，有些选民认为参加投票有助于实践自己的公民意识，并由此产生自豪感、心理愉悦等心理上的某种收益，这包括选民从投票中获得伦理上的、政治上的、党派偏好上的满足感。一些公共选择学者认为，因为选民具有不同的偏好，具有较大伦理偏好的人，具有较大的额外收益（从投票本身得到的心理收益），那么就不会在乎自己投票行为对投票结果的影响力。

二、政治家（政党）行为

在间接民主制下，经过选民投票选出代表，再由代表进行公共政策的投票表决。因此，政治家的责任是代表选民进行决策。政治家由议会议员（立法委员）构成，也包括通过选举而执政上台的总统（政府最高首脑）。在现代选举制下，想当政治家往往需要依托于一定的政党，对于政治纲领和政府职能持有相似观点的个人，往往组合在一起就形成政党，因而政治家往往是他所在的那个政党的代表或领袖。

传统的政治理论假定，政治家代表着公众选民的利益，为公共或社会利益而行事。但公共选择理论认为，这并不是政治家（政党）的行为模式。首先，因为很难给公共或社会利益下个定义，实际中不同个人或集团的利益常常存在着冲突，并持有不同的政见。其次，政治家也是经济人，不能相信一个人在经济市场上是个追求自身利益的经济人（如消费者、生产者），而到了政治市场上则会自动地追求社会利益。在公共选择理论中，对政治家行为模式分析影响最大的，是唐斯（1957 年）提出的关于政治家行为的假定。他认为，政治家或政党也是理性的经济人，像消费者追求效用最大化，生产者追求利润最大化一样，政党和政治家追求的是政治支持最大化。这种政治支持最大化，最直接和最具体的体现，就是追求选票最大化。选票最大化，对于政治家，可以此来保证他能连选连任；对于政党，可以此保证在议会中的席位不减反增；对于执政党，可以此保证能继续执政；对于在野党，可以此来击败执政党而夺得政权；等等。

当然，追求选票最大化，这一目标表面上看或许是过于直观了点，特别对政治家个人而言。唐斯之后也有不少学者对此做了研究。例如，布雷顿于 1974 年提出了一个被选出的政治家的效用函数公式，其变量包括：再次当选（或当选）的概率、个人的金钱收入、个人的权势、自己的历史形象、对崇高的个人理想的追求、个人对公共品的看法及政治家特有的其他东西等。

政治家（政党）在其政策决策中将遵循多数票原则，执行的是能给他带来更多选票的那种政策。既然现实中政策的制定和决策的做出，是以赢得更多选票而制定的，那就并不必然以社会资源的有效配置为目标。本章第四节即将分析，在多数票规则下能够获得多数人支持而获胜的方案，是符合中间投票人偏好的方案。因此，政治家的行为或政党的纲领，往往要充分利用中间投票人定理而不是走极端，任何走极端的政策都容易使当选概率下降。由此解释了在西方多党制下，为什么随着时间的推移，各政党在施政纲领上有趋同的趋势这一现象。

三、官员行为

官员一般指非经过选民选举，经过考试录用，具有专业知识和技术，不受政府更迭影响的政府官员。如果把政治市场上的选民视为公共品的需求者，那么供给者就是政治家（议员）和官员。政治家投票通过表决来制定法律制度和预算方案，但具体计划的实施和公共品的具体提供，则是要通过官员系统来执行的。也就是说，官员们的行为将影响公共品供给及其效率，最终会对政治均衡产生影响。

官员主要发挥两方面的作用：向政治家提供信息和必选方案；执行政治家的决策及保证公共品的供给。官员拥有三种优势决定了他们往往能够在很大程度上影响甚至控制政治家的决策：第一，任期优势，官员任期一般都比政治家的任期长；第二，专业知识优势，其长期在相同政府部门任职能结果；第三，信息优势，官员更容易获取与专业相关的信息。

在所有对官员进行分析的经济学家中，尼斯坎南（1971 年）最早在公共选择的框架内研究了官员行为，并提出了他的官员政治模型。从官员个人角度，他更详细探讨了官员的效用函数，并认为权力等目标最终取决于官员所控制的资源，即预算规模的大小，“有几个变量可能进入官员的效用函数：薪水、公务津贴、公共声望、权力、庇护、机构的产出、变革的便利性及管理机构的便利。我认为除了最后两个变量外，所有变量都是机构总预算的正单调函数”。因此，作为经济人的官员将以预算最大化为直接目标。

公共部门提供公共品和私人部门提供私人品之间，有着很大的区别：在公共部门中，提供相同公共品的机构之间不存在竞争。政府机构的官员们提供公共品并不以追求利润最大化为目标。公共品通常以不标注价格的方式出售，社会成员很难利用价格机制对公共部门的工作进行评价，致使官员的工作在很大程度上可以摆脱公众的监督。因此，官员不以盈利为目的，而以权力极大化为目标，部分程度上揭示了许多国家的政府支出的相对规模在不断扩大。官员追求公共权力的极大化，进而带来政府支出的不断扩大，最终必然导致公共品的供给过剩，超过均衡水平，造成公共资源的浪费。政府机构通常拥有提供某些公共品的垄断权，人为夸大公共品的社会总收益，造成社会福利的更大的无谓损失。

四、利益集团行为

个人对其偏好的表达和利益的实现，除了通过投票来表达之外，还可以有多种实现途径。通过组成利益集团，对包括选民行为、政治家行为和官僚行为在内的政治过程施加相应的影响，就是其中之一。

所谓“利益集团”，又称“压力集团”，指的是具有共同利益目标而组织起来的，并试图对公共政策施加影响的团体。例如，以不同收入来源划分，可以分为资本家集团（资产阶级）和劳工集团（无产阶级及其工会组织）；以不同的市场角色，可以分为生产者集团（如行业协会）和消费者集团（消费者协会）；以不同行业为标准，可分为汽车集团、钢铁集团、纺织集团等；以地区为标准，可分为东部集团、西部集团、中部集团等。应该看到，这些集团的组织，可以是严密的，也可以是极其松散的。由于现实社会中利益结构的复杂性和多重性，一个人可以分属于不同的利益集团，并在不同场合扮演不同角色，而表达自己的利益诉求。

现实地看，利益集团是公共选择中的重要角色。出于自身利益最大化动机，具有共同利益基础和目标的个人组织起来，以集体的力量来影响公共选择的结果，从而实现个人利益最大化，就成为一种合理的选择。也正因此，个人利益的实现途径，似乎表现为促进他们具有共同利益基础的集团的组成。

按照传统利益集团理论的观点，具有共同利益的个人或企业组成的集团，通常具有进一步增进这种共同利益的倾向。传统利益集团理论进一步认为，由不同利益方向的人组成的、为数众多的、具有不同利益目标的利益集团，对于政治过程和社会利益具有积极作用。在数量众多的利益集团的相互作用下，将会产生一种让全社会满意的均衡结果。

但在所有的关于利益集团的理论中，奥尔森的理论是影响最大的，他对传统的利益集团理论提出了强有力的挑战。与传统利益集团理论对利益集团在公共选择过程中给予正面评价迥然不同，在奥尔森看来，利益集团或多或少都具有再分配的目标，利益集团采取集体行动的目标，都是为了争取重新分配社会财富，而不是为了增加社会总产出，因此都是“分利集团”。分利集团的活动将降低经济效率，对长期经济增长造成影响。对此，奥尔森甚至将其上升到了决定国家兴衰的高度。

五、寻租

在公共选择理论中，寻租理论占有重要地位，并常常与利益集团的行为分析联系在一起。“租金”（rent）或称“经济租”（economic rent），原指一种要素所有者获得的收入中，超过这种生产要素的机会成本的剩余。租金之所以存在，根本上在于供给缺乏弹性所致。只要供给不具有完全弹性，就会存在某种超过要素机会成本的超额收入。例如，由土地所有权垄断而产生的地租、演艺体育明星因天赋才能的稀缺性而获得的高额收入、拥有某项专利或专有技术给所有者或企业带来的超额利润等。

租金的产生和存在有两个方面的来源：一是在价格制度中自发形成的。例如，某厂商开发出某项新产品、新技术，在一定时期内在市场上获得了垄断地位，由此在短期内能给它带来租金——表现为超额利润。在价格制度中，人们对租金或超额利润的追求行为，往往被称为“寻利”。二是通过政府管制而人为形成的。通过政府的各种干预形式，如政府颁发许可证、配额、特许经营权、批文等，人为地创造出一种供给缺乏弹性的稀缺资源。而占有这些稀缺资源的企业和个人，就会在市场上取得某种垄断地位，从而获取超额利润。人们对政府管制行为下而人为产生的租金的追求称为“寻租”。

寻租与寻利的区别就在于，寻利是生产性的活动，是正常市场竞争机制的反映，其作用是降低成本和鼓励开发新产品、新技术，人们自发寻利的结果会增加社会福利。而寻租活动则是一种非生产性活动，这时的租金来源于政府干预和管制而带来的人为创造的租金。这种租金的存在并不是新价值的创造，而是利益的重新分配和财富的转移。哪里有管制，哪里就会有租金；哪里有租金，哪里就会有寻租活动。寻租活动往往表现为特定利益集团通过游说政治家、政府，以获取某种垄断权或特权。例如，航空公司为了获得特定航线的垄断权而游说政府等。

寻租作为利益的再分配和财富的转移，本身似乎并不是社会浪费，其毕竟还是将财富从一个集团转移给另一个集团，而社会总财富不变。但事实上，寻租如同盗窃，盗窃本身只是财富的转移，但由于盗窃的存在，用于盗窃和防盗、反盗所耗费的社会资源，就都构成了无谓的损失。寻租所造成的社会资源的浪费主要表现在以下几方面：第一，寻租寻求的是某种特权或优惠，即租金的创造本身要消耗资源。第二，利益集团寻租活动要花费大量时间、精力进行游说、公关，甚至不惜采用蒙骗、贿赂等手段。用于寻租的人力资源、时间资源等，原本是可以用于生产性的活动的。第三，由于利益的冲突性，有利益集团寻租的存在，就会有相应利益集团避租活动的存在。也就是说，当某集团为了获得相应特权而游说政治家或贿赂政府官僚时，另一利益冲突的集团为了避免损害自己的利益，也会展开相应的反对活动。这被称为“避租”。避租活动也同样造成了社会资源的虚耗。第四，为了对付寻租者和保证政府官僚的廉洁性，需要专门的反贪污贿赂机构及其活动，这同样是寻租带来的资源浪费。第五，不论是配额、许可证等的数量管制，还是定价、关税等的价格管制，政府管制都会使生产者和消费者的损失，大于特定利益集团的租金收益。这种无谓损失，也是寻租活动的社会成本之一。

第四节 财政决策机制

公共选择是与个别私人选择相对应的集体选择，是人们通过政治过程来决定公共品的需求、供给和产量，从而把个人偏好转化为集体决策的一种机制或过程，它是对资源配置的非市场决策机制。公共选择的方法主要有：独裁——实行专制、习俗——集体的传统和民主三种。公共选择理论所要研究的是在西方现代民主制度下的非市场决策的政治过程。民主社会利用各种投票程序来做出对公共品提供的财政决策。

一、直接民主制

直接民主制指集体决策中所有相关利益的人都能直接参与投票决策的制度。在直接民主制下，个人或选民可以通过投票直接表明自己对特定财政决策的偏好。直接民主制的这种集体决策形式，在一些国家少数重大事项的决策中得到了应用。例如，根据《中华人民共和国村民委员会组织法》，我国农村村民委员会的组成人员，是由村民直接投票选举产生的。

（一）一致性规则

在直接民主制下，财政决策的投票机制有一致性规则和多数票规则。“一致性规则”（unanimity rule），也称为“一致同意规则”，指的是一项决策或议案，必须经全体投票人一致赞同才能通过的一项投票规则。一致性规则实质上实行的是一票否决制。这就意味着一致同意的规则，是能保证实现“帕累托最优”的规则。一致同意是政治市场上的帕累托效率，最早是由威克塞尔在其论文中加以论述的，林达尔接着揭示了这一能够达成一致同意的政府机制。分析表明，如果用投票来决定是否提供有效数量的公共品，只要有一个恰当的税制为其筹资，全体选民就会达成一致意见，即双方就公共品的供给水平和相应的纳税份额达成了一致同意——林达尔均衡，而这种均衡具有帕累托效率。

尽管一致性规则具有帕累托效率，并且具有参与者权利平等、避免“免费搭车”等优点，但在现实运用中，一般只能局限于少数场合，而难以成为财政决策的普遍规则，其原因主要在于决策交易成本太高。首先，决策人数越多，决策成本越高。在涉及人数众多的情况下，要找到一个让大家都满意的纳税份额，可能需要相当长的时间。这一时间成本，也许大于公共品对于他们的净利益。其次，这一规则可能导致马拉松式的讨价还价过程，有效率的协议也许永远也达不成，甚至还可能出现威胁和敲诈行为。如果一个人认识到某项决议可以被他否定的话，那么他投票时可能并不从项目本身给他带来的成本-收益角度考虑，而是以抗拒的形式来敲诈想使决策得以通过的人，而从中获得好处。

“一致同意是好事，但却非常昂贵。”一个降低决策成本的显而易见的方法，就是降低“同意”的百分比，这样就会降低决策成本。当然，与此同时却会提高外部成本——那些不赞成该决策的人，也要承担这一决策成本（如纳税等）。一个好的投票规则，应该使得决策成本和外部成本两者之和最小。

（二）多数票规则

“多数票规则”（majority voting rules），也称为“多数同意规则”，是指一项决策须经半数以上人赞成，才能获得通过的一种投票规则。多数票规则的实质，是“少数服从多数”。一致性规则很高的决策成本，使得多数票规则成为在实践中最为普遍运用的投票规则。

多数票规则，又分为简单多数票规则和比例多数票规则。简单多数票规则，只要赞同票超过半数，议案或决议就可以通过；比例多数票规则，赞同票必须高于半数以上的某个比例，议案才能通过，如2/3的多数、3/4的多数等，最基本、最常用的规则，是简单多数票规则。

多数票规则的优点在于与一致性规则相比决策成本相对小，容易做出决策。但它也存在很多不足，主要表现在：第一，存在多数人强制现象（多数人暴政）。在多数票规则下，最终的集体决策是按多数人的意愿决定的，而结果又要全体成员服从，因此存在着多数人对少数人的强制。这就是所说的外部成本。第二，与一致性规则相比，单个参与者的选择行为不再具有决定性，影响个人参与投票的积极性，最终影响真实的偏好显示。第三，存在多种结果的可能。存在“投票悖论”，即无法得出明确的均衡结果，这与投票次序有关。第四，无法表达偏好强度。个人只能排列出对不同议案的偏好顺序，但无法反映出偏好的强度。这可能在总体上产生无效率的结果，并同时可能产生投票交易行为。

（三）孔多塞准则

孔多塞准则是另外一种多数决定的方法，常被称为“两两对比法”或“成对表决法”。它是由法国数学家孔多塞首先提出的。孔多塞准则是指对所有的备选方案都进行两两比较，即先表决两个方案，获得群体成员过半数赞成票的方案，再同余下的方案进行成对比较，依次表决直至得出最终结果。

例如，有A、B、C三个备选方案，由甲、乙、丙三人组成的决策群体对之进行成对表决，各人偏好程度如下所示：

甲：A>B>C

乙：B>C>A

丙：C>A>B

根据少数服从多数原则，三人中只要有两人赞同即可。甲和丙认为A优于B，那么B就会被放弃，留下A与C进行比较，乙和丙认为C优于A，那么C就获得最终通过。

（四）博尔达计数

博尔达计数是指按投票者的偏好顺序，给数个备选方案中的每一个打分，分值从1到M，分数最高为M，最少为1，然后把每一个方案的所有得分加总，最高得分的方案通过。即首先给每个备选方案按照偏好次序依次排列打分，得最高分数者胜出。

这种多数决定的方法也被称之为“偏好次序表决法”，即先由各成员对备选方案标明其偏好，然后由群体运用加权计算法排出各方案的优劣顺序，并做出最后的选择。

二、投票悖论

一般情况下，多数票规则会导致均衡结果的出现。例如，甲、乙、丙三个投票人对公共支出中的三种方案A、B、C偏好如下所示：

甲：A>B>C

乙：C>B>A

丙：B>C>A

运用孔多塞准则，考虑三种表决程序：第一，如果投票人先在A和B之间进行选择，A和B票数为1∶2，B方案获胜；接着投票人在B和C之间进行表决，B和C票数为2∶1，仍然B方案获胜；因此最后结果是B获胜。第二，如果换一下投票顺序，投票人先在B和C之间进行选择，B和C票数为2∶1，B方案获胜；接着投票人在A和B之间进行表决，A和B票数为1∶2，仍然B方案获胜；最后结果也是B获胜。第三，再换一下投票顺序，投票人先在A和C之间进行选择，A和C票数为1∶2，C方案获胜；投票人再在B和C之间进行表决，B和C票数为2∶1，最终结果也是B获胜。三种不同投票顺序下，结果都是B方案胜出，这一结果与投票顺序无关。

然而，多数票规则并不都能产生稳定的均衡结果。只要改变偏好结构和投票顺序，结果也会随之改变。例如，上例中，甲、乙、丙三个投票人对公共支出中的三种方案A、B、C的偏好改变如下所示：

甲：A>B>C

乙：C>A>B

丙：B>C>A

按照前面相同的分析，三个方案两两投票，同样三种投票顺序：第一，如果投票人先在A和B之间进行选择，A方案获胜；接着投票人在A和C之间进行表决，C方案获胜；最后结果是C获胜。第二，如果投票人先在B和C之间进行选择，B方案获胜；接着投票人在A和B之间进行表决，A方案获胜；最后结果A获胜。第三，再换一下投票顺序，投票人先在A和C之间进行选择，C方案获胜；投票人再在B和C之间进行表决，最终结果 B 获胜。由此可见，三种不同投票顺序下，三种方案都可能获胜，并不会出现投票均衡的结果，最终的结果只是依赖于投票顺序。

虽然单个个人的偏好是一致的，但在多数票规则下却得不出一致的集体偏好。这种现象称为投票悖论，由于它最早是由孔多塞发现的，所以又称孔多塞悖论（Condorcet's paradox）。投票悖论表明，在多数票规则下，操纵投票程序可以控制最终投票结果，这就构成了多数票规则的巨大缺陷。由于多数票规则是最普遍的投票规则，这就给公共选择的效率打了一个问号。

投票悖论只在备选方案超过两个时才有可能发生，在只有一个或两个备选方案时，多数票规则是可以获得投票均衡的。在实际中，投票悖论出现的可能性大小与投票人数和备选方案数有关，投票人数越多或备选方案越多，出现投票悖论的概率就越大。

三、单峰定理

在多数票规则下，可能达成投票均衡，也可能出现投票悖论。阿罗不可能定理更是在理论上深刻表明了多数票规则的缺陷。研究发现，只要在阿罗的五个条件中放弃一个，就可以构筑起一个规则，在这五个条件中最受批评的是无限制域条件。布莱克在 1958 年提出了，通过适当限制个人偏好顺序，可以产生一种均衡的投票结果，摆脱孔多塞的投票悖论，从而引出单峰偏好（single-peaked preferences）和中间投票人定理（the median voter theorem）。

投票悖论的出现，与投票人的偏好结构有关。在投票人的偏好都是单峰偏好的情况下，投票悖论就不会发生，在多数票规则下将出现一个均衡的结果。这里所谓的“峰”，指的是在投票人的偏好顺序中最受偏好的从而效用最高的一个点，该点所有相邻的点的效用都低于它。假如投票人离开这个最受偏好的“峰”点之后，其他方案的偏好程度都依次降低，则称其为单峰偏好。它好比是只有一座山的山峰一样。如果效用没有依次降低，即投票人离开“峰”点之后，其效用先下降后上升（或多峰），出现了第二峰，则称之为双峰（或多峰）偏好。

如果我们把甲、乙、丙三个投票人对 A、B、C 三个方案的偏好描绘出来，即为投票人对三个方案的偏好顺序，如图 5-2 和图 5-3 所示。可以看出，在达成均衡结果的投票者偏好的情况下，图 5-2 表明三个投票者都具有单峰偏好。而在出现投票悖论的投票者偏好中，如图 5-3 所示，投票者乙具有双峰偏好。

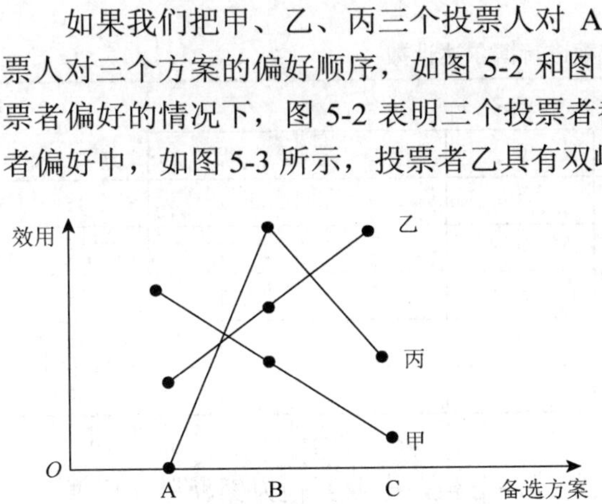

图 5-2 单峰偏好

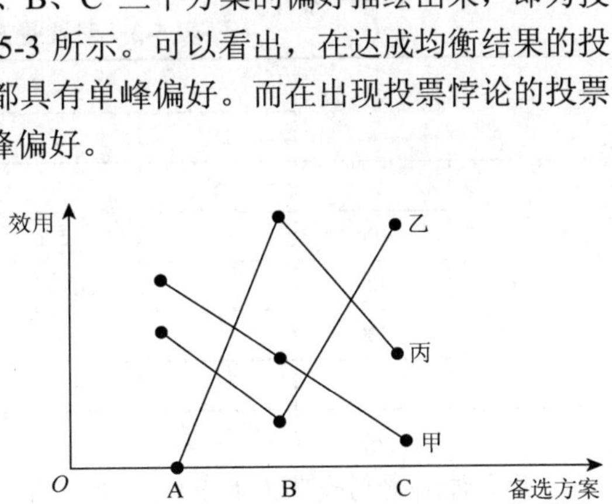

图 5-3 双峰偏好

由此可见，投票悖论的出现与成员的双峰偏好有关。如果所有投票人都是单峰偏好，在多数票规则下一定能产生唯一的均衡结果，而不会出现投票悖论，这被称为单峰定理。看来，如果放松阿罗的无限制域条件，而对个人偏好顺序给以适当限制，相对的民主选择是可以实现的。

四、中间投票人定理

在单峰定理的基础上，布莱克还进一步证明了，当所有投票人的偏好都是单峰的情况下，在多数票规则下，投票均衡的结果将是中间投票人的方案获胜，这就是中间投票人定理。所谓“中间投票人”，指的是在所有投票者中偏好居中的那个投票人，即一半投票人对某方案的偏好比他强，而另一半比他弱。

在投票过程中尽管会出现各种各样的影响投票结果的不确定因素，但处于所有投票者最优偏好结果的中间投票人最偏好的公共品或劳务提供的量，往往是多数规则下的政治均衡，这也被称为中位选民定理。

假定有五位投票者：A、B、C、D、E。他们正在为大家举办一个聚餐而进行决策，每个人对于这个聚餐的规模的偏好都是单峰的。表 5-1 给出了每个人都最偏好的水平。

表 5-1 聚餐支出偏好水平

投票者	开支/元
A	50
B	100
C	200
D	300
E	500

根据博尔达计数按投票者的偏好顺序，给备选方案中的每一个打分，然后把每一个方案的所有得分加总，最高得分的方案通过（表 5-2）。

表 5-2 对聚餐方案进行博尔达计数

分值		投票者					得分
		A	B	C	D	E	
方案	50	5	4	3	2	1	15
	100	4	5	4	3	2	18
	200	3	4	5	4	3	19
	300	2	3	4	5	4	18
	500	1	2	3	4	5	15

不难看出中间投票人 C 的最偏好方案获得最高分值，击败其他方案获胜。这就是中间投票人定理，如图 5-4 所示。

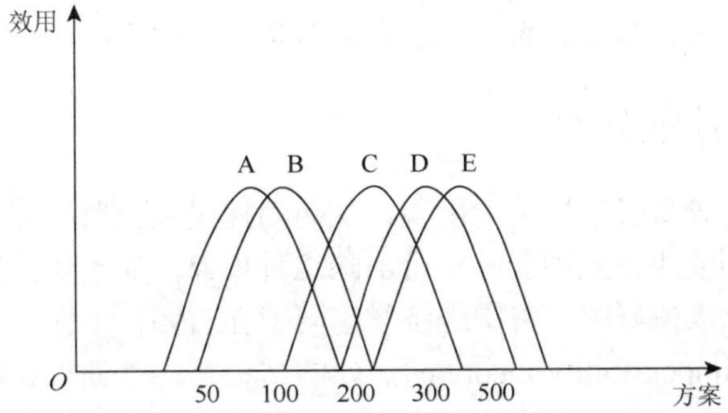

图 5-4 中间投票人定理

必须注意的是，中间投票人定理并不是在任何情况下都成立的。它是以投票人具有单峰偏好为前提的。因此，中间投票人定理是在单维下，即只在一种公共品不同数量之间进行选择时才成立的。如果投票人面临的是多维选择，则无法获得投票均衡。

五、互投赞成票

多数票规则可能会发生一个问题，这就是它没有让人们去显示自己对某一方案持有多强烈的喜恶程度。一个特定的投票者在 A 方案与 B 方案之间，不论是勉强认为 A 比 B 好，还是强烈地偏袒于 A，这都不会影响表决的结果。互投赞成票就是允许投票者可以交易，从而让人们显示出其对各种不同方案会有多强烈的偏好。

互投赞成票，又称为投票交易，它是多数投票规则中的合作行为。即一投票者在投票赞成自己强烈偏好的议案的同时，也赞成与自己关系不大甚至稍有损害而对另一投票者至关重要的议案，以换取该投票者对自己强烈偏好议案的支持。互投赞成票的前提是人们对每一项议案的成本收益分析的结果是不同的。参与者之间对不同议案的不同偏好程度是公开的。

人们对投票交易是有争议的。支持者认为，与私人品中的商品交易会导致有效的私人品提供一样，通过投票交易，也会导致有效的公共品的提供。他们强调，这种投票交易有可能显示偏好强度，从而建立一种稳定的均衡。而且，隐蔽在投票交易中的妥协对于一种民主体制的运作来说，是必不可少的。

而互投赞成票制度的反对者则强调，互投赞成票存在一些问题：第一，由于交易总是限于一定规模的投票者，对那些没有参与交易的投票者而言，其个人收益很可能由于这些交易而受到严重损害。所以，投票交易不利于社会福利的提高。第二，参与投票的投票者可能隐瞒或公开错误的偏好信息，以骗取交易机会，从而难以判断互投赞成票的社会福利后果。

六、间接民主制

在民主制度下，间接民主是更为普遍的决策方式，即通过广大选民投票选举出少数人作为代表，由这些代表对备选方案进行表决，然后由政府（官员）实施，提供公共品，因此存在较为复杂的主体行为及其相互关系。这些行为主体，如选民、政治家（政党）、官员、利益集团复杂的行为及关系我们已在本章第三节中进行了详细介绍。

七、阿罗不可能定理

多数票规则可能导致投票悖论的出现，从而动摇民主投票制度的有效性。那么，是否存在一种政治机制或决策规则能够完全消除这种现象，能不受投票程序的影响，而达到均衡并真实反映个人偏好呢？美国经济学家阿罗在 1951 年提出了著名的“阿罗不可能定理”（Arrow’s impossibility theorem），他的结论是：“如果我们排除效用人际比较的可能性，各种各样的个人偏好次序都有定义，那么把个人偏好总合成为表达社会偏好的最理想的方法，要么是强加的，要么是独裁性的。”他认为如果众多的社会成员具有不同的偏好，而社会又有多种备选方案，那么在民主的制度下不可能得到令所有的人都满意的结果。

阿罗的不可能定理源自孔多塞的“投票悖论”，他认为，在民主社会中，一个集体决策规则应满足如下条件。

1. 理性条件

这涉及个人偏好的完备性和可传递性。对任何一组既定的社会偏好而言，社会选择规则都必须能够产生一种完整的和可传递的社会秩序。完备性是指在每两个备选项中，总有一个比另一个更加理想或者两者没有什么区别。可传递性是指如果 X 优于 Y，Y 优于 Z，那么 X 肯定优于 Z。完备性强调的是选项之间的差异性，而可传递性强调的是选项之间的排序规律。

2. 独立性

独立性即不相关备选的独立性。针对两个备选方案进行选择，决策结果只取决于人们对这两个选项的偏好，而不是其他的因素。例如，如果选择是在 X 和 Y 之间进行，即使 X 和 Z 之间的关系发生了变化，那么这一变化对 X 和 Y 的排序是没有影响的。正是因为如此，阿罗坚持认为，社会偏好排序应当源于个人偏好的排序，也就是说，如果备选方案没有发生变化，而选择的结果发生了变化，这一变化的原因只能是某个人的偏好发生了变化。

3. 帕累托最优

如果每个社会成员都认为 X 优于 Y，那么集体选择的结果也应该是 X 优于 Y。

4. 无限制域

无限制域也称为“无约束域”“非强加性”。任何单个个人选择的自由是不受限制的，即允许个人持有任何可能的偏好顺序，而社会偏好顺序是从所有可能的不受限制的个人偏好顺序中推出来的，而不是靠限制个人偏好顺序的范围来获得的，即社会福利函数不应是强加的。

5. 非独裁性

不存在任何个人（或一部分人）代替其他人选择的可能性，即任何个人（或一部分人）都不能把他的偏好强加于他人并形成社会偏好。如果存在一个独裁的个人，那么只

要他坚持认为 X 优于 Y，不论其他人的偏好是什么，他的选择就是社会选择，即社会选择的结果是 X 优于 Y。而非独裁性强调的是不存在这样一种状况。

上述五个假设条件应该被认为是民主社会集体决策下可被普遍接受的合理条件。但是，阿罗通过数学证明了至少存在三个备选方案的情况下，不可能存在一个能够满足上述条件的任何集体决策规则。阿罗不可能定理说明，依靠简单多数的投票原则，要在各种个人偏好中选择出一个共同一致的顺序，是不可能的。这样，一个合理的公共品决定只能来自一个可以胜任的公共权力机关，要想借助于投票过程来达到协调一致的集体选择结果，一般是不可能的。

本章小结

公共选择理论是对非市场决策的经济学研究，即把经济学运用于政治科学的分析。政治市场的主体包括选民、利益集团、政治家、官员，要研究各方如何达成政治均衡。

公共选择下的财政决策，面临如何显示偏好、如何把偏好加总的问题。财政决策机制可以采用直接民主制和间接民主制。如果某些选民的偏好不是单峰的，就可能出现投票悖论。

阿罗不可能定理说明不可能存在一种决策规则，能同时满足符合现代民主制度的一些合理条件，从而否定了社会福利函数的真实存在。民主投票尽量满足中值选民的偏好。

虽然市场失灵需要政府介入，但是信息不完全、官员都是经济人追求预算最大化、寻租出现等导致政府也会失灵。政府不是万能的，必须通过一定程序对政府予以监督。

➢复习思考题

1. 什么是公共选择及公共选择理论？
2. 什么是多数人暴政？
3. 互投赞成票会存在什么问题？

➢案例分析

某市对出租车实行营业执照管制。首先政府用发放有限数量的经营执照人为限制出租车的数量，使得市场上出租车数量少于自由竞争水平，牌照管理带来了第一层次寻租。其次，既然政府官员可以决定牌照的管制，那么争取这个职位形成了第二层次的寻租活动。最后，超额收入以执照费的形式转化为政府财政收入，争夺这部分财政收入形成了第三层次的寻租。

资料来源：作者自行整理而成

思考问题：

请分析政府这一行为，并谈谈它将造成的问题？

第二篇 支 出 篇

财政支出概述

➢ 引言

财政支出是公共活动的一个重要方面。公共财政对经济的影响作用主要表现在财政支出上，财政干预、调节经济的职能也主要是通过财政支出来实现的。财政支出的数额和结构反映着政府介入经济活动和社会活动的规模、深度和方向，也反映着公共财政在经济生活和社会中的地位。通过本章学习我们可以了解财政支出的一般规律，对我国财政支出总体规模有一定了解。

第一节　财政支出的概念与分类

一、财政支出的概念

财政支出是一级政府在一定时期内为了实现财政职能所花费的社会资源的总和。财政支出是政府将集中起来的货币资金，有计划地分配到各种用途中去的过程。通过财政资金的支出，满足整个社会在生产和公共部门等各方面活动的资金需要，从而实现政府的各项职能服务。因此，财政支出是财政分配的重要环节，它反映了政府的政策，规定了政府活动的范围和方向。

二、财政支出的分类

（一）按职能分类

按照国家职能对财政支出进行分类，是财政支出的一种理论分类标准，但据此将财政支出分为哪些类别则没有一个统一的结论。从西方财政学著作来看，有的将财政支出分为国防支出、管理支出、经济支出和社会支出四类；有的将财政支出分为国防支出、外交支出、司法支出、教育支出、经济建设支出、医疗保健支出等类别；有的将财政支出分为国防支出、国际事务支出、一般科学空间与技术支出、能源支出、自然资源与环境支出、农业支出、商业与住房信贷支出、社会保障支出、司法支出、一般政府支出、运输支出、社区与区域发展支出、教育培训就业与社会服务支出、保健支出、收入保障支出、退伍军人补助支出、利息支出等十几类；等等。我国财政学者在几十年的财政理论研究中，对财政支出按照国家职能的分类也有不同的表述：有的学者将财政支出分为国防支出、行政管理支出、科教文卫等事业支出、公共工程支出、社会保障支出、财政补贴支出、财政投资支出等类别；有的学者将财政支出分为经济建设支出、社会文教支出、国防支出、行政管理支出、债务支出、其他支出等类别；等等。把财政支出与国家职能相联系，并按国家职能进行分类，便于从财政的角度了解、分析政府活动在整个社会经济生活中的范围、方向、目的及其深度。具体而言，从纵向考察，可以揭示一国国家职能的变化发展；从横向考察，可以反映不同国家的国家职能的差别。

1. 2007 年以前我国财政支出按政府职能分类

2007 年以前，我国依据国家职能的划分方法与国际货币基金组织的分类法比较接近，其将财政支出区分为经济建设费、社会文教费、国防费、一般公共服务费和其他支出五大类。

（1）经济建设费。其包括基本建设拨款支出，国有企业挖潜改造资金，科学技术三项费用（新产品试制费、中间试验费、重要科学研究补助费），简易建筑费支出，地质勘探费，增拨国有企业资金，支援农村生产支出，工业、交通、商业等事业部门的支出，城市维护费用的支出，国家物资储备支出，城镇青年就业经费支出，抚恤和社会福利救济费支出等。

（2）社会文教费。其包括用于文化、教育、科学、卫生、出版、通信、广播、文物、体育、地震、海洋、计划生育等方面的经费、研究费和补助费等。

（3）国防费。其包括各种武器和军事设备支出，军事人员给养支出，有关军事的科研支出，对外军事援助的支出，民兵建设事业费支出，用于实行兵役制的公安、边防、武装警察部队和消防队伍的各种经费，防空经费等。

（4）一般公共服务费。其包括用于国家行政机关、事业单位、公安机关、司法机关、检察机关、驻外机构的各种经费、业务费、干部培训费等。

（5）其他支出。

2. 2007 年以后我国财政支出按功能分类

2007 年以后，我国按照国际通行做法，同时使用支出功能分类和支出经济性质分类两种方法对财政支出进行分类。

1）按财政支出功能分类

按照支出功能分类，就是按政府主要职能活动进行分类。按照国际货币基金组织的分类方法财政支出一般分为：①一般公共服务；②国防；③教育；④保健；⑤社会保障和福利；⑥住房和社区生活设施；⑦其他社区和社会服务；⑧经济事务；⑨无法归类的其他支出。其中，①和②主要为了实现政治职能，③～⑦主要为了实现社会职能，⑧主要为了实现经济职能。

按照我国修订后的《2014 年政府收支分类科目》，我国的财政支出功能分类科目包括：一般公共服务、外交、国防、公共安全、教育、科学技术、文化体育与传媒、社会保障和就业、社会保险基金支出、医疗卫生与计划生育支出、节能环保、城乡社区事务、农林水事务、交通运输、资源勘探信息等支出、商业服务业等事务、金融支出、援助其他地区支出、国土资源气象等支出、住房保障支出、粮油物资储备事务、预备费、国债还本付息支出、其他支出和转移性支出等26类。这26类支出既覆盖了政府的主要职能活动的支出项目，又是对国际货币基金组织财政支出功能分类的进一步细化。

2）按财政支出经济性质分类

这种分类是按支出的经济性质和具体用途所作的一种分类。在支出功能分类明确反映政府职能活动的基础上，支出经济性质分类明确反映政府的钱究竟是怎么花出去的。国际货币基金组织的经济开支可以分为三类：经常开支、资本开支和净贷款。

（二）按经济性质分类

这种分类方法将财政支出划分为购买性支出和转移性支出。

1. 购买性支出

购买性支出指政府以购买者的身份直接在市场上购买所需商品和劳务的支出。包括购买政府进行日常活动所需商品和劳务的支出，也包括购买用于政府进行投资所需商品和劳务的支出。前者包括政府用于国防、外交、行政、司法等方面的支出，后者包括政府用于道路、桥梁、港口、码头等方面的支出。购买性支出表现为政府参与市场交换的规模，政府的市场购买会扩大和增加社会需求，直接刺激社会生产的规模扩大，引起生产结构的变动与调整，成为拉动社会总需求的重要因素。当然，购买性支出增加也表明政府对经济资源所有权的扩大，政府和政府支配的企业所吸纳的经济资源越多，私人部门所能运用和掌握的资源就相对越少，这就是所谓公共支出对私人活动的排挤效应。所以，有人认为政府的购买性支出在经济衰退时适当增加是有必要的，但在一般情况下不宜过大以避免出现排挤效应。

虽然各个项目购买性支出的具体用途各不相同，但它们都具有两个明显的共同点：一是政府与其他经济主体一样，在安排这类支出时，是在市场上从事等价交换的经济活动，即政府支付的财政资金都获得了价值相等的商品和劳务；二是政府通过消耗其所购买的商品和劳务向社会提供各种各样的公共品来履行其各项职能。这样，政府就直接消耗了一部分社会经济资源。因此，有时也把购买性支出称为消耗性支出。

2. 转移性支出

转移性支出是政府按照一定的方式，将一部分财政资金无偿地转移给居民和组织，而不取得相应的商品和劳务。政府对居民的转移性支出主要包括社会保障金的支出、低收入贫困家庭的资助和救济等；对组织的转移性支出包括对社会团体、公司企业的补助和对外国政府与国际组织的捐赠等。转移性支出增加显然不是政府拥有的资源所有权的扩大，也不意味着政府和公共部门占用和运用的资源增加。但是它可以增加一部分居民和一些企业、团体的收入，可以直接改变社会财富的分配结构和国民收入的分配比例，有助于解决社会收入分配不公平问题，政府安排这类支出时，既不存在经济交换——政府获得等价物的问题，也不存在政府占有并消耗经济资源的活动，尽管这类支出也履行了政府的某些职能。事实上，转移性支出所体现的是一种以政府和政府财政为主体，并以它们为中介人，在不同社会成员之间进行经济资源再分配的活动。因此，市场经济国家在国民经济核算中将这类支出排除在国内生产总值或国民收入之外。

财政支出的按经济性质分类对于分析财政支出对国民经济运行所发挥的作用具有

十分重要的意义。就购买性支出而言，政府以商品和劳务需求者的身份出现在市场上，运用其所掌握的财政资金与其他经济主体所提供的商品和劳务相交换，直接占有并消耗一部分经济资源，其本身就是当期社会总需求的一个有机组成部分。因此，这类支出对于整个社会的生产和就业会产生直接的影响。虽然它对于国民收入的分配也会产生影响，但这种影响是间接的。就转移性支出而言，政府将其所掌握的一部分财政资金无偿转移给居民、企业和其他受益者，政府既不直接购买商品和劳务，也不直接占有并消耗与该支出等价的经济资源。

直接购买商品和劳务，直接占有并消耗与该支出所对应的经济资源的主体是该支出的直接接受者，他们消耗经济资源的量将受其边际消费倾向大小的影响。这样，转移性支出只能被间接、部分地列入当期总需求中，因此，这类支出对国民收入的分配会产生直接的影响，而对生产和就业产生的影响则是间接的。从总体上看，在财政支出总额中，如果购买性支出所占的比重较大，说明财政活动对生产和就业产生的直接影响较大，财政所能直接配置的经济资源规模也较大，此时的财政主要执行资源配置职能和经济稳定职能；如果转移性支出所占的比重较大，说明财政活动对国民收入分配产生的直接影响较大，此时的财政主要执行收入分配职能。

（三）按部门分类

财政支出按部门分类指的是财政资金在各个政府部门之间的配置结构，即各个部门支出的情况。通过这种分类有利于政府对各职能部门的发展进行协调，监督检查部门支出的效果，如外交部、国防部、建设部、文化部、教育部、卫生部等部门支出效果。

（四）按政府层级分类

财政支出按政府层级分类包括中央政府财政支出和地方政府财政支出，根据政府在经济和社会活动中的不同职责，划分中央和地方政府的责权，按照政府的责权划分确定支出。中央财政支出包括国防支出、武装警察部队支出、中央级行政管理费和各项事业费、重点建设支出，以及中央政府调整国民经济结构、协调地区发展、实施宏观调控的支出。地方财政支出主要包括地方行政管理和各项事业费，地方统筹的基本建设、技术改造支出，支援农村生产支出，城市维护和建设经费，价格补贴支出等。

第二节　财政支出的规模分析

一、财政支出规模的衡量标准

财政支出规模可以理解为财政支出的总水平，它反映了政府在一定时期内集中、占有和使用的经济资源量及由此而形成的财政与其他经济主体之间的各种经济关系，体现了政府财政在资源配置、收入分配、经济稳定方面发挥作用的规模和力度。衡量财政支出规模通常可以使用两个指标：绝对指标和相对指标。财政支出规模的绝对指标是指政府支出预算中的绝对金额，即财政支出总额，它能够比较直观地反映财政支出的现状和变化情况。正因为如此，人们在提及财政支出的规模及其变动时一般都是指财政支出的绝对额。财政支出规模的相对指标是指财政支出金额与其他相关经济指标的比值。因为财政支出金额与其他经济指标之间存在着密切的内在联系，分析比较这些比值及其变化，更有助于对财政支出规模进行了解和掌握。财政支出规模的相对指标一般有两个：一是财政支出总额与 GDP 的比值。这一指标反映了 GDP 中政府集中和支配的数额，表明了社会总的经济资源在公私部门中配置的基本比例。二是主要财政支出项目金额与 GDP 的比值，主要是消耗性支出与 GDP 的比值。消耗性支出与 GDP 的比值反映了下述情况：第一，政府实际消耗的经济资源量；第二，政府购买的商品和劳务量；第三，政府提供的公共品和劳务量。其中，第一个指标是衡量财政支出规模最基本的相对指标。

需要指出的是，在衡量财政支出规模时，不论是使用绝对指标还是使用相对指标，都应考虑物价变化的影响。虽然形成财政支出的财政收入来自 GDP，似乎物价变动同时影响作为分母的 GDP 和作为分子的财政支出，从而两者的比值与物价的变动并没有什么关系，但是，对 GDP 与财政支出及财政支出的有关具体项目进行物价调整时可能使用不同的物价指数，结果往往会造成物价调整前后财政支出与 GDP 的比值不一致。一般来说，经过物价调整后的比值，可以更好地衡量政府对经济资源的实际占有使用情况，而未经过物价调整的比值，则可反映出财政支出占 GDP 的份额。

下面运用绝对指标和相对指标，分别从绝对量和相对量两个方面分析财政支出规模的变化情况。

（一）财政支出规模绝对量的变化

统计资料表明，世界各国尽管财政支出的数额大小不一，财政支出的变化幅度不尽相同，但支出的绝对额呈不断增长的趋势则是事实。就我国而言，如表 6-1 所示，改革开放之初的 1978 年，国家财政支出为 1122.09 亿元，到 2014 年财政支出已达到 151 662.00 亿元，30 多年财政支出增加了 135.16 倍，年均递增率为 13.74%。

表 6-1 中国财政支出增长情况

年份	GDP/亿元	财政支出/亿元	财政支出占 GDP 的比重/%
1978	3 645.2	1 122.09	30.8
1980	4 545.6	1 228.83	13.6
1985	9 016.0	2 004.25	22.2
1990	18 667.8	3 083.59	16.5
1995	60 793.7	6 823.72	11.2
2000	99 214.6	18 902.58	16.0
2001	109 655.2	18 902.58	17.2
2002	120 332.7	22 053.15	18.3
2003	135 822.8	24 649.95	18.1
2004	159 878.2	28 486.89	17.8
2005	184 937.4	33 930.28	18.4
2006	216 314.4	40 422.73	18.7
2007	265 810.3	49 781.35	18.7

续表

年份	GDP/亿元	财政支出/亿元	财政支出占 GDP 的比重/%
2008	314 045.4	62 592.66	19.9
2009	340 902.8	75 874.00	22.4
2010	401 512.8	89 575.00	22.4
2011	472 881.6	108 930.00	23.1
2012	519 322.0	117 209.75	24.2
2013	588 019.0	139 700.00	23.8
2014	636 463.0	151 662.00	23.8

资料来源：《中国统计年鉴 2014》

（二）财政支出规模相对量的变化

财政支出规模的变化不仅表现在支出绝对额的不断增长上，而且还表现在支出占 GDP 比重的不断提高上。如表 6-1 所示，我国的财政支出由 1978 年的 1122.09 亿元增加到 2014 年的 151 662.00 亿元，同期 GDP 由 3645.2 亿元增加到 636 463.00 亿元，财政支出占 GDP 的比重由 30.8%降低到 23.8%。从数字上看，我国政府配置经济资源的比重是下降了，但若考虑到政府在预算外甚至制度外集中的资金，政府配置经济资源的比重应该也是不断增加的。

二、财政支出规模增长的发展趋势——瓦格纳法则及其解释

（一）瓦格纳法则

瓦格纳法则解释为：随着人均收入的提高，财政支出占 GDP 的比重也相应随之提高，如图 6-1 所示。

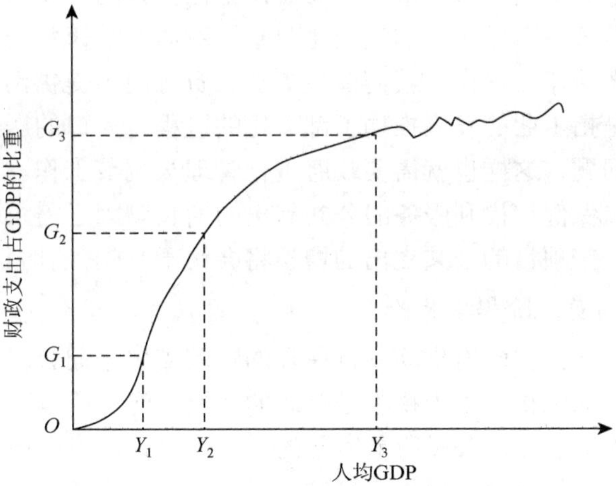

图 6-1 瓦格纳法则解释图

19 世纪 80 年代德国著名经济学家瓦格纳在对许多国家公共支出资料进行实证分析的基础上得出著名的瓦格纳法则。当国民收入增长时，财政支出会以更大比例增长。随

着人均收入水平的提高，政府支出占 GDP 的比重将会提高，这就是财政支出的相对增长，这一思想是瓦格纳提出的，又被后人归纳为瓦格纳法则。

在早期的资本主义经济中，财政支出占 GDP 的比重是比较小的，那时，资产阶级提倡个人自由，主张国家采取放任政策，对私人生活和私营企业的经营活动不加干预，国家的职能基本上限于所谓的“维持社会秩序”和“保卫国家安全”，在经济、文化、社会等方面很少有所作为。随着资本主义基本矛盾的发展和激化，资本主义国家政府为了维持经济发展和克服日益频繁的经济危机，加强了对经济的干预。同时，为了防止社会动荡越演越烈，不得不设法提高广大劳动人民的生活水平并提供基本的社会保障，由此而导致财政支出日益膨胀。另外，GDP 的增长、筹措财政收入的措施的加强及增发公债作为弥补支出的手段成为可能，也从财源方面支持了财政支出的膨胀。从实行市场经济的其他发展中国家，也可以发现类似的支出不断膨胀的趋势。当然，财政支出占 GDP 比重的增长不是无止境的，当经济发展达到一定阶段则相对停止、相对稳定。

对于支出不断膨胀的趋势，许多学者做了大量的研究工作，其中尤以 19 世纪德国经济学家瓦格纳最为著名，他的研究成果被称为“瓦格纳法则”。但瓦格纳关于公共支出增长的含义究竟是指公共支出在 GDP 中的份额上升，还是指它的绝对增长，这一点在当时并不清楚。按照马斯格雷夫的解释，瓦格纳法则指的是公共部门的相对增长。

（二）瓦格纳法则的解释

1. 瓦格纳本人解释：政府活动扩张论

瓦格纳的结论是建立在经验分析基础之上的，他对 19 世纪的许多欧洲国家和日本、美国的公共部门的增长情况做了考察。他认为，现代工业的发展会引起社会进步的要求，社会进步必然导致国家活动的增长。他把导致政府支出增长的因素分为政治因素和经济因素。所谓政治因素，是指随着经济的工业化，正在扩张的市场与这些市场中的当事人之间的关系会更加复杂，市场关系的复杂化引起了对商业法律和契约的需要，并要求建立司法组织执行这些法律，这样，就需要把更多的资源用于提供治安的和法律的设施。所谓经济因素，则是指工业的发展推动了都市化的进程，人口的居住将密集化，由此将产生拥挤等外部性问题，这样也就需要政府进行管理与调节工作。此外，瓦格纳把对于教育、娱乐、文化、保健与福利服务的公共支出的增长归因于需求的收入弹性，即随着实际收入的上升，这些项目的公共支出的增长将会快于 GDP 的增长。

2. 皮科克和威斯曼：阶梯增长论

皮科克和威斯曼认为，政府喜欢安排更多的财政支出来向公民提供更多的公共品，而公民都不愿意更多的纳税，由于税收是财政的主要来源，所以政府在确定预算规模时必须考虑公民对税收的态度。公民所能容忍的税收水平是政府财政支出的最高限额和约束条件。虽然公民在所能容忍的税收水平这一财政支出约束条件，但它与财政支持的增长并不矛盾。他们从社会经济发展的正常时期与非正常时期的转换来论证两者不矛盾的原因所在。

在社会经济发展的正常时期，随着经济的增长和国民收入的增加，即使不增加税种、不提高税率，税收收入也会增加，从而使财政支出随着经济的增长而增加。因此，在正常时期，财政支出呈现逐渐上升的趋势。

在社会经济发展的非正常时期，如出现战争、饥荒和其他社会灾害，由于以下三种效应发生作用，财政支出规模也会不断增长。

（1）替代效应。在非正常时期，战争等非正常事件往往迫使政府财政支出急剧增加。为此，政府不得不提高税收水平以筹措财政资金。在关系社会稳定、国家生死存亡的关键时期，尽管政府的税收超过了或远远超过了公民所能容忍的税收水平，但公民也是能够接受的。此时，替代效应发生了作用，即新的较高的税收水平替代了旧的较低的税收水平，政府支出替代了私人支出。

（2）集中效应。在非正常时期，中央政府往往会扩大其职责以便应付和处理各种非正常事件。此时，中央政府的收支也会相应增加，而地方政府的职责和收入则会相应收缩，这就是集中效应。集中效应的存在也在某种程度上促进了财政支出的增长。

（3）检查效应。在战争结束、社会灾害消除、社会经济恢复正常后，财政支出并不会下降到原来正常时期的水平。原因是：第一，战争给战后遗留公债的偿还、阵亡将士家属的抚恤、伤残军人的照顾等财政支出项目；第二，经过非正常时期后，政府和公民寻求解决社会问题而需增加财政支出，保证社会更加稳定。政府会在恢复正常后扩大其职能，增加财政支出，解决社会存在的一些不稳定问题。

皮科克和威斯曼关于财政支出规模不断增长原因的理论解释可归纳为：尽管财政收入是财政支出的约束条件，但在社会经济发展的正常时期，财政支出会随着经济的增长而增长；在社会经济的发展的非正常时期，财政支出会猛增，而恢复正常后，财政支出并不会退回到原来的正常水平（图 6-2）。

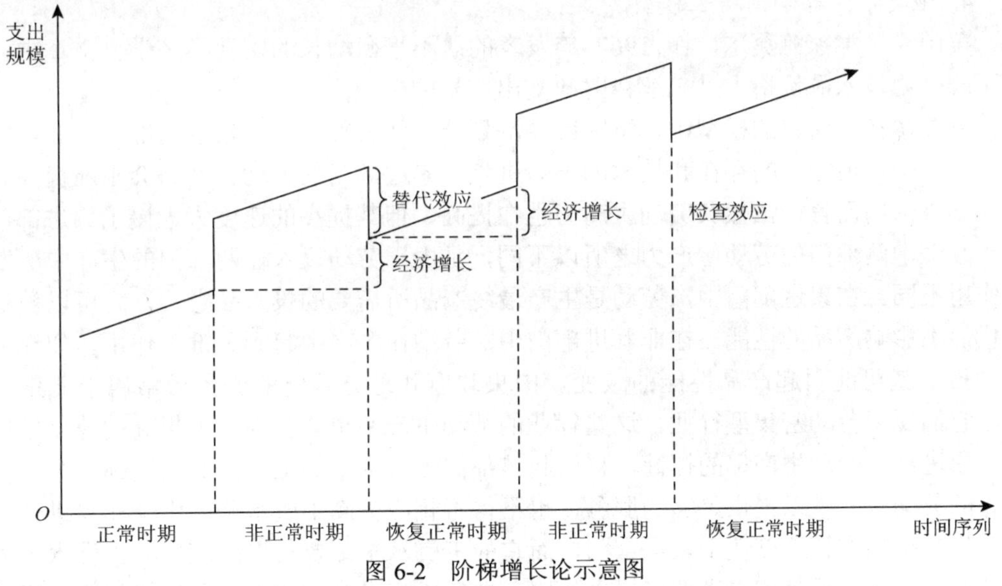

图 6-2 阶梯增长论示意图

3. 罗斯托和马斯格雷夫：经济成长阶段论

罗斯托是美国经济学家和经济史学家，“经济成长阶段论”的代表人物。马斯格雷夫是美国经济学家、财政学家。尽管人们因为他们两人都用经济发展的阶段来解释财政支出增长的原因而将他们关于财政支出增长的理论统称为“公共支出增长的发展模型”，但实际上他们的理论解释还是有较大差别的。

罗斯托把传统经济到现代经济发展过程分为传统社会阶段、为起飞创造前提阶段、起飞阶段、向成熟推进阶段、大量消费阶段和追求生活质量阶段六个阶段。他认为，在经济发展的早期阶段，政府投资在社会总投资中占较大份额，这是因为政府要为经济发展提供道路、运输系统、卫生系统及司法和人力投资等社会基础设施。政府在这些方面的投资对于促进处于经济发展早期阶段的国家进入发展的中期阶段是必不可少的；在经济发展的中期，政府投资仍需继续进行，但此时的政府投资只是对私人投资的补充。由于在经济发展的各个阶段都存在市场缺陷，所以政府对经济的干预是不可少的；当经济发展到成熟阶段后，政府支出的重点将从对基础设施支出转向不断增长的教育、保健、福利、环保、住宅建设、文化娱乐等方面，并且政府在这方面支出的增长将大大超过其他方面支出的增长。

马斯格雷夫认为，影响财政支出增长与否的因素很多，如人均收入的增长、技术变化、人口变化、城镇化等。他分析了人均收入的增长对政府投资增长的影响，也认为在经济发展的早期，政府投资在社会总投资中占有较大的比重，政府在基础设施方面的投资为经济向更高阶段发展奠定了基础。但他认为在以后的时期里，政府投资在社会投资中的比重将会逐渐下降。

总之，公共支出增长的发展模型对财政支出规模增长的理论解释大体可以归纳为：在经济发展的不同阶段都有增加财政支出的客观要求，因此，财政支出呈不断增长的趋势。

4. 鲍莫尔：非均衡增长模型

美国经济学家鲍莫尔，在 1967 年发表的《不平衡增长的宏观经济学》文章中，建立了一个用投入品价格上升来解释财政支出增长的模型。

鲍莫尔在其所建的模型中，将国民经济划分为两大部门，即累进的部门和非累进的部门。由于规模经济的存在和技术的不断进步，累进部门的劳动生产力会不断提高。对于非累进部门而言，虽然其劳动生产力也在提高，但其提高的速度大大慢于累进部门。

经济中两部门的劳动生产力之所以不同，是由于劳动投入在两部门的生产中所发挥的作用不同。在累进部门中，劳动是生产最终产品所需要的投入品之一，它可以被资产替代而不影响产品的性能。在非累进部门中，劳动在生产中起到关键性作用，如果减少劳动投入就可能引起产品性能的改变。中央政府和地方政府的服务通常属于非累进部门，它们属于劳动密集型行业，这些行业的劳动生产率也会提高，但提高的速度较慢。

累进部门劳动生产率的提高，将引起该部门工资水平的上升，非累进部门为了得到应有的劳动投入量以提供足够的服务，也不得不相应提高工资水平。由于非累进部门的劳动生产率的增长速度慢于累进部门，而它的工资水平却要与累进部门的工资水平大体保持相同，其结果是非累进部门提供的服务单位成本上升。如果非累进部门提供服务的量没有发生变化而单位成本却上升了，则该部门的总成本也会上升。

由于鲍莫尔是从累进部门与非累进部门劳动生产率的差异导致单位成本的不同来分析

财政支出增长的，所以他的理论被人们称为“非均衡增长模型”或“非均衡增长假说”。

三、财政支出规模增长的原因分析

以上关于财政支出规模增长的理论解释是不同的经济学者从不同的角度对财政支出的增长所做的理论分析，有的理论分析是在许多假设下进行的。然而，财政支出规模的增长是一个各国都存在的、没有争议的现实性问题。财政支出增长的现实性是财政支出增长的必要性和可能性相结合的必然结果，只有必要性而没有可能性，或只有可能性而没有必要性，财政支出规模的增长都不可能成为现实。为此，财政支出规模增长的现实原因应在综合以上理论解释的基础上，从必要性与可能性两方面来分析。

（一）财政支出规模增长的必要性分析

财政支出的范围、种类和数量在一定程度上直接体现了政府在社会经济生活中活动的广度和深度，反映了政府的职能范围和政府职能的实现程度。财政支出增长的必要性是由政府职能的扩张及与实现政府职能有关的一系列因素变化所决定的。

1. 政府职能的扩张

正如瓦格纳所分析的那样，随着社会经济的发展，政府职能不论在内涵上还是在外延上都呈扩张之势。从世界各国政府职能的变化及财政支出的历史来看，政府职能的扩张主要表现在以下几个方面。

（1）经济干预的加强。在自由竞争资本主义时期，经济的运行是依靠“看不见的手”自行调节的，政府仅仅是为社会经济的正常发展提供必不可少的外部条件，因而财政支出中很少有经济方面的项目。1929～1933 年的世界经济危机表明，单纯依靠“看不见的手”来调节经济的运行难以保证经济的稳定增长和社会的稳定发展。凯恩斯经济学说的出现为政府这只“看得见的手”对经济运行过程进行调节或干预提供了理论依据。政府干预经济的方式和使用的手段很多，其中财政手段是政府干预经济的主要手段之一。政府根据经济运行状况，灵活调整财政支出的范围、方向、结构和数量，以此来实现保持经济和社会稳定发展的目的。由于各个国家政府对经济干预的不断加强，财政支出中用于经济方面的支出也在不断增加。

（2）社会福利事业的扩大。在市场经济体制下，随着经济的发展，社会财富日趋集中，贫富差距不断扩大，当收入和财产在不同阶层之间的差距扩大到一定限度时，财富分配的不公平就会成为引起社会不稳定的重要因素。为此，各国政府纷纷举办社会保险、社会救济等社会福利事业。政府举办这些社会福利事业，一方面可以调节人们的收入差距，保证社会成员能维持最起码的生活水平；另一方面可以提高社会成员的文化和健康水平，保证社会劳动生产率的不断提高。随着社会福利事业规模的逐步扩大，财政用于社会福利方面的支出也相应增加。近几十年来，社会福利支出在西方国家财政支出中的地位日益显著，在某些国家已成为最大的财政支出项目。

（3）工业化和城镇化的影响。与近现代经济发展相伴随的是工业化和城镇化。工业化过程所形成的环境污染和对自然资源的破坏增加了政府用于环境保护、自然资源保护和卫生防疫等方面的财政开支，而都市化过程则大大增加了政府财政用于城市基础设施、劳动力生存和就业等方面的支出。

（4）政府机构的扩增。政府机构的扩增是政府职能扩张的直接结果。随着政府职能的不断扩张，政府就需要设置相应的机构来履行各项增加的职能，各种办公设施及公职人员就会相应增加。这样，财政支出中的人员经费和办公经费就必然会增加。

（5）人口的增加。人口增加是导致财政支出增加的重要原因之一。随着人口的增加，社会成员对文化、教育、医疗、卫生、交通、住房、司法、公安、行政管理等事务的需求总量就会增加。考虑到随着社会经济的发展，人们的物质文化生活水平提高对这些服务的需求量相应提高的因素，财政支出中用于这些服务方面的支出是必须增加的。

2. 物价的上涨

从历史数据来看，物价变动的长期、总体趋势是不断上升的。如果把工资视为劳动力的价格，那么劳动力的价格也是不断上升的。政府履行其职能，不断向社会提供各种产品和服务的过程，也是不断消耗或使用各种物资和劳动的过程。由于财政支出具有“刚性”的特点，物价上涨必然要求财政支出相应增加；否则，政府就不能保质保量地履行其职能了。可见，物价上涨是财政支出增加的重要原因，它与引发财政支出增加的其他因素一起共同导致了财政支出的名义增长。事实上，如果扣除物价上涨因素，财政支出的实际增长并没有名义增长那么快。

3. 科学技术的进步

科学技术进步对财政支出增长的促进作用主要体现在两个方面：一是科学进步能够创造出一些前所未有的新需求，在这些新需求中，有些可以通过市场来满足，有些只能或者最好通过政府来满足。不论市场还是政府，它们满足这些需求都是通过提供产品和服务的方式进行的。政府为满足某些新需求而提供产品和服务必然会加大财政支出。二是科技进步会增加政府提供产品和服务的成本。随着科学技术的不断发展，政府履行相同职能，提供相同或相近的公共品和服务所需的财政支出与以前相比已大大增加。

（二）财政支出规模增长的可能性分析

1. 经济的增长

随着经济的发展、国民收入规模的扩大，即使取得财政收入的形式和比率不变，财政收入量也会相应增加。财政收入增加了，财政支出就有了增加的可能。

2. 税制的完善和税收征管的加强

税收是政府收入的主要来源，税收制度的不断完善使政府有可能以税收这种规范的收入形式从经济运行的各个环节取得收入，而随税收征管工作的不断加强，可以不断增加财政收入，从而为财政支出增加提供客观可能。

3. 公债发行规模的扩大

公债最基本的作用是弥补财政赤字。如果政府举债来弥补财政赤字，就意味着政府非生产性的活动过多消耗了国家用于生产的资源。由于公债的发行越来越便利，政府发行公债的规模也越来越大。公债成为政府筹资的一种经常性手段，并为政府财政支出的增加提供了便利的条件。

第三节　财政支出的结构分析

财政支出结构，是政府各项分类支出在支出总量中所占的比重，在政府财政支出总量中表现出来。它反映了政府活动的方向和范围，是国家调控经济与社会发展和优化经济结构的重要杠杆。依据不同的标准对财政支出进行分类，结果会形成不同的支出组合形式或者不同的政府支出结构类型。

财政支出结构划分的标准，就是财政支出分类的标准。按经济性质划分，财政支出由购买性支出和转移性支出构成；按支出层级划分，支出组合由中央政府支出和地方政府支出构成；按政府职能分类，支出组合由经济建设费、社会文教费、国防费、行政管理费和其他支出五大类构成。2007 年政府收支科目改革后，我国逐渐改变了传统的按支出用途分类和政府职能分类，而分别改为按支出经济性质分类和支出功能分类。

一、财政支出的经济性质结构分析

购买性支出和转移支出的比例关系受到一国政府职能的影响。一般来说，发达市场经济国家的政府较少直接参与生产活动，所以，购买支出所占的比重较小，但社会福利水平较高，转移支出所占的比重较大。处于经济发展初期的大多数发展中国家，因为政府直接参与的生产活动较多，且公共设施基础较差，需要大量的政府投资，因此，购买支出所占份额较大。表 6-2 即是对上述一般性规律的客观反映。美国、英国、加拿大、澳大利亚等发达国家，转移性支出在财政支出中所占比重远高于购买性支出；而约旦等发展中国家则更倾向于购买性支出。

表 6-2　购买性支出和转移性支出及其他支出在财政支出中的比重　　单位：%

国家	购买性支出	转移性支出	其他支出
美国	27	69	4
英国	32	57	11
加拿大	20	78	2
澳大利亚	20	76	4
马来西亚	45	55	0
印度尼西亚	23	65	12
约旦	61	38	1
科威特	26	58	16

资料来源：世界银行. 世界银行发展指标（2011）. 王辉，等译. 北京：中国财政经济出版社，2011

二、财政支出的级次结构分析

确定了中央政府和地方政府职能范围后，各级政府在履行其职能时必须有相应的财力相支持，使财政支出既能满足各级政府履行其职能的需要，又满足中央政府进行宏观调控的需要。我国中央政府对地方政府实施转移支付后，地方政府支出占全国财政支出的比重越来越高，表 6-3 反映了这一情况。

表 6-3　我国中央政府和地方政府支出比重　　单位：%

年份	中央财政支出	地方财政支出
1991	32.2	67.8
1992	31.3	68.7
1993	28.3	71.7
1994	30.3	69.7
1995	29.2	70.8
1996	27.1	72.9
1997	27.4	72.6
1998	28.9	71.1
1999	31.5	68.5
2000	34.7	65.3
2001	30.5	69.5
2002	30.7	69.3
2003	30.1	69.9
2004	27.7	72.3
2005	25.9	74.1
2006	24.7	75.3
2007	23.0	77.0
2008	21.3	78.7
2009	20.0	80.0
2010	17.8	82.2
2011	15.1	84.9
2012	14.9	85.1
2013	14.6	85.4
2014	14.9	85.1

资料来源：根据《中国统计年鉴 2014》计算得出

三、财政支出的职能结构分析

（一）2007 年之前的财政支出的职能结构分析

按照财政支出的职能分类，2007 年支出分类改革前我国财政支出结构如表 6-4 所示，可从中看出我国财政支出职能结构的发展变化趋势。

表 6-4　1978～2006 年我国按职能分类的各项财政支出比重表　　单位：%

年份	经济建设	社会文教	国防	行政管理	其他
1978	64.08	13.10	14.96	4.71	3.16
1980	58.22	16.20	15.77	6.15	3.66
1985	56.26	20.38	9.56	8.53	5.27
1990	44.36	23.92	9.42	13.44	8.86
1991	42.18	25.09	9.75	12.23	10.75

续表

年份	经济建设	社会文教	国防	行政管理	其他
1992	43.10	25.92	10.10	12.38	8.50
1993	39.53	25.38	9.17	13.66	12.26
1994	41.32	25.92	9.51	14.63	8.62
1995	41.85	25.74	9.33	14.61	8.47
1996	40.74	26.22	9.07	14.93	9.04
1997	39.50	36.74	8.80	14.72	10.24
1998	38.71	27.14	8.66	14.81	10.68
1999	38.38	27.59	8.16	15.33	10.54
2000	36.18	27.61	7.60	17.42	11.19
2001	34.24	27.58	7.63	18.85	11.97
2002	30.26	26.87	7.74	18.60	16.53
2003	28.04	26.24	7.74	19.04	18.94
2004	27.85	26.29	7.72	19.38	18.75
2005	27.46	26.39	7.29	19.19	19.67
2006	26.56	26.86	7.40	18.37	20.51

资料来源：根据《中国统计年鉴 2007》计算得出

过去经济建设支出是最大的支出项目，改革开放以后，经济建设支出占财政支出的比重逐渐下降，说明随着我国经济的市场化进程，政府正在逐步退出竞争性领域；社会文教支出是财政支出中的重要项目，社会文教支出占总支出的比重逐年上升，国家财政将越来越重视文教卫生领域；国防支出平稳发展，略有下降，这说明改革开放后，国家的工作重点转移到经济建设上来，国防支出受国际、国内政治经济形势变化的影响比较大，不同时期呈现不同特点；行政管理支出在财政支出中占有相当的比重，绝对指标逐年增加，相对指标平稳保持。

（二）2007 年之后的财政支出的职能结构分析

我国财政支出分类从 2007 年起，按新的财政支出功能性质分类和财政支出结构发生了较大变化。如图 6-3 所示，以 2013 年财政支出为例，教育支出、社会保障支出、一般公共服务支出和农林水支出占财政支出的比重较大。

四、影响财政支出结构的主要因素分析

财政支出结构受多种因素的影响，其中主要有政府职能及财政资金供给范围、经济发展水平、政府在一定时期的社会经济发展政策、国际政治经济形式等。每一个国家的财政支出结构具有不同的情况，因为影响一个国家的因素必然会存在较大差异，这些因素主要包括以下几个方面。

（一）政治因素

如果一个国家的政治不稳定或有突发事件发生时，如外部战争爆发或严重的自然灾害发

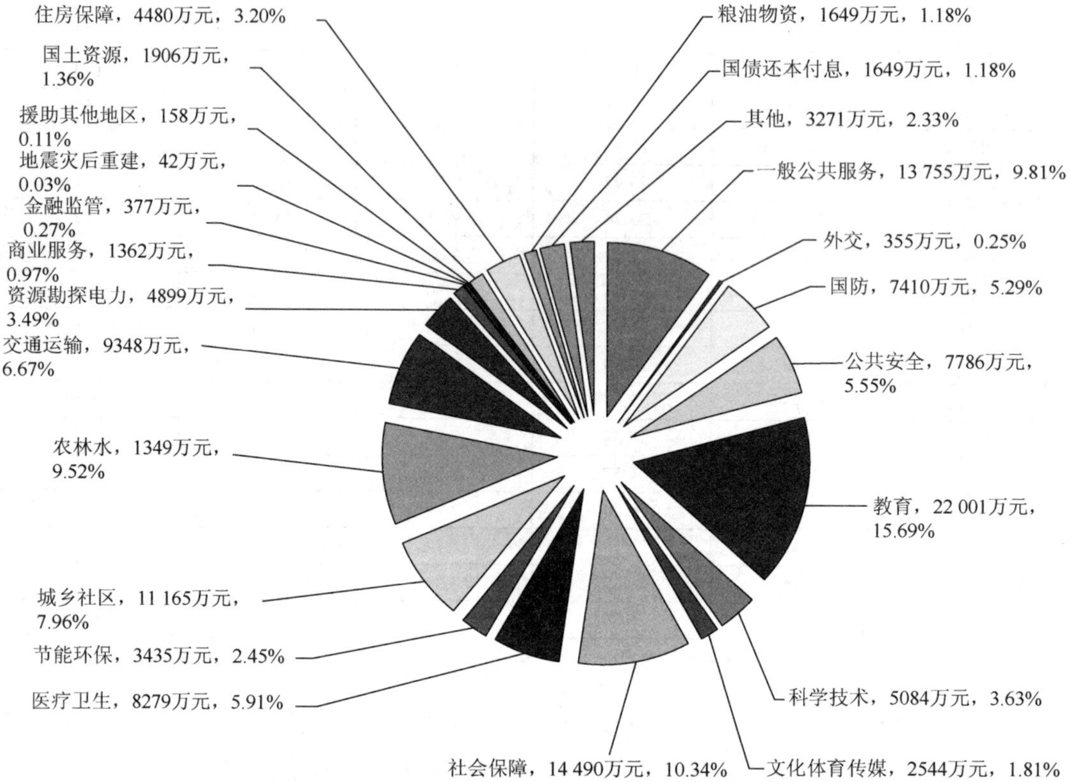

图 6-3 2013 年财政支出结构图

生时，财政总支出及相应的某项开支将不可避免地快速增加。行政效率和行政结构也在一定程度上影响了财政支出的结构，如果政府人员的工作效率提高，少量职能机构就能够满足社会公共需求，实现政府职能，这样行政管理费用会下降，行政开支的相对量必然会降低。如果政府机构混乱，人员效率低下，铺张浪费现象普遍，那么行政管理支出必然会增加。

（二）经济因素

政府的经济体制和经济中长期发展战略或经济发展水平等因素发生了变化，那么财政支出结构也会发生变化。经济发展水平影响财政支出的规模，为财政支出的增长提供了可靠的保证。经济发展快速，社会财富将继续增加，那么政府可以集中更多的社会财富，更好地实现财政功能，满足社会公共需求。随着经济政策变化，财政资源是相对有限的，由于经济政策的不同，不同阶段政府支持的经济发展领域也将不同，重点支持对象将得到更充足的财政资源，这肯定会影响不同阶段的财政支出结构。

（三）社会因素

人口、就业、医疗卫生、社会救助和社会保障等方面的问题构成了影响财政支出结构和范围的社会因素。我国作为一个发展中国家，人口基数大，教育、卫生、就业和社会保障的需求比较大，而近期的经济政策重点落在“未来”，这些都需要不断地提高我们的教育支出、医疗保健支出、社会保障和就业成本，并提高支出占这些项目总支出的比重。同时随着人民生活水平的不断提高，改善人们的生活质量、提高社会福利等方面的需求也将增加，这就对优化财政支出结构提出了新要求。

本 章 小 结

财政支出是政府在一定时期内为了实现财政职能所花费的社会资源的总和。瓦格纳法则揭示了财政支出规模的增长总在不断扩大的规律：随着人均收入的提高，财政支出占 GDP 的比重也相应随之提高。财政支出不断增长的原因主要有瓦格纳提出的政府活动扩张论、皮科克和威斯曼的阶梯增长论、罗斯托和马斯格雷夫的经济成长阶段论、鲍莫尔的非均衡增长模型等理论。我国财政支出不断增长的客观事实论证了瓦格纳法则。财政支出按经济性质分为购买性支出和转移性支出。我国购买性支出、转移性支出分别有哪些项，发展的趋势和规律通过下面章节继续具体分析。

➢ 复习思考题

1. 试述“瓦格纳法则”阐述的基本原理。
2. 财政支出按经济性质分类及其对经济分析的意义。
3. 影响财政支出规模的因素有哪些？

➢ 案例分析

民生类支出成为贵州省财政支出的保障重点，公共财政支出的 60%以上投向民生。从 2013 年 1 月召开的贵州省第十二届人民代表大会第一次会议上了解到，近年来，贵州省民生类支出均保持了平稳较快增长，投向教育、农林水、社会保障和就业、医疗卫生、公共安全、住房保障支出、节能环保、文化体育与传媒、科学技术、交通运输、城乡社区、粮油物资储备、商业服务业和国土资源气象等 14 类民生支出占全省公共财政支出的比重维持在 60%以上。2012 年，全省民生类支出合计 2157.04 亿元，占全省公共财政支出的比重达到 78.4%，是 2008 年民生类支出的 2.6 倍。

以教育为例，贵州坚持优先发展教育事业，2008～2012 年，全省累计投入教育事业发展资金 1651.34 亿元，年均增长 24.4%。重点用于建立农村义务教育经费保障机制，提高城市义务教育阶段中小学公用经费标准，加快高中阶段教育发展，建立健全普通本科高校、高等职业学校、中等职业学校和高中阶段家庭经济困难学生资助政策体系，推进农村义务教育学生营养改善计划，加快省属高校花溪聚集区建设，支持高校改善办学条件、化解债务等。

从 2013 年开始，贵州又压缩 5%各级党政机关行政经费，用于实施“9 + 3”计划，即巩固提高九年义务教育和实行三年免费中等职业教育计划。

资料来源：民生类支出成贵州省财政支出保障重点. http://www.gz.xinhuanet.com/2013-01/29/c_114535556.htm[2013-01-29]

思考问题：

1. 分析贵州财政支出规模发展变化的特点及其原因。
2. 根据个人观点，阐述贵州当前优化财政支出结构应采取的政策和措施。

第七章 购买性支出

➢ 引言

财政支出按经济性质可以分为购买性支出和转移性支出，其中购买性支出是政府将财政资金用于到市场上按照市场交换原则购买相应的产品和服务，以维系自身运转，并且向全社会提供公共品和公共服务。但是，政府的购买性支出跟我们平常个人购买商品一样吗？会对经济产生什么样的影响呢？我国每年例行的一般公共服务支出、国防支出、科教文卫支出、政府投资性支出等都属于政府购买性支出吗？每年又都分别投入多少钱呢？投入结构又是怎么样的呢？通过对本章内容的学习，我们可以对购买性支出的性质、经济效应及具体内容等方面有全面理解。在此基础上，通过对我国政府购买性支出的具体支出项目及结构进行分析，可以对我国购买性支出发展情况有一定认识。

第一节　购买性支出的性质

一、购买性支出的含义

购买性支出（也称消耗性支出），是指政府为执行各种政府职能，按照等价交换原则，从市场上购买特定商品和劳务的支出。例如，某市政府投资修建的学校竣工验收后，财政就要花钱用于支付承建单位购买各种修建学校所需的建材款和建筑工人的劳务款等，这就是说财政的这笔资金从市场上换回了相应的商品和劳务。购买性支出一般由社会消费性支出和财政投资性支出两部分构成。前者是指非生产的消耗性支出，其支出的使用并不形成任何资产，如用于一般公共服务、国防、科学、教育、文化、卫生等各部门的事业经费开支；而后者的支出则会形成对应的实物资产，如政府安排用于国家经济发展所必需的道路、桥梁、港口、码头、农业等基础设施或行业的支出。

二、购买性支出概述

财政支出按其经济性质为标准，可分为购买性支出和转移性支出。从性质上看，政府购买性支出的实现是以获得相应经济补偿物（等价的商品和劳务）为条件的。从这点来看，政府和其他市场主体存在相同之处，即开展的都是互利、有偿的市场交易活动。

这就不同于转移性支出。在转移性支出的实现过程中，政府扮演的是“中间人”角色，将从其他纳税人处取得的收入转移支付给支出的接受者，实现的是财政资金单方面、无偿的转移，政府并未从中直接获得经济收益。

购买性支出对社会经济具有重大影响，主要体现在对社会资源的配置方面。首先，购买性支出会影响社会资源配置的结构。政府为生产和提供不同种类特定的公共品，就需要购买对应种类的商品和劳务，从而对不同种类资源配置的结构产生不同影响。例如，政府在某几年着力修建高速公路，势必会比往年购买更多与修建高速公路相关的建材商品和劳务，从而使政府支配的与修建高速公路相关的各类社会资源在社会总资源的配置中占据比往年更大的比重。其次，购买性支出会影响社会总供求的平衡水平。由于这类支出是对社会资源的一种有效需求，支出的实现伴随对社会资源的索取和消耗，这就使得购买性支出成为社会总需求的组成部分，其增加或减少必然会导致社会总需求的扩大或缩小，从而影响社会资源的总供给，最终使社会总供求的平衡水平发生改变。

第二节 购买性支出的经济效应

一、乘数效应

“乘数效应”（multiplier effect）是宏观经济学中的一个概念。它是指在国民经济中，由于各部门之间是相互联系的，某一个部门的支出就必然成为另一个部门的收入。如此循环下去，某个部门支出的增加势必引起国民经济各部门收入与支出的增加，最终表现为增加的国民总收入是某部门最初支出的倍数，这个倍数就是“乘数”。“乘数效应”不光存在于财政政策领域，而且还会放大财政政策的影响。作为财政政策重要工具之一的购买性支出，我们有必要对其“乘数效应”进行分析。

在实践中，当政府每增加 1 元资金用于向私人部门购买商品和劳务时，这 1 元资金就转变为对应商品生产商和劳动者的收入，并以利润、租金、利息或工资的形式表现。生产商为了维系和扩大再生产，劳动者为了能维系自身与家庭的生存和发展，又都会将其收入按一定的边际消费倾向进行消费或投资。在边际消费倾向保持不变的前提下，政府最初支出创造的国民收入增加量就会按照一定的规律倍数（乘数）增加，这个国民收入以倍数增加的效应即为政府购买性支出的“乘数效应”，该倍数即为“政府购买支出乘数”（government expenditure multiplier）。

由于政府部门的加入必须考虑税收的影响，政府“购买支出乘数”的研究也必须以国民收入三部门（即消费者、投资者、政府）经济的均衡模型为对象。假设：C=消费，I=投资，G=政府购买性支出，S=储蓄，T=税收，TR=政府转移性支出，Y=国民收入，y=个人可支配收入，a=自发性消费，b=边际消费倾向，t=税率，则：

由于总需求=总供给，所以：

$$C + I + G = C + S + (T - \text{TR}) \tag{7-1}$$

在暂不考虑 TR，仅考虑政府征税时，可以求得

$$y = Y - T \\ = Y \times (1 - t) \tag{7-2}$$

所以，消费函数：

$$C = a + b \times y \\ = a + b \times Y \times (1 - t) \tag{7-3}$$

令总需求与国民收入相等，由式（7-1）～式（7-3）有

$$Y = a + b \times Y \times (1 - t) + I + G$$

在 I、t 和 b 均不发生变化的条件下，由于政府购买性支出 G 的变化导致国民收入 Y 发生变化，当达到新的均衡状态时，则有

$$\Delta Y = b \times \Delta Y \times (1 - t) + \Delta G$$

所以，政府购买支出乘数：

$$K_G = \Delta Y / \Delta G \\ = \frac{1}{1 - b \times (1 - t)}$$

上式表明政府购买支出乘数 K_G 与边际消费倾向是呈正相关而与税率呈负相关关系的。又由于 b、t 均小于 1，所以 K_G 大于 1，这就意味着政府的购买性支出对国民收入具有一种放大的影响能力，即增加政府购买性支出就可以通过扩大社会总需求，达到成倍增加国民收入的目的。假设某时期税率固定为 30%，此期间增加购买性支出 300 亿元，边际消费倾向为 70%，在其他条件不变的情况下，可求得“购买性支出乘数”为 1.96 $\left[\frac{1}{1 - 70\% \times (1 - 30\%)}\right]$，这就意味着增加 300 亿元的政府购买性支出将带来国民收入增加 588 亿元（300×1.96）的增量。

但是，在现实经济发展过程中，政府“购买支出乘数”又是一把双刃剑，加以正确利用是可以带来国民收入成倍增加的，但利用不当则会导致国民收入的成倍减少。例如，政府在某一时期减少购买性支出，而税收和其他因素保持不变，则总收入的下降幅度将是购买性支出减少量的数倍。在上例中，如果减少 300 亿元的购买性支出，则国民收入将减少 588 亿元。所以，当局在拟定财政政策时，务必要事先核算实际“乘数”的大小，以此为依据来选择采取扩张性还是紧缩性的财政政策，并最终确定政策扩张或紧缩的程度。

二、加速效应

阿夫塔里昂在 1913 年出版了《生产过剩的周期性危机》一书，首次提到“加速效应”。后来，克拉克、庇古等又在其著作中把“加速效应”作为决定投资和用以解释西方经济出现周期性波动的原理，但直到凯恩斯在 1936 年出版的《就业、利息和货币通论》中提出“投资乘数”后，为了弥补凯恩斯只认识到“投资乘数”这一片面性，以萨缪尔森为代表的经济学家才开始重视“加速效应”。与“乘数效应”用来说明支出的变动如何引起收入的变动不同，“加速效应”主要阐述的是收入变动将如何引起投资变动的原理。

由于“乘数效应”的存在，政府增加的购买性支出将会带来数倍于本身的国民收入增加，该倍数即“购买支出乘数”。但是反过来，随着国民收入的增加，消费需求将会进一步扩大，进而刺激对产品的需求，这势必要求增加投资支出以适应扩大了的需求。这就意味着由于增加购买性支出而发生的收入变动会反过来对投资支出变动产生加速作用。在“乘数效应”中，反映增加政府购买性支出会引起国民收入增加到什么程度的系数是“乘数”，与此类似，在“加速效应”中，表示收入或消费增加会引起投资增加到什么程度的系数则是“加速数”。在国民经济运行过程中，“加速数”同“乘数”是相互作用的，这也是经济出现周期性波动的原因之一。

假如，政府准备在某时期内支出 100 亿元用于设备采购，如果“乘数”是 2，在税率和边际消费倾向不变的情况下，则国民收入将增加 200 亿元。由于产量或销售额的增加，这些设备的生产商就会增加投资用于生产设备或扩大厂房。如果加速数是 1，则此时生产商的投资增加额将为 200 亿元。又由于“乘数效应”的存在，这增加的 200 亿元投资又会使产出或收入增加 400 亿元，那么产出的增加将会再次使投资增加。但是，这并不是一个无限循环的过程，在某一个环节总会面临终止，它总会遇到约束生产继续扩大的瓶颈，如某些生产要素的短缺。当经济增长速度放慢甚至停止时，投资自然就会下降，经济必将走向衰退，从而出现周期性的波动。

三、挤出效应

政府购买性支出的实现是以能从市场中，按照市场交换原则换回等价的商品和劳务为前提的，该支出一旦完成就意味着在整个社会中形成了对商品和劳务的实际消费。我们知道，在经济不景气时，政府通常会实施扩张性财政政策，而增加购买性支出则是一项重要的具体措施。但是，增加的购买性支出却可能会挤掉私人部门的消费和投资支出，从而导致总需求变动不大甚至不变，最终在一定程度上抵消扩张性财政政策的预期作用。这种由于政府购买性支出增加所引起的私人消费和投资支出减少的效果被称为购买性支出的“挤出效应”。

政府购买性支出的“挤出效应”主要是通过影响利率来实现的。政府购买性支出的增加导致对资金需求的增加，但货币总量供应并未随之增加，这就引致利率上升，而利率的上升势必促使私人部门因成本增加而减少消费和投资支出，这就是“挤出效应”的作用机制。我们可以用图 7-1 的“IS-LM”模型来分析“挤出效应”。

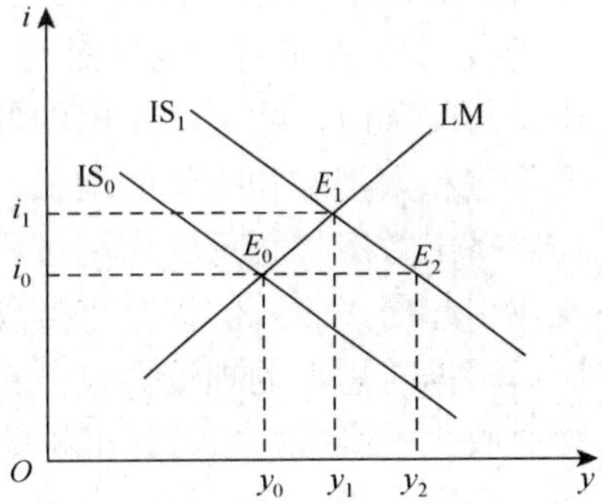

图 7-1 购买性支出的挤出效应

在图 7-1 中，横轴 y 为国民收入，纵轴 i 为利率，IS 曲线表示商品市场的供求均衡，LM 曲线表示货币市场的供求平衡。当 IS 曲线为 IS_0 时，IS_0 与 LM 相交于 E_0，决定了该均衡状态下国民收入为 y_0，利率为 i_0。当政府购买性支出增加时，IS 曲线从 IS_0 向右上方移动至 IS_1，IS_1 与 LM 相交于 E_1，此时国民收入为 y_1，利率为 i_1。在政府购买性支出增加，从而国民收入增加的过程中，由于货币供给量没变，而货币需求则随国民收入的增加而增加，所以引起利率上升。利率的上升导致私人消费和投资成本增加，从而减少私人的消费支出和投资支出，即一部分政府购买性支出的增加，实际上是对私人支出的替代，并没有起到增加国民收入的作用，这就是购买性支出的“挤出效应”。从图 7-1 中还可以看出，如果利率仍然维持在 i_0 水平，那么国民收入就应该增加到 y_2。y_2 与 y_1 的差额就是由于“挤出效应”所减少的国民收入量。

由上可知，政府购买性支出的增加会产生“挤出效应”，但是该效应的大小即购买性支出到底会在多大程度上挤占私人支出呢？结合经济运行的实际情况，可知这主要取决于四个方面的因素：一是“购买支出乘数”K_G 的大小；二是货币需求对产出变动的敏感程度；三是利率对货币需求变动的敏感程度；四是投资需求对利率变动的敏感程度。

此外，政府购买性支出到底会在哪种情况下产生“挤出效应”呢？对于这个问题，经济学家们之间存在颇多争议，总结起来主要有两种观点。其一，由于货币供给量不变或变动不大，那么无论政府用何方法来筹措用于增加购买性支出所需的资金都将不可避免地产生“挤出效应”；其二，“挤出效应”是否产生及程度视整个社会充分就业与否而有所不同。比如，经济比较低迷时，未实现充分就业的情况下，整个社会有效需求不足，货币的总供给量是大于总需求量的，私人部门完全有方法和途径来获得资金以满足由于政府增加购买性支出而最终扩大的货币需求，但是由于此时对未来经济的预期不太乐观，他们会自愿选择将资金留在手里而不愿意支出，此时增加政府购买性支出并不会产生“挤出效应”。而在实现了充分就业的情况下，“挤出效应”将会达到最大值 1，即意味着政府支出的增加等于私人支出的减少，所采取的扩张性财政政策也将对经济没有任何刺激作用。

四、引致效应

财政支出可以借助其变化量对收入、可支配收入、价格和利率等因素的影响程度来实现对居民消费行为的调控。当增加购买性支出时，由于“挤出效应”的存在，私人消费和投资会被抑制，也就是说此时的财政支出会在一定程度上替代私人消费和投资支出。与此同时，购买性支出的增加也会产生“引致效应”。该效应是指财政支出的增加会促进私人消费和投资的增长，即财政支出与居民消费和投资呈互补关系。显然，这是与“挤出效应”相反的作用过程。购买性支出“引致效应”的作用机制主要是通过增加支出引起居民收入的提高来实现的。

根据凯恩斯的理论假设，在影响消费的各种因素中，收入是最重要的决定因素，消费是收入的函数，且与其正相关。在其他条件不变的情况下，收入增加，消费随之增加，反之则减少。当购买性支出中的投资性支出有较大增加时，一方面会刺激生产商增加投资以扩大生产规模从而获得更多利润，这就加大了他们的投资性消费；另一方面会促进就业率的提升和原就业人员收入水平的可能提高，居民不再处于无收入或低水平收入状态。而收入的增加又将进一步提升他们对日常生活品的消费欲望，并把这种欲望转变为现实的消费行为。可见，私人的日常生活性消费支出和投资性消费支出都会随着财政支出的增加而有所提升。

第三节　购买性支出的分类

在我国，购买性支出包括一般公共服务支出、国防支出、科教文卫支出和财政投资性支出等内容。一般，我们将这些内容归纳为社会消费性支出和财政投资性支出两大类。前者是非生产的消耗性支出，其支出的使用并不形成任何资产。而后者支出的使用则会形成对应的实物资产，如对道路、桥梁、港口、码头、农业水利等大型工程的投入。在经济运行过程中，这两大类支出共同发挥着广泛的保障公共供给、优化资源配置、公平分配和稳定经济的作用，是财政支出中极其重要的内容。

一、一般公共服务支出

（一）一般公共服务支出的含义及内容

公共服务，是 21 世纪公共行政和政府改革的核心理念，包括加强城乡公共设施建设，发展教育、科技、文化、卫生、体育等公共事业，为社会公众参与社会经济、政治、文化活动等提供保障。公共服务是以合作为基础的，它更强调政府的服务性，强调公民的权利。财政安排的一般公共服务支出的范围基本上涵盖了社会公众日常生活、工作和学习的方方面面，也为他们参与社会、经济、政治、文化活动等领域提供了基本条件。一般公共服务支出与以前的行政管理支出是有区别的。一般公共服务支出是反映国家行使其职能而为社会提供一般公共服务的支出，它是财政支出中最基本的项目。具体而言，一般公共服务支出主要用于保障机关事业单位正常运转，支持各机关单位履行职能，保障各机关部门的项目支出需要，以及支持地方落实自主择业军转干部退役金等。而行政管理支出是国家财政用于各级权力机关、行政管理机关、司法检察机关和外事机构行使其职能所安排的经费开支，它主要包括行政管理费、公检法支出、武装警察部队支出和外交外事支出。前者的支出范围涵盖的内容与社会公众的日常需求更相关，这意味着政府把社会公众需要的公共服务作了重新认识，并拓宽了范围。

（二）影响一般公共服务支出规模的主要因素

一般公共服务支出规模的大小及增长的快慢是多种影响因素相互作用的结果。总结起来，主要有以下几点。

（1）经济增长水平。这是影响一般公共服务支出规模的首要因素。一方面，经济增长速度越快，社会财富总量越大，国民收入也就越多。此时，随着税收总量的加大，财政收入总量加大，可用于一般公共服务支出的资金就越充裕；另外，由于经济的增长，市场失灵和外部效应也将促使政府职能不断扩大，这就要求政府采取更多的干预措施来引导经济，势必会增加一般公共服务支出。

（2）政府职能。政府职能是指国家行政机关依法对国家和社会公共事务进行管理时应承担的职责和所具有的功能，它主要包括政治职能、经济职能、文化职能和社会职能。政府职能反映着政府提供公共服务的基本内容和活动方向，其范围的大小是建立行政组织、设立行政机构和进行人事编制最基本的依据，政府职能变化势必引起行政服务机构、人员编制和服务机构运作方式等的调整。在经济发展的不同阶段，政府几大职能的侧重点有所不同，因而跟几大职能作用发挥相关的运作机构部门的相关经费也会因时而异。

（3）政府一般公共服务效率。政府一般公共服务水平的高低在很大程度上决定了一般公共服务支出的效率。公共服务水平越高，就越能用更少的经费办同样的事，或用同样的经费为社会提供更多的公共服务，这时一般公共服务支出总规模就较小；反之，则需要增加开支，甚至造成一般公共服务支出的恶性膨胀。

除此之外，一般公共服务支出的规模还受到诸如物价水平、经济制度的转轨、突发性重大事件和一般公共服务支出占财政支出比重的历史数据等客观因素的影响。

在一般公共服务支出的管理方面，相关部门不仅需要严格规范一般公共支出的范围，按照市场经济发展的要求进一步健全制度、加强财务管理、优化支出结构，更要认真贯彻执行预算法，严格预算管理，强化预算的约束力，切实做好该类支出的监管工作，提高该类支出的效率。

二、国防支出

同政府公共管理一样，国防也是纯公共品，其提供和消费的过程中也具有非竞争性和非排他性，由于“免费搭车”心理的存在，国防服务只能由政府提供，这就要求政府必须为此而专门安排财政经费，该经费即为国防支出，它是指财政专门用于国防建设和保卫国家安全等方面的支出。

（一）国防支出的类别

我国的国防支出大多是中央财政掌握的专用支出。按照我国当前的支出功能分类，国防支出分为现役部队及国防后备力量支出、国防动员支出和其他国防支出三款。此外，就国防支出的具体内容来看，它可分为人员生活费、训练维持费和装备费三部分。在我国，中央军委负责统一管理国防经费，且由中国人民解放军总后勤部根据中央军委的指示来具体组织实施经费。

（二）国防支出水平的影响因素

随着市场经济的发展，国防支出已不单是政府内的分配关系，而是一种涉及政治、经济、社会的综合分配关系。类似于行政管理支出，国防支出也是一种纯消耗性支出，在这方面投入过多自然会压缩政府在其他方面的开支，而投入不足又会影响到人民军队保家卫国的能力。所以，国防支出的合理安排也是一个尤其重要的问题。一般来说，影响国防支出水平的因素主要有以下几个。

（1）经济发展水平。在正常情况下，经济发展水平的高低对国防支出规模的大小有基础性决定作用。一国经济发展水平越高，经济实力越强，越能为国防提供足够的资金，也才能在巩固国防和提高国防现代化程度；经济发展水平越低，经济实力越弱，则可用于国防事业的开支就越少，势必影响国家的安全和经济、社会的稳定。

（2）国家管辖范围的大小。一个国家的领土面积越大，人口越多，对国土安全和公民安全的需求就越大，需要用于保家卫国的防御和保护性开支就越多；反之，则在这方面的开支就越小。就我国而言，领土宽广，边境复杂，民族多，总人口规模大，自然要求我国有较大的国防支出规模。

（3）国际政局。国际政局的变化将对国家安全产生潜在影响，在国际政局恶化并存在战争威胁，或正处于战争期间时，一国就极有可能大幅度增加国防开支以备军事开销。而在国际政局稳定的和平时期，国家则无需安排过多的国防开支。

（4）国防战略。国防战略是指一国对国防建设和运用综合国力维护国家安全、实现国防目标的总体构想，它取决于国家战略和国家政策，最终体现国家利益。国防战略的优劣直接关系国防建设的发展。在实践中，国防战略主要体现在政府对本国安全与防范重点的认识方面。有些国家是自卫型战略，有些是重力型战略，还有些则是联盟型或扩张型战略。不同的国防战略形成不同的国防需求，最终决定不同的国防开支规模。

（5）兵役制度和军事现代化程度。一般，国防兵役制有义务兵役制和志愿兵役制两种。实行不同的兵役制，引起的国防军费开支是不等的。义务兵役制的在役军人薪金较低，但复员后需要国家承担更多的基本生活保障开销。而志愿兵役制因为要通过市场机制来实现兵力的动员，所以要求增加军费开支。此外，军事现代化程度的高低也会引起国防开支水平变化。例如，一国要步入军事现代化高水平国家的行列，就必须投入更多开支来进行国防科技的研发。

（三）我国的国防支出现状

从纵向上来看，我国国防支出的总量规模是不断扩大的，但是其增长速度是趋缓的。从表 7-1 可以看出，1978～2014 年的 36 年内，国防支出由 167.84 亿元增长到了 8289.51 亿元，增长了 43.39 倍。将其与同时期财政总支出进行对比，在这 36 年间，财政总支出从 1978 年的 1122.09 亿元增长到了 2014 年的 151 662.00 亿元，增长了 135.16 倍。可见，改革开放 30 多年来，我国国防支出的增长是滞后于财政总支出的增长的。

表 7-1 1978～2014 年我国国防支出变化情况分析表

年份	国防支出/亿元	国防支出增幅/%	国防支出占财政总支出的比例/%
1978	167.84	—	15.95
1980	193.84	—	15.77
1985	191.53	—	9.57
1990	290.31	—	9.41
1991	330.31	13.78	9.75
1992	377.86	14.40	10.10
1993	425.80	12.69	9.63
1994	550.71	29.34	9.51
1995	636.72	15.62	9.33
1996	720.06	13.09	9.07
1997	812.57	12.85	8.80

续表

年份	国防支出/亿元	国防支出增幅/%	国防支出占财政总支出的比例/%
1998	934.70	15.03	8.66
1999	1076.40	15.16	8.16
2000	1207.54	12.18	7.60
2001	1442.04	19.42	7.63
2002	1707.78	18.43	7.74
2003	1907.87	11.72	7.74
2004	2200.01	15.31	7.72
2005	2474.96	12.50	7.30
2006	2979.38	20.38	7.37
2007	3554.91	19.32	7.14
2008	4178.76	17.55	6.68
2009	4829.85	15.59	6.33
2010	5176.35	7.17	5.76
2011	5829.62	12.62	5.35
2012	6691.92	14.79	5.31
2013	7410.62	10.74	5.29
2014	8289.51	11.86	5.47

资料来源：根据《中国统计年鉴》相关年份数据整理计算

从横向上来看，可以将我国的国防支出与其他国家进行比较。由于我国是一个幅员辽阔、人口众多的大国，所以国防支出绝对数较大在所难免。为了便于说明问题，我们可以通过对比各国同年国防支出占 GDP 的比重。例如，在 2011 年，我国国防支出占 GDP 的比例为 1.24%（当年的 GDP 为 471 564 亿元），而同年美国的该比例为 4.8%，俄罗斯为 4%，英国和印度均为 2.7%，法国为 2.3%①。可见，同其他国家比起来，我国国防支出的相对规模明显偏小。

就我国现实国情而言，目前经济实力有限，加之国内外大环境的制约，使得我国财政支出中能用于国防的比重较小，军费供需矛盾也较为突出。从表 7-1 可知，绝大多数年份国防支出占财政支出的比重都未超过 10%，而国际上该比重一般占到 12%～20%的水平。因此，我们必须从国家战略的高度来研究我国国防支出的规模，并着力研究国防建设与国民经济建设之间的关系和对我国社会经济发展的影响，这不仅能促进国防事业本身的发展，还会对经济、社会的综合发展产生深远影响。

三、科教文卫支出

科教文卫支出是指国家财政专门用于科学、教育、文化和卫生等各种社会事业支出的总称。财政之所以安排这类支出是为了满足社会共同需要和提高国民综合素质，为国

① 根据国际货币基金组织编制的《政府财政统计年鉴》（2000 年）提供的数据计算而得。

家社会、经济的发展提供长足增长的动力。

（一）科教文卫支出的性质和意义

关于科教文卫支出的性质，我们可以从两方面来加以分析：一方面，它属于社会消费性支出。从支出内容上看，科教文卫支出仅指财政用于科教文卫等部门的经常性支出，即用于人员工资和公用经费等方面的开销，而不包括财政向这些部门拨付的投资性支出，如基本建设支出、科技三项费用等。由于这些经常性支出并不会形成实物资产的积累和增值，从这个意义上来说，科教文卫支出是一种社会消费性支出。另一方面，它属于非生产性支出。财政科教文卫支出的拨付对象是科学、教育、文化和卫生等相关的部门，这些部门是非物质生产单位，如科研单位、学校、医院等，既不生产实物产品也不提供生产性劳动。所以，科教文卫支出又属于非生产性支出。尽管如此，但并不意味着该支出就不重要而可有可无，因为科教文卫事业的发展能为一国整体经济的发展酝酿一个和谐健康的基础环境。

在经济、社会的发展过程中，科教文卫事业发挥了决定性的作用，不光对其不得有丝毫的忽视，还应该想方设法合理地推进其发展。

第一，科学技术是推动经济发展至关重要的一个因素。世界各国经济发展的实践充分证明了“科学技术是第一生产力”这一经典结论。在现代社会中，国家之间、企业之间的竞争正日益表现为科学技术能力的竞争，谁具备了更高的科技研发能力，谁就能更先掌握先进的科学技术并将其应用于社会生产和生活的方方面面，谁的经济发展势头就会更好并使该国整体经济实力处于世界较高水平。尤其是在有限的经济资源情况下，通过提高科技水平来更充分利用经济资源，不仅提高了资源的使用效率，也变相地节省了经济资源。从这个意义上来说，加大科技含量在经济发展中的贡献将成为未来经济发展的主要手段。就我国而言，尽管当前在纳米、航天、生物、信息等技术方面处于世界领先水平，但总体科技水平还很低下，落后于发达国家数年。这客观上要求国家财政给予一定的政策倾斜，加大投入以大力发展科技事业。

第二，教育是高素质人才的来源。科学技术是推动经济发展的重要因素，但教育又是促进科技进步的基础。一个国家良好的教育体系将有助于该国现代化的加速实现。因为教育体系健全了，教育经费安排合理了，教育资金使用效率高了，不光能扩大受教育群体的范围，还能由于教育条件的改善而提高受教育的质量，这对提高整个社会成员的文化、道德素养水平具有直接的作用。1987年，党的十三大提出了“百年大计，教育文本”，就是说国家发展的长远计划要以教育为基石。当今世界，提高综合国力和国际竞争力的决定性因素归根究底还是知识，高素质人才已经成为国家经济社会发展的战略性资源，而对高素质人才的培养和储备则成为各国在竞争与合作中占据制高点的重要手段，这些都必须通过教育事业的发展得以实现。另外，由于教育能提高社会成员的道德修养，所以对教育事业的投入还有助于减少犯罪现象，能在稳定社会治安的同时减少行政管理的支出。

第三，文化事业的发展能促进社会精神文明建设。文化事业是指对文学艺术、歌舞戏剧、电影电视、广播、出版、体育运动、图书馆、博物馆等其他文化部门的总称，可将其界定为一种由文化行政部门领导的、以公益性文化建设为内容的社会工作。文化事业存在的主要目的就是为了提高整个国家的精神文明建设水平，为社会成员创造更多的精神财富，使他们通过自己辛勤劳动获得应有物质财富的同时在精神上获得更大满足。与此同时，健康的文化事业还可以使国家、民族的优秀传统和文化精髓得到继承和发扬，提升国民的爱国主义情结，有助于实现民族团结和社会稳定。所以，文化事业创造的精神财富是无法由物质财富所取代的。

第四，卫生事业能保障国民身体健康和促进社会经济的发展。卫生事业是对医疗、防疫和保健等部门的总称。人的全面发展必然要求具备健康的体魄，这也是整个国家社会经济发展最基本的前提条件。只有国民身体健康了，才谈得上受教育和学习技能，才谈得上进行科技研发，才谈得上一个国家综合科技水平的提升，才谈得上社会经济的发展。所以，无论是对于个人还是对国家而言，健康都是一件至关重要的事。而国民的整体健康水平是受医疗卫生事业发展程度影响的。只有医疗卫生事业发展得好，疾病才能被控制和征服，才能让国民有健康的体魄参与社会主义经济建设。我国是一个拥有 13 多亿人口的发展中大国，医疗卫生关系着亿万人民的健康，是一个重大的民生问题。

（二）科教文卫支出的内容

如果按照科教文卫支出的支出部门进行划分，可将其分为以下几类。

1. 科技支出

科技支出是指财政用于各级科技行政主管部门归口管理的事业经费及科学研究方面的支出。其内容主要包括：科学技术管理事务支出、基础研究支出、应用研究基础、技术研究与开发支出、科技条件与服务支出、社会科学支出、科学技术普及支出、科技交流与合作支出和科技重大专项支出。

从表 7-2 可以看出，从总体上来讲，我国财政资金用于科学研究支出的绝对数额是逐年增长的，其平均增长速度达到了 16.39%。但是，它占财政支出的相对比例不仅较低，尚不足 5%，而且很多年份甚至在下降，这就说明在我国的财政支出结构中，科技支出规模并不稳定。

表 7-2　1994～2014 年我国科技支出情况分析表

年份	科学支出/亿元	科技支出增幅/%	科技支出占财政总支出的比例/%
1994	268.25	—	4.63
1995	302.36	12.72	4.43
1996	348.63	15.30	4.39
1997	408.86	17.28	4.43
1998	438.60	7.27	4.06
1999	543.85	24.00	4.12
2000	575.62	5.84	3.62
2001	703.26	22.17	3.72
2002	816.22	16.06	3.70

续表

年份	科学支出/亿元	科技支出增幅/%	科技支出占财政总支出的比例/%
2003	975.54	19.52	3.96
2004	1095.34	12.28	3.85
2005	1334.91	21.87	3.93
2006	1688.50	26.49	4.18
2007	2135.70	26.49	4.29
2008	2611.00	22.25	4.17
2009	3276.80	25.50	4.29
2010	4196.70	28.07	4.67
2011	4797.00	14.30	4.39
2012	4452.63	−7.18	3.54
2013	5084.30	14.19	3.63
2014	5253.86	3.33	3.46

资料来源：根据《中国统计年鉴》相关年份数据整理计算

2. 教育支出

教育支出是指政府用于教育等方面的各项支出。目前，在我国，教育支出的内容主要有：教育管理事务支出，包括教育部及其下属各级教育厅、局等的行政运行支出、机关服务支出等；普通教育支出，包括学前教育、中小学教育、高等教育、化解农村义务教育债务支出等；职业教育支出，包括初等、高等职业教育和中专、技校、职业高中教育等；成人教育支出；广播电视学校、教育电视台的广播电视教育支出；出国留学、来华留学的留学教育支出；特殊学校、工读学校的特殊教育支出；教师进修及干部继续教育支出；教育附加和地方教育附加支出；学校收费支出；教育考试考务费支出；其他教育相关支出；等等。

教育支出在各国财政支出中占有重要的地位，教育发达程度、教育投入水平常常是衡量一个民族、一个国家综合素质和文明程度的主要标准。近年来，尽管我国财政性教育支出的绝对数额是不断增长的，但整体水平较低。从 2000 年开始，经济合作与发展组织国家的财政性教育支出占 GDP 比重的平均水平就突破了 5%，而我国在 2012 年财政性教育经费占 GDP 的比重才超过 4%，所以，同发达国家相比，我们财政对教育事业的投入还有待努力。

3. 医疗卫生支出

医疗卫生支出是指财政专门用于卫生部及地方卫生部门的事业经费开支。该类支出的主要内容有：卫生部及下属地方行政机构的医疗卫生管理事务支出、公立医院支出、基层医疗卫生机构支出、公共卫生支出、医疗保障支出、中医药支出、食品和药品监督管理事务支出等。

我国在经历了“非典”危机和“三鹿”奶粉、“瘦肉精”、“速生鸡”等一系列食品安全问题事件后，政府开始加大了对医疗卫生事业的重视和投入力度。

4. 文化体育与传媒支出

这类支出是指政府在文化、文物、体育、广播影视、新闻出版等方面的支出，其主要内容有文化事业支出、文物事业支出、体育事业支出、广播影视事业支出、新闻出版事业支出、文化事业建设费支出、国家电影事业发展专项资金支出等。

此外，从科教文卫支出用途的角度上来说，又可将其分为人员经费支出和公用经费支出。前者是指财政用于科教文卫相关单位在职工作人员的工资、奖金、补助、其他福利等和离退休人员退休工资方面的支出；后者是指财政用于科教文卫相关单位正常开展工作的支出，如公务费、设备购置费、修缮费、业务费等。

（三）科教文卫支出的管理

尽管科教文卫支出是一种非生产性支出，但是科教文卫事业本身的发展对国家是具有举足轻重的作用的。在 2011 年 2 月，时任我国总理的温家宝同志就曾在“十二五”规划纲要草案征求科教文卫体界代表意见的座谈会上谈到“科教文卫体事业的发展事关人民福祉和国家未来”。实践中，科教文卫事业涉及的种类、部门、具体业务极其繁杂，涉及社会经济生活的诸多方面。鉴于此，要提高财政支出在这个领域的使用效率就必须加强对其支出的管理。对科教文卫支出的管理方面，我们重点从两方面来加以实施。

1. 定员定额管理

所谓定员定额管理是指在安排、控制和监管科教文卫支出时，严格按照科教文卫事业相关单位的人员定额编制和财务收支限额来实施，它是科教文卫支出管理中最基本的一项工作。

1）定员管理

定员就是我们通常说的“定编制”，它是指国家以“精兵简政”为指导思想，综合考虑科教文卫事业相关事业单位的业务性质、规模大小、工作任务等因素来确定人事编制。比如，高校图书馆定员时不仅要考虑到高校学生读者群体借、还书，阅读等活动的周期性规律，还要考虑到高校图书馆各岗位工作的基本工作量及处理各类业务的工作效率。又如，国家公立医院的定员是依照医院床位设置规模和各临床科室设置比例来确定医院各类工作人员的数量和比例的。采取这种方式后，可以较好地实现对定额工作任务配备适量的人员，避免因人员配置过多而加大经费开支或因配备不足而影响正常工作的开展。一般，人员一经编定通过审核后不得中途突破。

2）定额管理

定额管理是指根据科教文卫事业中不同的业务收入或支出项目确定对应的收入或开支限额，它由收入定额和支出定额两方面组成。

收入定额主要包括：第一，补偿性收入定额，即科教文卫事业单位为补偿业务活动中人力、物力和财力的消耗而取得收入的定额；第二，生产性收入定额，即科教文卫事业单位因提供实物产品而取得收入的定额；第三，代办性收入定额，即科教文卫事业单位为其他单位或个人代办业务而取得收入的定额。

支出定额方面则存在两种不同的分类方法。第一种是按支出的用途，可将其分为人员经费支出定额和公用经费支出定额；第二种是按支出的范围，可将其分为单向支出定额、综合支出定额和扩大综合支出定额。

从以上制度设计上来看，实施定额定员制度，既能在一定程度上防止科教文卫事业单位机构臃肿加重财政负担，又能在一定程度上防止其通过乱收费加重社会成员负担来建立本单位的“小金库”，并且提高财政支出在这一领域的支出效率。所以，我们在科教文卫事业支出的管理过程中必须要对其加强贯彻和执行力度。

2. 财务管理

只有规范科教文卫事业单位的财务行为、加强其财务管理，才能提高财政在这一领域的支出使用效率，从而保障这些事业单位的健康发展。对科教文卫事业单位的财务管理主要是通过要求事业单位严格执行现行的预算管理办法来实施的。

预算管理形式是指国家对事业单位预算收支管理方式的规定。国家有必要根据事业单位的类型和财务管理工作的需要来确定事业单位的管理办法。财政部于 1996 年颁布了《事业单位财务规则》，要求单位预算要全面反映单位收支情况，全面采取核定收支、定额或定向补助的预算管理办法。其具体内容包括：第一，核定收支，即事业单位要将全部收支（含预算内和预算外）统一编列预算后报经主管部门和财政部门核定；第二，定额或定向补助，这主要是针对没有财政补助就不能维持正常运转的事业单位而设计的办法；第三，超支不补、结余留用，这就要求事业单位在其预算经主管部门和财政部门核定后，要在预算执行过程中自求平衡；第四，收入上缴，这主要是规定少数非财政补助收入大于支出的事业单位可以实行的办法。

四、财政投资性支出

投资是推动经济增长和发展最为主要的因素之一，因为它可以在刺激社会需求增长的同时增加供给。在任何社会中，社会总投资都是由财政性投资和非财政性投资两大部分构成的。一般而言，财政性投资是指政府为了实现其职能，以财政资金为主要资金来源，对经济、社会发展中的一些特定部门和需要进行的投资活动，其主要目的是为社会提供公共品和公共服务。

（一）财政投资的一般分析

1. 财政投资的意义

财政投资作为社会投资的重要组成部分，对推进经济和社会发展起到了至关重要的作用，它能够为整个社会提供和生产公共品及服务，是实现公共服务和提高国民生活质量的重要保障。具体而言，财政投资具有以下几方面的作用。

1）调节社会投资结构、引导社会投资方向

在市场经济中，尽管对优化资源配置起基础性作用的是非政府部门，但是在公益性和基础性较强、投资效益并不显著的领域，如基础设施、农业等，非政府部门的投资意愿极弱、投资力度极小甚至缺失。而这些领域又正是国民经济发展不可或缺的基础条件。因而，财政参与并主导这些领域相关项目的投资后，就可以弥补市场调节的不足，优化整个社会投资结构。另外，一国经济在发展的不同时期需要制定不同的产业政策，政策规定优先发展的产业就需要财政投资先行营造良好的基础投资环境和投资氛围，从而引导社会投资主体参与对这些产业的投入。所以，财政投资也是引导社会投资方向的重要手段。

2）为非财政性投资营造良好的投资环境

一国公用设施和基础设施的完善程度是影响该国整个社会投资环境好坏的一个先决条件。在现实经济中，如果非政府的社会投资主体要在某地投资，除了要考虑该地的相关政策等软环境外，还肯定会事先考察该地在交通、能源、环境建设等方面的硬件基础设施。只有对该地的软、硬件设施评价都达到了一定水准，企业才会做出投资决定。而诸如道路、桥梁、码头、能源、通信等基础设施，由于其公共品的属性，企业和个人是不愿意提供的，这就要求政府必须担起此任。可见，财政投资是为非财政性投资创造良好投资环境的必要基础。

3）均衡社会投资，有助于国家进行宏观调控

在经济发展的过程中，难免会出现经济的波动，导致宏观经济失衡，这时就需要政府这只“看得见的手”来扭转这一局面。其主要手段之一就是政府把自身的投资作为一个调节社会投资总量的杠杆，进而影响总供给和总需求的变化，使其重新实现均衡。例如，当经济不景气、市场投资低迷时，政府可以采取扩大财政投资规模，利用“乘数效应”来扩大社会需求，从而推动经济的发展；相反，当社会投资总量呈扩张势头、通货膨胀趋势严重时，可以通过缩小财政投资的规模来缓解投资膨胀。所以，政府可以通过适时改变财政投资规模的大小来逆对经济风向，实现社会经济的快速平稳发展。

2. 财政投资的范围

尽管财政投资是社会总投资的重要组成部分，但这并不意味着财政投资的范围越宽、规模越大越好，反而还尤其要注意投资项目的选择。一般，国家的财政投资在进行项目选择时要依照四个原则。首先，财政投资要集中于市场投资所不愿或无力介入，但又在经济、社会发展过程中必不可缺的领域；其次，财政投资不能妨碍市场对资源配置决定性作用的发挥；然后，财政投资不得强行干预市场主体的投资选择和偏好；最后，财政投资应有利于增进社会经济效应。

按照上述原则，可以将财政投资的范围划分为如下两大类：第一类，公益性投资领域。在这个领域，绝大多数都是市场主体无法提供但又必须在国家存在和发展过程中应该具有的，因而只有依靠财政投资来保障其存在和运转，如公、检、法、司、国防、消防、科教文卫等；第二类，基础性投资领域。基础性领域是指能为整个社会的生活、生产、建设提供原料、燃料、动力、交通等基本产品和服务的领域，如农业、公路、铁路、机场、桥梁、港口、电力、通信、城市污水和垃圾处理等。这些基础性产业为国民经济的运行提供了不可或缺的物质基础。由于这些领域提供的物品或服务具有较强的外部性，所以要求政府投资扮演主要的角色。在实践中，政府也在尝试通过财政补贴和特许权经营引入非营利性组织和企业来参与投资经营，但政府要注意根据自身的财力并对这些领域经营的效率把握好度，这样才能在减小财政负担的同时为社会提供高质量的服务。

3. 影响财政投资在社会总投资中比重的因素分析

财政投资在各国社会总投资中所占的比重存在着相当大的差异，影响这个比重的因素主要有两个：一是一国所实行的经济体制。一般而言，在实行市场经济的国家，非财政性投资在社会投资总额中所占的比重较大；而在实行计划经济的国家，财政性

投资所占比重却较大。二是一国所处的经济发展阶段。一般说来，发达国家的非财政性投资占社会总投资的比重较小，欠发达国家和中等发达国家的财政性投资所占的比重较大。由于存在上述差异，财政性投资和非财政性投资在一国投资活动中发挥作用的主从次序便有所不同。在财政性投资比重较大的经济社会中，财政投资为主，非财政性投资只发挥某种弥补财政性投资不足的作用。在财政性投资占比重较小的经济社会中，非财政性投资为主，财政性投资则发挥某种“拾遗补缺”的作用。造成这种差别的原因，主要不在于财政性投资规模的大小，而在于经济运行机制的不同。实行市场经济的国家，社会经济活动主要由千万个独立的法人商品生产者去组织，投资当然也主要由他们去执行，政府的经济职能主要是根据宏观经济目标对非政府部门的经济活动进行“二次调节”。实行计划经济的国家，政府是主要的经济主体，投资当然也主要由政府掌握，在这个背景下发生的非财政性投资，自然只能发挥补充财政性投资的作用。经济发达国家，市场机制已经走上完善和成熟，主要通过市场的充分竞争实现经济的有效运行，政府主要是通过间接手段进行宏观调控。而欠发达国家和仍处于经济体制转轨时期的国家，仍然需要政府通过财政性投资等直接手段培育市场，调整经济结构，并维持适度的经济增长速度。

（二）基础产业投资支出

1. 基础产业投资的范围和意义

基础产业是对那些能为国民经济的正常运行和健康发展提供基础性保障的特定经济部门的总称，它由基础设施和基础工业构成。基础设施是指为社会生产和居民生活提供公共服务的物质工程设施，是用于保证国家或地区社会经济活动正常进行的公共服务系统，它包括各种类型的交通运输设施（如公路、铁路、机场、桥梁、码头等设施）、城市基础设施（如水电气供给系统、排污系统、城市交通系统等）和重要的公用事业部门设施（如邮电、通信等）。基础设施是国民经济各项事业发展的基础，是整个社会赖以生存和发展的一般物质条件。基础工业是对那些能为国民经济提供原材料、动力和技术装备等基本生产资料的工业部门的总称，它是重工业的主要组成部分，一般包括冶金、石油、煤炭、电力、机械、化学等工业。基础工业涉及的部门一般也是关系国计民生的重要工业部门。

基础产业是支撑整个社会经济运行的基础，它决定和反映着国民经济的发展方向和运行速度。一国的基础产业越发达，就意味着该国经济发展的后劲越足，经济的运行效率就越高。所以，要实现国民经济的长足稳定和发展就必须首先保证基础产业的发展。

2. 基础产业投资的特点

同与社会经济发展相关的其他产业相比，基础产业具有一些不同的特点。首先，基础产业为整个社会提供的是“共同生产条件”。例如，在当今的经济生活中，交通、电力等基础产业基本上是任何一个行业开展业务活动的必备条件。其次，基础工业是为其他行业提供基本生产资料的部门集合，是其他行业发展赖以生存的基础。再次，基础产业是资本密集型行业，具有投资大、周期长、回收慢、风险高等特点。最后，基础产业具有自然垄断性。

3. 基础产业投资的提供和经营方式

基础产业投资最关键的问题是投资和经营方式，它不仅直接关系到投资效率，还决定着投资的资金来源。不同的投资、经营方式，实际上意味着有不同的成本补偿方式。从各国的实践来看，投资方式主要有以下几种。

（1）直接投资，无偿提供。这种方式是指政府直接进行基础设施投资，免费向公众提供，政府承担全部的成本。这是最基本的也是最传统的一种政府投资方式。它适宜于那些公众普遍受益，且受益额大体相等的基础设施项目。这时，政府实际上是依靠税收融资。

（2）直接投资，非商业性经营。政府直接投资，是指由政府所属的特定的公共部门进行非商业性经营。非商业性经营是不以营利为目的的，经营主体向使用者收取等于或小于经营成本的费用。这种方式适宜于那些公众普遍受益，但受益额不同，具有排他性但又不宜由私人部门经营的基础设施项目。这时项目成本补偿实际有两种方式：税收和使用费。

（3）间接投资，商业经营。这是指政府只提供投资贷款，由私人部门按商业方式投资和经营。它适宜于那些受益对象不够普遍、具有排他性且适宜私人部门经营的一般性基础设施和基础工业项目。这时，项目成本补偿实际来源于提供项目服务的价格。

除了以上几种基本方式以外，在实践中，基础产业还有许多其他的组合投资、经营方式，如公私合营（public-private-partnership，PPP）模式、建设—经营—转让（build- operate-transfer，BOT）模式和移交—经营—移交（transfer-operate-transfer，TOT）等具体方式。

（三）财政支农支出

1. 财政投资农业的必要性

（1）农业是国民经济的基础。同其他物质生产部门一样，农业也从事物质资料的生产和提供。但又与其他行业不同，农业主要是为人类的生存和劳动力的再生产提供必需的物质资料，所以可以说农业是国民经济中最基本的物质生产部门，是人类社会的衣食之源和生存之本。此外，农业发展的好坏还直接影响到国民经济其他部门的发展，因为它为工业等其他物质生产部门提供最基本的原料，是工业等其他物质生产部门与一切非物质生产部门存在和发展的必要条件。所以，农业基础地位的牢固关系到人民的切身利益、社会的安定和整个国民经济的发展。

（2）农业是弱势产业。这主要是因为农业受自然和市场双重风险夹攻。一方面，自然条件的好坏直接影响到农业生产的效应，风调雨顺则农业收成好，但是“天有不测风云”，天灾则可能会导致农民颗粒无收。另一方面，即使在收成好的年份，又有“谷贱伤农”的市场风险。所以，有必要依靠政府通过加大财政性农业投资来减少自然和市场风险可能给农业带来的损失，稳定和促进农业的发展。

2. 财政支农的范围和重点

按照当前设计，财政在农业方面的投入可以分为预算内资金投入和预算外资金投入。

预算内资金投入是指列入国家和农业相关主管部门预算专门用于发展农业的资金，它主要包括五个方面的内容：第一，农林、水利、气象等方面的基本建设支出，即国家财政用于农业垦区、生产建设兵团垦区、国有林场、植树造林、水利设施、气象站台等方面的基本建设支出；第二，农林企业挖潜改造资金，即国家财政用于农垦、农牧、农机、林业、水利、水产、气象等企业的挖潜改造资金；第三，农林部门科技三项费用，即财政用于农业、农机、农林、畜牧、水利、水产和气象等部门的新产品试制费、中间试验费和重要科学研究补助费等科技三项费用；第四，农林、水利、气象等部门的事业费支出，即财政用于农业、农机、农林、畜牧、水利、水产、气象、乡镇企业，以及农业资源调查和土地资源管理等方面的事业经费支出；第五，支援农村生产支出，国家财政对农村集体单位和农户的各项生产性支出的支援，主要包括对农业、农林、水利等领域相关生产性支出的补助。

预算外资金是指未纳入国家和农业相关主管部门预算而用于发展农业的资金，它也是支农资金的重要来源，但是介于其分散性较强的特点，还需要财政部门对其加强监管，积极给予引导，使之为农业发展做出更大贡献。

在市场经济体制和公共财政框架及中国已加入 WTO 的宏观背景下，要优化财政对农业投资行为，必须确定正确的投资重点领域，切实转变财政对农业投资的职能。结合我国的实际情况，财政对农业投资的重点领域主要应该集中在农业基础设施建设和生态环境治理、农业科研与农村教育、农业社会化服务体系建设、改变贫困地区落后面貌和农业自然灾害救济五个方面。

3. 我国财政支农支出的现状

（1）我国的财政支农支出总量有所提高，增幅较大，但相对规模有待提高。由表 7-3 可以看出，我国的财政支农支出在进入 21 世纪以来的 14 年间，金额从 2001 年的 1456.70 亿元增长到了 2014 年的 14 001.67 亿元，翻了 9.61 倍，年平均增幅达到了 17.21%。我国同时期的财政支农支出增长速度超过了财政总支出的增长速度，这意味着政府正越来越重视对农业的投资，其形势是喜人的。但是，从财政支农支出的相对规模即支农支出占财政总支出的比重来看，该比率一直维持在较低水平，这说明财政对农业的投资力度还有待加强。

表 7-3　2001～2014 年我国财政支农支出情况分析表

年份	财政支农支出/亿元	财政支农支出增幅/%	财政支农支出占财政总支出的比例/%
2001	1 456.70	—	7.70
2002	1 580.80	8.50	7.20
2003	1 754.00	11.00	7.10
2004	2 337.60	9.00	8.20
2005	2 975.30	27.30	8.80
2006	3 397.00	14.20	8.40
2007	4 318.00	23.00	8.70
2008	5 955.50	37.90	9.50
2009	7 253.10	21.80	9.50
2010	8 579.70	18.30	9.50
2011	10 408.60	21.30	9.60
2012	11 973.88	15.04	9.51
2013	13 349.55	11.49	9.52
2014	14 001.67	4.88	9.23

资料来源：根据《中国统计年鉴》相关年份数据整理计算

（2）财政支农支出的资金使用效率不高。在我国，财政资金的使用是由中央政府主导的，但是由于我国当前涉农的管理部门过多，共设中央、省、市、县、乡5级，仅中央一级就有财政部、农业部、建设部、水利部、民政部、国家发展和改革委员会等，这样的行政构架就导致财政支农资金面临分配层次多、渠道复杂的问题，使得财政支农资金在相关部门、各级政府和机构之间的分配管理混乱，从而降低了资金的使用效率。政府各部门之间有时职责不清，使得财政支农资金在使用方向、项目安排等方面就可能存在重复，从而导致有些领域需要资金但资金到不了位，而有些领域则出现重复投资。

（3）财政支农支出的结构有待优化。就财政支农支出的结构而言，一直以来都存在生产性支出少、非生产性支出多的问题，其具体表现就是资金用于“办事建设”的钱少，而用于“养人吃饭”的钱多，经常出现人员经费挤占事业经费、事业经费挤占生产性支出的不合理现象。

总体来看，就农业在我国国民经济中的基础性地位和农业发展要求政府支持与保护的需求而言，我国财政支农支出还很小，支出结构也不尽合理。因此，应按照中央提出的要求，在国家财力允许的情况下加大财政资金的投入力度，通过整合涉农部门并严格划定各部门职责来提高财政支农资金的使用效率，根据社会经济发展的不同阶段合理界定财政支农支出的重点以优化其支出结构，以此来保证农业的发展，并促进其在国民经济发展中做出更大的贡献。

本 章 小 结

购买性支出是指政府为执行各种政府职能，按照等价交换原则，从市场上购买特定商品和劳务的支出。政府购买性支出规模庞大，会对资源配置产生影响。政府购买性支出由于有乘数效用和加速效用能很好促进经济发展，但是政府购买性支出也会存在挤占效用，由于政府投资、购买会提高利率，挤占私人投资空间。我国的各类购买性支出都在不断增长，但要注意结构问题。

政府除了购买性支出外，还有一项政府重要的支出是政府单方面无偿的转移性支出。我国转移性支出的发展规模怎么样，下章将做重点分析。

➢复习思考题

1. 什么是购买性支出？其性质是什么？包括哪些内容？
2. 购买性支出有哪些经济效应？
3. 购买性支出“乘数效应”的作用机制是怎样的？
4. 试述财政投资的意义。

➢案例分析

（一）官车“宝马化”：政府采购遭遇制度伦理双重挑战

2009年6月14日，媒体披露宝马和奔驰首次入围2009～2010年中央国家机关政府采购名单。这意味着，至少未来一年，两大顶级豪华车品牌将入围中央政府公务车行列。

其实早在2008年6月，两车就已进入中央直属机关政府采购名单，但当时未引起注意。

此次消息一经发布，似乎灼伤了公众的敏感神经。“为什么不买国产车？”“公务车为什么要用豪华车？”对公务用车“宝马化”的社会担忧与批判旋即而至，政府采购的价值取向也在此间遭受多重争议。

“宝马和奔驰都是经过正常招投标和谈判程序才成为政府采购的协议供货商，现在引起这样的争论，我们感到非常意外。”6月15日，中央国家机关政府采购中心办公室人士对《南方周末》记者说。

（二）官大，车大，排气量大

什么级别的领导坐什么样的车，早在1994年就确立了官方标准。中央办公厅、国务院办公厅《关于党政机关汽车配备和使用管理的规定》中首次说明：省、部级干部配备专车，排气量3.0升以下，副部、副省级排气量2.5升以下。1999年这一原则以价格标准得以完善。相关文件规定：省、部级干部配车，排气量在3.0升以下、价格45万元以内；副部、副省级干部，排气量3.0升以下、35万元以内；其他公务用车一般配备排气量2.0升以下、价格25万元以内的轿车。

此次入选政府采购名单的6款宝马车中，有两款市场售价48万元，奔驰中有一款售价51万，这三款车型均超出公务配车的最高标准。从中央政府机关采购名单当中可见，虽然38家企业中国有自主品牌近乎占据了半壁江山，但仍然集中在中低端车型，使得政府采购在现行标准下自然向外国品牌靠拢。

奇瑞公司北京销售负责人谢文林告诉《南方周末》记者，虽然奇瑞也位列中央政府采购名单，但政府订单实际上寥寥无几。“现行标准公务车最低档次规定在25万元以下，政府自然就会买25万元上下的，我们奇瑞最贵的车才13万元，根本够不着这个标准。”

《南方周末》记者了解到，国管局目前正有意改革这项具有较大争议的公务车配置标准。财政部系统一位熟悉政府采购政策的人士透露，“原来只有三档标准，未来会增加等级，比如司局级就可能允许配车。45万元、35万元的标准及排量标准可能都会往下降。”

另外，奔驰公司北京销售负责人孙学军认为，这个标准实行长达10年，早已过时，应该适当提高公务车配置标准。记者了解到，奔驰虽2008年6月入围中直机关采购名单，但一年过去，政府订单基本为零。汽车业内人士分析，作为高端公务车供货商，奔驰在“45万元”临界点徘徊的高价位影响其实际进入政府采购市场，这也是奔驰公司希望提高现行标准的原因所在。

资料来源：赵凌，蒋文洁. 官车“宝马化”后果，政府采购遭遇制度伦理双重挑战. 南方周末，2009-06-18

思考问题：

请谈谈你对这段材料的看法？政府采购会对经济产生什么样的影响？

第八章 转移性支出

➢ 引言

转移性支出是政府按照一定的方式，将一部分财政资金无偿地转移给居民和组织，而不取得相应的商品和劳务的一种财政支出形式。转移性支出一方面可以发挥缩小收入差距和自动稳定器的功能，如社会保障支出；另一方面又能够对有效引导资源配置和流动，如财政补贴。因此，转移性支出成为财政支出中一个重要的组成部分。通过本章学习，可以对财政转移性支出中的社会保障支出和财政补贴有基本了解，并对我国现行的社会保障制度和财政补贴运行情况有基本认识。

第一节　社会保障支出

一、社会保障与社会保障制度

随着生产力的提高和社会的进步，人类的公共需求的外延和内涵也在不断发生着变化，因此，政府提供的公共品也将顺应着需求的变化而变化。在自给自足的自然经济中，人们在各自的土地上劳动，劳动时间没有严格的规定，劳动者也没有严密的组织，劳动成果也基本归属于劳动者自己所有。那时，人们尚未组织成相互密切联系的社会，因而社会也没有为其生、老、病、死负有责任的条件。而在现代社会，劳动者除了享有付出劳动获得劳动报酬的权利以外，还会因为生病、工伤、生育等原因暂时无法工作而获得相应的生活保障；因为退出劳动大军、安享晚年而获得养老保障；因为社会或个人的种种原因而暂时无法获得就业机会时，享有一份能够满足自己和赡养家庭人口最低生活需要的收入保障；等等。诸如此类社会性事业，都需要政府通过财政支出来予以保障，而系统性的措施和政策，则构成了国家的社会保障制度。一般认为，德国的俾斯麦政府在 19 世纪 80 年代通过了历史上第一个社会保险法，成为社会保障制度创始的标志。到了 20 世纪 30 年代，大危机席卷资本主义国家，各国在此背景下纷纷建立了社会保障制度，经过几十年的发展，如今发达国家已经形成了规模庞大、制度完整和稳定的社会保障制度。

社会保障源于英文“social security”，直译为“社会安全”，是指政府通过立法，强制采取手段对国民收入进行分配和再分配而形成专门的社会保障基金，对社会成员在老、病、残、丧失劳动能力或因自然灾害等面临生活困难时给予的物质上的帮助，同时根据经济和社会发展状况，逐步增进公共福利水平，提高国民生活质量的一种公共服务和事业的总称。社会保障是社会成员应享有的基本权利，是国家应履行的确保社会成员生活权利的一种法律责任，是解决社会问题的重要杠杆，也是稳定社会和经济秩序的一个重要保证。一个成熟的市场经济国家必定是一个法治国家，社会保障必须构建在完善的法制框架下。因此，社会保障制度则是指由法律规定的、按某种确定的规则实施的社会保障政策和措施体系。

二、政府介入社会保障的理由

（一）弥补市场失灵，缩小收入差距

在市场体制经济下，市场的最大优势是对资源配置起决定性作用，能够使资源得到有效配置。然而，市场机制也有着种种缺陷，收入分配不公平就是市场分配中的典型缺陷。市场机制在对收入进行初次分配的时候强调效率原则，即承认个人对财产的所有和劳动者天赋与能力的差别。这种分配机制从经济效率上来说，能够激发人们不断开拓创新、勇于进取，对于提高经济效率是很有作用的。但是，社会成员之间的收入差距也会因此而越拉越大，从而出现“富者越富，穷者越穷”的马太效应，从社会公平的角度上来说，显然是不利于社会公正和社会稳定的，也极有可能成为社会危机爆发的导火索。此时，财政可以采取收入再分配的措施来缩小收入差距，纠正市场机制在初次分配上的不公平。社会保障则通过资金的筹集和待遇的给付，把一部分高收入成员的收入转移到一部分生活陷入困境的社会成员手中，从而弥补市场在收入分配上的缺陷，从而实现公平分配的目标。

（二）保障公民基本权利

一般认为，在社会领域中，公民有生存权、健康权、居住权、受教育权、工作权和资产形成权这六项基本权利。在市场经济体制下，市场是以资本实现“利润最大化”为目标提供产品的，从而市场不能有效保障公民上述权利的履行。因此，政府必须负起责任，确保社会领域公民权的实现，而社会保障是实现公民生存权、健康权等基本权利的一个重要工具。

（三）克服商业保险的“逆向选择”

商业保险市场上存在着信息不对称，即个人可以把握自己的风险程度，而保险公司却只能掌握并不完全的信息，这使得投保人往往是那些更有可能获取保险赔偿的人，保险公司如果根据观察到的平均风险程度来确定保费，就有可能发生低风险个人向高风险个人转移收入的再分配，这样低风险者就会退出商业保险。一旦出现这种逆向选择问题，商业保险市场就很难单纯向高风险者提供保险。而如果实行人人都要购买的强制性社会保险，就可以消除逆向选择问题。

（四）家长主义

由于个人缺乏远见，只能对短期现象做出判断并且选择短期内最有可能实现效用最大化的方案，而对未来可能发生的意外，个人却缺乏必要的防范。作为“家长”的政府就有责任对社会成员采取一定的强制措施，增加个人对保险的消费，防止社会成员在现在或未来的安排上由于选择不当，没有为未来积累足够的财产而造成贫困现象。

三、社会保障的筹资形式

社会保障需要大量的资金来源才能实现其职能，因此，各国除了政府通过预算安排社会保障支出、对企业和个人开征社会保障费（税）筹资以外，均鼓励社会各界进行捐助。其中，通过预算安排社会保障支出是社会保障基金来源的最重要和最稳定的形式。以我国为例，我国在2014年安排的一般预算社会保障支出达到15 968.85亿元，是1993年的212倍。而对企业和个人开征社会保障费（税）则是基于三方共同承担社会保障资金的原则，劳动者所在经济单位（企业）和劳动者个人必须按照自己的承受能力承担相应的社会保险基金份额。

目前，在实践中，世界各国对社会保障的筹资模式主要有现收现付制（pay-as-you-go）、完全基金式（fully funded）和部分基金式（partially funded）三种类型。

（一）现收现付制

现收现付制是根据当期支出需要组织收入，本期征收，本期使用，不为今后的保障支出储备资金。其特点是管理方便，收支关系清楚，在计划开始初期收费率低，以后随着支出规模的扩大，收费率逐步提高。通常由政府征收社会保障税筹资。

（二）完全基金式

完全基金式是在预测未来时期社会保障支出需求的基础上，确定一个可以保证在相当长的时期内收支平衡的平均收费率。在计划实施初期，社会保障收入大于社会保障支出，其余额作为以后年份的储备基金。在社会保障支出大于社会保障收入的年份，用储备基金及利息来弥补收支差额，其特点是可以保证在相当长的时期内实现收支平衡，而且结合个人账户来进行，因此实施的难度较小。但是，由于时间过长，计划初期收费率较高，储备基金容易受到通货膨胀的威胁，难以保证在预期内不调整收费率。

（三）部分基金式

部分基金式是根据分阶段收支平衡的原则确定收费率，在满足本期支出需要的前提下，留有一定的储备基金，据以确定收费率。其特点是收费率分阶段调整，在收费率相对稳定的前提下，储备基金可以为以后时期可能出现的意外支出需求做准备，也可在积累过程中为经济发展提供长期投资。通常采用由政府征收社会保障费（税）的筹资方式。

四、社会保障的内容

社会保障包括社会保险、社会救助和社会福利三种类型，其中，社会保险是社会保障的核心内容，社会救助是社会保障的最低层次，而社会福利是社会保障的最高层次。

（一）社会保险

社会保险的主要项目包括养老保险、医疗保险、失业保险、工伤保险、生育保险等。社会保险是社会保障制度的一个最重要的组成部分。所以，在讨论社会保险的历史时不能把社会保险从社会保障中抽离出来。

（1）养老保险。养老保险，全称社会基本养老保险金，是由社会统筹基金支付的基础养老金和个人账户养老金组成，是社会保障制度的重要组成部分，是社会保险五大险种中最重要的保险项目之一，是国家和社会根据一定的法律和法规，为解决劳动者在达到国家规定的解除劳动义务的劳动年龄界限，或因年老丧失劳动能力退出劳动岗位后的基本生活而建立的一种社会保险制度。这一概念主要包含以下三层含义。首先，养老保险是在法定范围内的老年人完全或基本退出社会劳动生活后才自动发生作用的。这里所说的“完全”，是以劳动者与生产资料的脱离为特征的；所谓“基本”，指的是参加生产活动已不成为主要社会生活内容。需强调说明的是，法定的年龄界限（各国有不同的标准）才是切实可行的衡量标准。其次，养老保险的目的是为保障老年人的基本生活需求，为其提供稳定可靠的生活来源。最后，养老保险是以社会保险为手段来达到保障的目的。养老保险是世界各国较普遍实行的一种社会保障制度。

（2）医疗保险。医疗保险，指以保险合同约定的医疗行为的发生作为给付保险金条件，为被保险人接受诊疗期间的医疗费用支出提供保障的保险，医疗保险以合同的方式预先向受疾病威胁的人收取医疗保险费，当被保险人患病并去医疗机构就诊而发生医疗费用后，由医疗保险机构给予一定的经济补偿。医疗保险是把个体身上的由疾病风险所致的经济损失分摊给所有受同样风险威胁的成员，用集中起来的医疗保险基金来补偿由疾病所带来的经济损失。例如，我国的公费医疗、劳保医疗。医疗保险同其他类型的保险一样，也是以合同的方式预先向受疾病威胁的人收取医疗保险费，建立医疗保险基金，当被保险人患病并去医疗机构就诊而发生医疗费用后，由医疗保险机构给予一定的经济补偿。

（3）工伤保险。工伤保险，是指劳动者在工作中或在规定的特殊情况下，遭受意外伤害或患职业病导致暂时或永久丧失劳动能力及死亡时，劳动者或其遗属从国家和社会获得物质帮助的一种社会保险制度。工伤保险是社会保险制度中的重要组成部分，是指国家和社会为在生产、工作中遭受事故伤害和患职业性疾病的劳动者及其亲属提供医疗救治、生活保障、经济补偿、医疗和职业康复等物质帮助的一种社会保障制度。上述概念包含以下两层含义：一是工伤发生时劳动者本人可获得物质帮助；二是劳动者因工伤死亡时其遗属可获得物质帮助。

（4）失业保险。失业保险是指依法参加社会保险的劳动者，因失业导致经济收入受到影响时，按规定在法定时间内补贴其因失业而损失的部分经济收入，从而保障其基本生活的社会保险项目。失业保险是由国家立法强制实行的，由社会集中建立基金，对因失业而暂时中断生活来源的劳动者提供物质帮助的制度。它是社会保障体系的重要组成部分，是社会保险的主要项目之一，它主要是为了保障有工资收入的劳动者失业后的基本生活而建立的，其覆盖范围包括劳动力队伍中的大部分成员。

（5）生育保险。生育保险是通过国家立法，在职妇女因生育子女而暂时中断劳动时由国家和社会及时给予生活保障和物质帮助的一项社会保险制度。主要包括两项：一是生育津贴；二是生育医疗待遇。其宗旨在于通过向生育女职工提供生育津贴、产假及医疗服务等方面的待遇，保障她们因生育而暂时丧失劳动能力时的基本经济收入和医疗保健，帮助生育女职工恢复劳动能力，重返工作岗位，从而体现国家和社会对妇女在这一特殊时期给予的支持和爱护。

（二）社会救助

为了保障全体公民生存和基本生活权利，大多数市场经济国家都实行社会救助制度。社会救助，是现代国家中得到立法保障的基本公民权利之一，当公民难以维持最低生活水平时，由国家和社会按照法定程序和标准向其提供保证其最低生活需求的一种社会保障制度。社会救助包括灾害救济、贫困救济和其他针对社会弱势群体的扶助措施。社会救助作为社会保障体系的组成部分，是社会成员应享有的基本权利，是国家应履行的保障公民在非常时期生活权利的法律责任，是政府解决特殊社会问题的重要手段，也是稳定社会和经济秩序的一项必要机制。

社会救助具有以下几方面的特征。

（1）社会救助是一种政府或社会的行为。作为政府行为，它表现为政府在相应的立法规范下，通过实施社会救助政策为社会成员提供最低生活保障，政府不仅对这一政策的实施负有直接的财政责任，也负有直接的管理与实施社会救助的责任；作为一种社会行为，它又表现为民间或社会团体对救助对象的自发性救助，主要以自发性的募捐和其他慈善性活动的形式来实现，带有自发性、不确定性的特点。

（2）社会救助的对象，是容易遭遇生活困境的社会弱势群体。所谓弱势群体，是指依靠自身能力难以摆脱生活困境的社会成员，包括收入水平低于贫困线的贫困人口、就业市场竞争中的失败者、遭遇天灾人祸难以自拔者，以及因身体原因、年龄原因乃至政策歧视原因而在生活及就业中处于显著不利地位的社会成员。因其不能依靠自己的力量维持基本的生活水平，而需要国家和社会的扶助。

（3）社会救助的目标，是满足社会成员的最低生活需要。它是为生活在最低收入标准之下的社会成员提供物质及其他方面救助的社会保障制度，目标是避免社会成员陷入生存危机，确保满足社会成员的最低生活需求，维护法律赋予公民的基本生存权利。需要说明的是，最低生活标准是以维持人的最低生存条件为依据确立的，但最低生存条件是一个动态的概念，如农业社会的最低生活标准是指食物或营养方面的最低标准，但进入工业社会尤其是进入发达社会后，这一标准显然要高很多。因此，它不仅是指维持生命极限所需要的食物消费需求，而是相对于一定时期其他社会成员已经拥有的平均消费水准，由国家和政府根据历史、道德、社会等因素加以确定。这一标准通常低于社会平均收入水平及相应的社会平均消费水平。

（三）社会福利

社会福利是指国家和社会（包括企事业单位）为全体成员提供的各种福利性补贴和举办各种福利事业的总称，包括一般的社会福利和特殊的社会福利。例如，我国先后颁布了《中华人民共和国老年人权益保障法》《中华人民共和国未成年人保护法》《中华人民共和国残疾人保障法》《农村五保供养工作条例》等法律规范，保障和促进了社会福利事业的发展，并为特殊人士提供了福利院、敬老院、疗养院、儿童福利院等福利机构。

五、社会保障支出分析

社会保障支出与社会保障制度联系在一起，各国的社会保障制度不同，相应的社会保障支出安排也存在较大的差异。但是，现代社会下实行社会保障制度的任何国家，社会保障支出都是政府预算支出的重要组成部分。

目前，我国的社会保障支出主要包括以下两大类，如表 8-1 所示。

表 8-1　我国的社会保障支出　　单位：亿元

年份	社会保障和就业支出	社会保险基金支出					
		基本养老保险	失业保险	基本医疗保险	工伤保险	生育保险	合计
2007	5 447.16	5 964.09	217.70	1 561.80	87.90	55.60	7 887.90
2008	6 804.29	7 389.60	253.50	2 083.60	126.90	71.50	9 925.10
2009	7 606.68	8 894.40	366.80	2 797.40	155.70	88.30	12 302.60
2010	9 130.62	10 554.90	423.30	3 538.10	192.40	109.90	15 018.90
2011	11 109.40	12 764.90	432.80	4 431.40	286.40	139.20	18 654.60
2012	12 585.52	15 562.00	451.00	5 543.60	406.00	219.00	23 331.30
2013	14 490.54	18 470.40	531.00	6 801.00	482.10	282.10	27 916.30
2014	15 968.85	23 326.00	615.00	8 134.00	560.00	368.00	33 003.00

资料来源：2007～2013 年数据来自国家统计局，2014 年数据来自《2014 年度人力资源和社会保障事业发展统计公报》

第一类是社会保障和就业支出。这类支出反映政府在社会保障与就业方面的支出，包括社会保障和就业管理事务、民政管理事务、财政对全国社会保障基金的补助、补充全国社会保障基金、行政事业单位离退休、企业改革补助、就业补助、抚恤、退役安置、社会福利、残疾人事业、自然灾害生活救济、红十字事业、城市最低生活保障、农村最低生活保障、其他城镇社会救济、农村社会救济、其他社会保障和就业支出等。

第二类是社会保险基金支出。这类支出反映政府由社会保险基金列支的各项支出，包括基本养老保险基金支出、失业保险基金支出、基本医疗保险基金支出、工伤保险基金支出和生育保险基金支出。

表 8-2 反映了我国社会保险支出占财政支出比重的变化情况，可以看出，狭义和广义的社会保障支出在近年来均有所增加，狭义的社会保障支出从 2007 年的 5447.16 亿元增加到 2014 年的 15 968.85 亿元，年均增长率为 16.61%；广义的社会保障支出从 2007 年的

13 335.06 亿元到 2014 年的 48 971.85 亿元，年均增长率为 20.41%。狭义社会保障支出占当年一般公共预算支出的比重近年来相对比较稳定，基本在 10%左右；而广义的社会保障支出占当年四本预算支出的比重经历了先小幅下降，再缓慢上升的趋势，从 2007 年的 18.47%缓慢下降至 2010 年的 16.97%，再恢复上升至 2014 年的 23.86%。

表 8-2 我国社会保险支出占财政支出比重

年度	狭义社会保障支出/亿元	广义社会保障支出/亿元	狭义社会保障支出占当年一般公共预算支出的比重/%	广义社会保障支出占当年四本预算支出的比重/%
2007	5 447.16	13 335.06	10.94	18.47
2008	6 804.29	16 729.39	10.87	18.14
2009	7 606.68	19 909.28	9.97	18.24
2010	9 130.62	24 149.52	10.16	16.97
2011	11 109.40	29 764.00	10.17	17.98
2012	12 585.52	35 916.32	9.99	19.60
2013	14 490.54	44 206.84	10.37	20.53
2014	15 968.85	48 971.85	10.52	23.86

六、我国社会保障制度的改革方向及完善措施

目前，我国社会救助、社会保险和社会福利覆盖面从城市劳动者到农村居民逐步扩大，保险险种已经覆盖养老保险、失业保险、医疗保险、工伤保险和生育保险，社会保障框架基本形成。社会保障支出占财政支出的比重也呈现出不断增长的趋势。但是，由于我国是世界上最大的发展中国家，地域广阔、人口众多，经济发展不平衡，社会保障制度也面临着极大的困难和考验。所以，我国必须通过探索和创新，建立健全社会保障制度。

（一）探索城乡一体化的社会保障模式

我国存在着典型的城乡二元结构，现代工业与传统农业并存，发达的城市经济与落后的农村经济并存。城镇已经初步建立了较高水平且体系完整的社会保障，养老保险、医疗保险建立起国家、企业和个人共同负担的基金模式，基本实现了社会统筹；失业保险、工伤保险及生育保险都在原有制度基础上进行了改革和完善。与之相反的是，在广大农村，虽然已经建立了农村基本养老保险和合作医疗保险，但是其他保险项目依旧没有建立起来，农村仍旧是以家庭为保障主体、以国家救济和乡村集体办福利事业为重点的社会保障。这种城乡之间在社会保障方面的二元结构，引发了各种社会矛盾和城乡从业者之间的利益冲突，影响了和谐社会构建，限制了居民跨地域流动和就业模式。就这一突出问题，十八大报告中提出“全面建成覆盖城乡居民的社会保障体系”的奋斗目标，十八届五中全会也明确提出“实施全民参保”“全面实施城乡居民大病保险制度”，我国应该积极探索城乡一体化的社会保障，建立“全覆盖、保基本、多层次、可持续”的城乡一体化社会保障制度。

（二）适时开征社会保障税

按照 1999 年国务院发布的《社会保险费征缴暂行条例》的规定，社会保险费既可以由社会保障部门征收，也可以由税务部门征收。无论哪个部门征收，社会保险费并非税收。社会保险税的优越性有：广开税源，保障基金充沛；利于社保基金的征收管理和社保基金的安全；利于社会统筹安排与调度。从这一角度来说，开征社会保障税有利于社会保障制度的顺利实施。

（三）实现社会保险的高层次统筹

实施社会保险高层次统筹是社会保险制度由初级形式向高级形式过渡的重大举措，使社会保险基金的收支平衡建立在比较稳固的社会经济基础上，因此，我国社会保障统筹层次应该在全国范围内实现统筹。十八届五中全会也明确提出在十三五期间要“实现职工基础养老金全国统筹”，以职工基础养老保险的全国统筹作为试点，待时机成熟后向其他社会保险项目覆盖。全国统筹养老保险基金，不仅有利于减低社会保险的运行成本，而且还能消除劳动力在多层次、宽领域合理流动的障碍，增强社会资源配置的均衡性和社会保险制度的公平性。

（四）加强社保基金投资运营管理，实现社保基金保值增值

目前，我国的社保基金存在投资范围狭窄、资金收益率低的问题，严重影响了社会保障资金来源，因此，应该尝试开辟新的渠道，积极探索多种形式的社保基金保值增值办法。放眼全球，发达国家的资金投资不仅从事购买国债、存银行等低风险的投资运作，还投资于公司股票、企业债券、短期贷款、担保贷款、不动产等，投资范围不仅在国内，还进行了大量的国际投资操作，使资金投资的实际收益率大大高于通货膨胀率和工资增长率。借鉴国际经验，结合我国的实际情况，应该进一步扩宽社保资金的投资渠道，丰富社保资金的投资范围，基金管理要逐步市场化、多样化和规范化。例如，购买国债等有价证券；委托银行进行短期贷款；购买企业债券；参与股票投资；建立专业的社会保险投资银行，从事专门的社会保险基金的投资运作管理。十八届三中全会明确提出社保基金要投资运营，逐步降低国债购买和持有比例，积极而稳妥地参与证券市场投资，通过组合投资和投资比例的控制，减少投资风险，提高投资回报率，努力确保社保基金的保值增值。

第二节　财 政 补 贴

一、财政补贴的性质与分类

（一）财政补贴的性质

在转移性支出中，不仅包含前一节所论述的社会保障支出，还包括财政补贴支出，两者之间具有很多相似性。首先，财政补贴支出和社会保障支出一样，都是财政资金从

政府向微观经济主体的无偿转移，属于国民收入的再分配。其次，对于财政补贴和社会保障资金的获得者而言，都意味着其实际收入的增加，从而使得其经济状况得以改善。但是，这两种支出却又存在了很大的差别。一方面，两者的目的不同。社会保障起因于自然灾害和社会经济事故，主要目的是为了保障公民的基本生存权利，其支出主要用于消费环节。而财政补贴则起因于生产、流通和价格等因素，主要目的是调节社会经济运行，支出可用于生产、流通、消费等环节。另一方面，两者对相对价格的影响不同。财政补贴总是与相对价格的变动联系在一起，即要么是补贴引起了相对价格的变动，要么是价格变动导致了财政补贴，因此，财政补贴又被称为价格补贴。因此，财政补贴可以直接地影响资源配置，影响商品的供给和需求。而社会保障支出则与商品的价格不产生直接的联系。这是因为虽然社会保障支出会使得居民的收入发生变化，居民取得收入后一般会用于购买商品，可能会使商品的价格发生变化，但是，这种变化是间接且不确定的，因此，其对资源配置的影响是间接的。

根据以上的分析，我们可以把财政补贴定义为，它是一种影响相对价格结构，面向企业和城乡居民所实施的可以改变资源配置结构、供给结构和需求结构的政府无偿支出，是政府调节国民经济运行的一项重要经济手段。

（二）财政补贴的分类

财政补贴可以按照不同的标准进行分类。例如，按照补贴对象不同，可以分为对企业的补贴和对居民的补贴；按照补贴环节不同，可以分为生产环节补贴、流通环节补贴、消费环节补贴；按照补贴方式不同，可以分为货币补贴和实物补贴；按照补贴的政策目的不同，可以分为价格补贴、居民生活补贴、国有企业亏损补贴、财政贴息、税收补贴等。下面，介绍几种重要的财政补贴分类方式。

1. 按补贴对象分类

财政补贴按照补贴对象，可以分为对企业的补贴和对居民的补贴。对企业的补贴是政府为了执行国家政策，引导产业结构调整，优化产业升级，或在保证公共品提供价格稳定的情况下维护企业利益而给予企业的补贴，如出口商品补贴、新能源和新技术开发补贴等。

对居民的补贴主要是为了防止物价波动，确保居民利益，保证基本生活用品和生产资料的购买，由政府给予居民的一笔收入或实物，如粮油补贴、交通补贴、住房补贴、粮食补贴等。

2. 按补贴方式分类

财政补贴按照补贴方式，可以分为货币补贴和实物补贴。货币补贴，是指国家用货币支付的财政补贴。从消费者角度出发，货币补贴又分为显性货币补贴（即明补）和隐性货币补贴（即暗补）。显性货币补贴（明补）是政府给予消费者一笔货币补贴，其效果是增加了消费者的收入，消费者的预算约束线平移至更高水平。例如，改革开放之初，我国政府为了提高农副产品价格，但又确保人民生活水平不至于降低，对城镇居民给予一定的价格补贴，每月发放一定数量的现金。隐性货币补贴（暗补）是政府给予生产者一定的货币补贴，同时还对企业附有一定的强制措施，要求其以较低的价格出售产品。

例如，为了鼓励新能源汽车的发展，降低新能源汽车的研发和生产成本，我国政府对生产新能源汽车实施了财政补贴政策。实物补贴是指国家用实物支付给受益者的一种补助。与明补相比，实物补贴和明补都是直接补贴给消费者，不同的是，明补采用的是货币方式，而实物补贴采取实物方式。

3. 按补贴目的分类

财政补贴作为政府调节经济的一项重要手段，其必然会为了达到国家特定的政治经济目的而实施，因此，以补贴目的分类是财政补贴最重要的分类方法之一。

1）价格补贴

价格补贴是指国家对企业因执行国家的限价政策所造成的亏损给予的资金补贴，也可以称为政策性亏损补贴。主要包括以下内容。

（1）农副产品价格补贴。当从事农副产品收购的商业企业由于执行政府的限价政策，出现购销价格倒挂而造成亏损时，政府给予的补贴。农副产品价格补贴是价格补贴中的主要内容。

（2）农业生产资料价格补贴。当农业生产资料的生产企业为执行政府限价政策，以低于政策价格的价格向农民销售生产资料时，政府对其价差给予的补贴。这些生产资料包括化肥、农药、农业薄膜、农业用电等。

（3）工矿产品价格补贴。政府给予需要统一收购的工矿产品（如黄金、白银、通配煤等）的生产企业给予的补贴。

（4）日用工业品的价格补贴。政府对经营某些特殊日用工业品（如燃料、学生课本、报刊、新闻纸等）的商业企业在进价提高而售价不变时给予的价差补贴。

2）居民生活补贴

居民生活补贴是政府支付给居民用以补贴基本生活的资金。当社会处于非常时期（如战争、恶性通货膨胀），为了保证居民的基本生活需要，政府有时需要对居民给予补贴。

3）国有企业亏损补贴

国有企业亏损补贴是政府对国有企业的经营亏损给予的补贴。国有企业一般肩负有一定的目标（大多与正外部性行业有关），国有企业往往因为承担着一定程度的政策性负担和社会性负担而出现经营亏损，为了保证这些企业能够继续经营，政府作为社会管理者和国有企业的投资者，必要时会给予相应的补贴。

企业亏损补贴和价格补贴有所不同，二者的主要区别在于：第一，价格补贴主要与市场零售商品价格有关，而国有企业亏损补贴主要与工业生产资料有关。第二，价格补贴的直接受益人主要为城乡居民，国有企业亏损补贴的直接受益人主要为相关企业。第三，价格补贴多补贴在流通环节，一般向商业企业提供；国有企业亏损补贴多补贴在生产环节，一般向生产企业提供。第四，价格补贴主要用于弥补购销价格倒挂给企业造成的价差损失，国有企业亏损补贴主要向经营价格倒挂产品的企业提供经营费用和合理留利。

4）财政贴息

财政贴息也成为“利息补贴”，是政府对使用符合政策规定的银行贷款的用款单位就其支付的资金利息提供的补贴。例如，用于以下目的的贷款：引进和开发先进技术和设备、发展优质名牌产品、开发和使用节能产品、投资落后地区、助学贷款、农业贷款等。财政贴息是用有限的财政资金带动更多的社会投资和银行贷款以发展社会经济目的、贯彻政府政策意图的一项重要措施。

5）税收补贴

税收补贴也称为“税式支出”，是一种特殊的财政补贴形式，它是对减税、免税、退税、税收抵免等税收优惠措施的总称。税收补贴与财政补贴不同的是，财政补贴是政府的支出行为，而税收补贴是政府的一种减收行为。之所以将税收优惠纳入财政补贴范畴，是因为税收优惠等同于政府将已征收的一部分税款返还给需要扶持的纳税人，这就实际上发挥了财政补贴的功能。

二、财政补贴的特征

财政补贴一般具有以下三个特征。

（一）政策性

财政补贴是国家实现移动的政策目标的手段，财政补贴的对象、补贴的数额、补贴的方式、补贴的限额等都是按照一定时期的国家政策需要制定的，因此，财政补贴具有很强的政策性。国家的政策是多方面的，不仅包括经济政策，还包括政治和社会政策。因此，财政补贴不仅是国家调节经济的一个杠杆，而且也是协调各种社会关系、保障社会秩序和政治局面安定的一种经济手段。

（二）灵活性

国家一般都是根据形势变化和政策需要，及时修正和挑战财政补贴，因此，在世界各国，财政补贴往往是实现国家短期目标的重要财政手段。

（三）时效性

国家的政治、经济和社会政策是随着政治经济形势的变化而调整更新的。由于财政补贴一般都是依据一定时期的国家政策需要制定的，是为实现国家的政策目标服务的，所以，当国家的某些政策发生变化时，财政补贴措施也应该做出相应的调整；当某项政策随着形势的变化，失去政策效力时，与之相应的财政补贴也应随之终止。

三、财政补贴的效应

（一）财政补贴的积极效应

（1）财政补贴是贯彻国家经济政策的重要工具。财政补贴的对象可以是国有企业，也可以是集体企业甚至是私人企业，还可以是城乡居民，但无论补贴对象是谁，最终目的都是为了顺利实施国家的方针政策。例如，国家对公共交通、供气、供水、供暖等企业或事业单位进行适当补贴，就是为了平抑物价，减轻居民负担，提高服务质量；采取保护价格收购粮食，对农机、农膜等涉农产品进行补贴，是为了促进第一产业发展，提高第一产业抵抗风险的能力，维护农民利益，缩小城乡差距。

（2）财政补贴可以以财政资金带动社会资金，补充财政资金的经济效应。财政资金毕竟是有限的，一些事业必须由财政出资来举办，但是一些事业既可以由财政来举办，也可以由私人资本来办，对私人资本不太热衷的那些投资周期长、项目受益慢和小的事业，且又具有巨大社会效益的事业，财政给予补贴。财政只要花费少量的资金就可以将私人资本调动起来，实现“四两拨千斤”的作用。尤其在低迷时期，财政补贴的这种作用更为显著。

（3）财政补贴有利于加大技术改造力度，推动产业升级。在产业结构优化过程中，财政补贴扮演了重要的角色。选择部分商品进行财政补贴，表明了国家的产业政策导向，企业有了更多的银行配套贷款，调动了企业进行技术改造的信心和积极性，有利推动了企业的技术改造和产业结构升级。

（4）财政补贴有利于消除“挤出效应”。在扩张性财政政策下，政府往往采取增加支出的措施，在货币供应量不变的条件下，支出增加会直接增加对货币的需求量，可能带来市场利率水平上升，从而加大私人部门的融资成本，导致私人投资的萎缩，这就是所谓的“挤出效应”。如果对私人部门给予补贴，就可以降低私人部门的融资成本，消除这种挤出效应，增强民间投资的意愿，加快民间投资的恢复和增长。

（5）财政补贴有利于发挥稳定经济的效应。例如，对企业的亏损补贴、居民生活补贴等，也都是为了平抑物价，缓解产业调整过程中的矛盾。

（二）财政补贴的消极效应

财政补贴具有积极效应，成为政府调节经济运行的一种重要的措施，但是，财政补贴如果作用范围过广、规模过大，其积极作用就会被削弱，甚至出现消极效应。

在市场经济条件下，国民经济的正常运行必须要依托市场机制，通过供求关系、价格机制对资源起决定性的配置作用，因此，市场经济的主导应该是市场。财政补贴既然是财政政策的一种手段，作为履行财政的资源配置、收入分配和稳定经济的职能，自然有着重要的地位。但是，财政补贴既然是政策工具，就不应该在国民经济中扮演主要角色。在国民经济运行的制度性基础和调节手段之间，调节手段只是辅助性的。也就是说，如果国民经济的运行对财政补贴的依赖过大，甚至没有财政补贴，便很难有效地组织生产、流通和消费，那就说明，现行的经济体制及其运行机制已经难以实现社会经济的基本目标。过多过滥的财政补贴，非但不利于经济发展，而且会干扰市场经济的正常运行，从而阻挠经济发展。

四、我国财政补贴存在的问题和进一步完善的措施

（一）我国财政补贴存在的问题

（1）财政补贴项目较多，规模偏大。一方面，补贴项目较多则会分散国家经济政策的方向，从而削弱国家财政的宏观调控能力；另一方面，补贴规模过大则会加重财政负担，甚至成为长期存在财政赤字的重要原因之一。

（2）使受补企业产生“依赖思想”，人为加剧企业不公平竞争。长期的财政补贴不可避免地会使受补企业产生依赖思想，“政策性亏损”掩盖了部分企业由于经营管理不善而引起的亏损，影响了资源配置效率和经济效率。另外，企业获得补助降低了生产成本或者扩大了利润，则会以较优越的姿态进入市场，从而产生了提供了企业不公平竞争的温床。

（3）人为扩大了经济体系中的政府行为。长期过多过广的补贴，人为扩大了经济体系中的政府行为，相应地缩小了市场活动的范围。同时，财政补贴成为受补企业的既得利益，易上难下，会演变为经济改革顺利推行的阻碍因素。

（4）在一定程度上扭曲了价格体系。一般而言，市场经济下的价格体系是由商品的供求关系决定的。而财政补贴可以通过增加消费者的收入从而影响需求量，改变商品的相对价格从而影响需求结构和供给结构，如果运用得当可以使社会福利进一步提高。但是，在我国财政补贴实施的过程中，由于某些补贴的不恰当，扭曲了本应由市场决定的价格体系，刺激了不合理消费，加大了政府宏观调控的难度。

（二）进一步改革和完善财政补贴的思路

1. 合理确定财政补贴的范围和项目

在市场经济条件下，应该遵循市场规律，充分发挥市场机制。因此，凡是在市场机制能够发挥作用的领域，都应该充分发挥市场机制中价值规律和价格杠杆的调节作用，尽量不采用或少采用财政补贴手段进行干预，以免对正常价格机制造成干扰和破坏。只有在市场机制发育不成熟、市场失灵或者市场缺陷的领域，才可以适当运用财政补贴这一经济调节手段，以发挥对市场机制的弥补和调节作用。因此，财政补贴的范围应该重点聚焦在以下方面。

（1）对宏观经济效益和社会效益大而自身微观经济效益小的产业和项目。这类产业和项目主要包括军工、航天、节能、节水、资源综合利用、环境治理和保护等。由于这些产业的特殊性，政府给予一定的财政补贴，作为对其外部经济的补偿，可以促进这类产品的供给。

（2）对仍然需要由国家实施价格管制的，以及关系国计民生的少数重要产品和劳务。这类产品和劳务主要包括石油、煤炭、城市供水、供电、供气、公共交通等，可以保留适当的财政补贴，以弥补因价格政策造成的企业亏损。

（3）对在市场竞争中处于不利地位的弱质产业、高新技术产业。农业就是在市场竞争中处于不利地位的典型的弱质产业，由于其是国民经济发展的源泉，是广大人民得以生存生活的主要来源，所以，必须对其进行大力扶持。另外，高新技术产业由于抗风险程度低，也应该给予必要的扶持和引导。

（4）对国家鼓励出口的产品、填补国内空白的进口产品和技术及进口替代产品等。这类产品给予适当财政补贴的目的是促进对外贸易，调节国内需求，保护民族产业，维护国家经济利益。

对于上述产业和项目也不能一概多而全的补贴，而应该根据国家经济发展的规划、经济所处阶段、产业调整的目标和居民对市场价格的实际承受能力来科学地制定补贴办法，选择补贴时间。至于在上述范围之外的项目，则应通过市场化改革逐步压缩甚至取消补贴。

按照上述原则和范围，具体到目前的实际情况，对以下项目应该给予改革、调整或完善。第一，改革农业补贴方式。把大量用于弥合购销差价、降低农用生产资料价格及贴息贷款等流通领域的补贴进行缩减，加大对农民的脱钩直接补贴、农业教育、农业技术推广、农业基础设施建设及调整农业生产结构和组织结构等方面的补贴力度。第二，取消大部分工业企业亏损补贴。工业企业的政策性亏损补贴基本上是由产品价格受国家控制，销售收入不足以抵补生产成本造成的。目前，绝大多数工业产品的价格都已放开，通过国有企业改革，除少数仍需由国家直接控制价格的重要产品和劳务外，其他工业企业的亏损补贴都应该取消。第三，关注公用事业补贴，增加财政对科研费用、环境保护，以及中小企业、高科技企业的补贴。

2. 严格控制财政补贴的规模，制定科学的补贴标准

财政补贴作为调节经济的一项手段，它在国民经济运行中就应该扮演好“配角”。因此，对财政补贴规模的把握和控制就显得尤为重要。严格控制财政补贴规模应该按照以下三条原则进行：第一，财政补贴的总规模应以不影响市场机制在资源配置中发挥基础性作用为限度。第二，财政补贴的总规模应以不影响财政收支平衡、加剧财政困难为限度。第三，财政补贴的总规模应以不挤占其他财政支出、妨碍财政整体职能的发挥为限度。

控制财政补贴规模应该以科学的财政补贴标准为依托。对具体补贴项目的补贴标准应以价格同价值的背离程度为依据。具体为：对生产部门的补贴额=成本＋行业平均利润–出厂价；对流通部门的补贴额=购进价格＋流通费用＋商业平均利润–销售价格；对消费者的补贴额则应使居民实际收入（工资＋补贴）的增长速度大致等于物价的上涨速度等。在出场价格、销售价格和工资水平较低的情况下，补贴标准可以定得较高。但随着价格体系的理顺，出场价格、销售价格和工资水平的提高，补贴标准应该逐步降低。

3. 科学选择财政补贴的环节

科学选择财政补贴的环节，是正确发挥财政补贴作用的关键。如果财政补贴环节选择不当，就会使财政补贴偏离原来的政策目标，甚至与政策目标背道而驰。也就是说，某项财政补贴环节的选择，应以其既定的政策目标为依据。如果财政补贴是为了配合产业政策和生产力布局政策，实现优化资源配置目标，那么应选择在生产（包括投资）环节进行补贴，以直接调动生产（投资）单位的积极性，改善其生产和投资条件，促进该产业和地区经济更快发展。例如，对农业生产、高新技术产业和经济不发达地区的财政补贴，就应该主要选择在生产环节，多采用投资补贴、税收减免、财政贴息等政策手段。如果财政补贴是为了配合适度的物价管制，实现稳定物价、稳定经济、保障人民生活的政策目标，那么就应该选择在流通环节进行补贴，以平抑物价，使社会成员普遍受益，从而达到稳定的目的。例如，对涉及面广、波动效应大的重要基本生活资料和生产资料（如粮食、燃料等），就应该选择在流通环节以价格补贴的形式对经营单位进行补贴。如果财政补贴是为了配合收入分配政策，实现社会公平的政策目标，那么就应选择在消费环节，重点是对低收入者提供生活补贴等。总之，财政补贴环节的选择，应着眼于国家

宏观调控全局和政策目标体系，进行通篇考虑和统筹安排。

第三节 税式支出

如本章第二节所述，税式支出也就是税收补贴，它是财政补贴的一种重要形式，只是与财政补贴的切入点不相同而已。财政补贴是财政安排的一种支出项目，而税式支出则是国家放弃了部分税款，这部分放弃的税款则可认为是国家变相安排的支出。基于此原因，我们把税式支出单列出来进行分析。

一、税式支出的概念与分类

"税式支出"的概念源于20世纪70年代的美国。1973年，美国财政部长助理、哈佛大学教授萨里在其所著《税收改革之途径》一书中，正式使用"税式支出"一词。在萨里看来，美国的所得税制，实际上是由不相同的甚至是矛盾的两部分组成：一部分成为正规的（或基本的）税制结构，包括为完善和严密对净所得进行课税的各项法规，这些法规明确了税基、税率、纳税人、纳税期限及对各类经济实体的税收待遇等，以便有效地取得税收收入。另一部分则是一些特殊条款，这些条款是政府出于引导、扶持某些经济活动和刺激投资意愿而制定的各种税收优惠措施，其目的不是着眼于税收收入，而是为了实现上述目标政府要放弃的一些税收收入。第二部分这些与正规税制结构相矛盾的特殊减免条款项目，就构成了"税式支出体系"。此后，西方各国在官方文件中相继引用了这一概念，并利用国家预算对税式支出加以控制，使之不断完善。

综合世界各国对税式支出的理论研究和实践操作，可以看出，税式支出无非是以特殊的法律条款规定的、给予特定类型的活动或纳税人以各种税收优惠待遇而形成的收入损失或放弃的收入。由此可见，税式支出是政府的一种间接性支出，属于财政补贴支出。

从税式支出所发挥作用的角度，税式支出可分为照顾性税式支出和刺激性税式支出。照顾性税式支出主要是针对纳税人由于客观原因在生产经营上发生临时性困难而无力纳税所采取的照顾性措施。例如，纳税人由于自然灾害造成的临时性财务困难，政府除了用预算安排财政补贴支出以外，还可以采用税式支出的办法，对纳税人的纳税义务进行减免。刺激性税式支出主要是指用来改善资源配置、提高经济效率的特殊减免规定，主要目的在于正确引导产业结构、产品结构、进出口结构及市场供求，促进纳税人开发新产品、新技术及安排劳动就业等。例如，我国对符合条件的高新技术企业采取15%的企业所得税优惠税率；对图书、报纸、杂志等产品采用增值税的低税率等。

二、税式支出的具体形式

（一）税收豁免

税收豁免是指在一定时期内，对纳税人的某些所得项目或所得来源不予课税，或对某些活动不列入课税范围等，以豁免期税收负担。至于豁免期和豁免税收项目，应视当时的经济环境和政策而定。最常见的税收豁免项目有免除关税和货物税、免除所得税。

（二）纳税扣除

纳税扣除是准许企业把一些合乎规定的特殊支出，以一定的比例或全部从应税所得中扣除，以减轻其税负。换而言之，纳税扣除是指在计算应纳税所得额时，从毛所得中扣除一定数量或以一定比例扣除，以减少纳税人的应纳税所得额。例如，我国企业所得税法对企业发生的公益性捐赠允许在税前进行扣除，但是扣除最高额度为年度利润总额的12%的部分。

（三）税收抵免

税收抵免是指允许纳税人从其合乎奖励规定的支出中，以一定比例从其应纳税额中扣除，以减轻其税负。对于这种从应纳税额中扣除的数额，税务当局可能允许也可能不允许超过应纳税额。若在后一种情况下，它被称为“有剩余的抵免”，若是在前一种情况下，即将没有抵尽的抵免额返还给纳税人，就称为“没有剩余的抵免”。税收抵免又可以进一步分为投资抵免和国外税收抵免。投资抵免，是指政府规定凡对可折旧性资产投资者，可以在其当年应付公司所得税税额中，扣除相当于新投资设备某一比例的税额，以减轻其税负，借以促进资本形成并增强经济增长的潜力。通常，投资抵免是鼓励投资以刺激经济复苏的短期税收措施。国外税收抵免，是指在国际税收业务中，纳税人在居住国汇总计算国外的所得税时，准予扣除其在国外的已纳税款。

（四）优惠税率

优惠税率是指对合乎规定的企业课以比一般企业较低的税率。其使用的范围可根据经济社会、产业发展的需要而予以伸缩。这种方法，既可以是有期限的优惠，也可以是长期优惠。一般来说，长期优惠税率的鼓励程度大于有期限的优惠税率，尤其是那些需要巨额投资且获利较迟的企业，常可以从长期优惠税率中得到较大的利益。

（五）延期纳税

延期纳税也成为“税负延迟缴纳”，是指允许纳税人对那些合乎规定的税收，延迟缴纳或者分期缴纳其应负担的税额。这种方式一般可适用于多个税种，且通常都应用于税额较大的税收上。由于纳税人可以延期纳税，相当于纳税人得到一笔无息贷款，能在一定程度上帮助纳税人解除财务上的困难。采取这种办法，政府的负担也较轻，因为政府只是延后获得税收而已，只是损失了一点利息。

（六）盈亏相抵

盈亏相抵是指准许企业以某一年度的亏损抵消以后年度的盈余，以减少其以后年度的应纳税款；或是冲抵以前年度的盈余，申请退还以前年度已纳的部分税款。一般而言，抵消或冲抵前后年度的盈余，都有一定的时间限制。例如，美国税法曾规定，前后可以冲抵的时间是3年后7年内；我国台湾则有前4年后5年的规定。这种方式对具有高度冒险性的投资有相当大的刺激效果。因为在这种方式下，如果企业发生亏损，按照规定就可以从以前或以后年度的盈余中得到补偿。

（七）加速折旧

加速折旧是指固定资产使用年限的初期提列较多的折旧。采用这种折旧方法，可以使固定资产的使用年限早期得到更多的折旧费和减免税的税款。加速折旧是一种特殊的税式支出形式，虽然它可以在固定资产使用年限的初期提列较大的折旧，但由于折旧累计的总额不能超过固定资产的可折旧成本，所以，其总折旧额并不会比一般折旧高。折旧是企业的一项费用，折旧额越大，企业的应纳税所得额也就越小，税负就越轻。从总数上看，加速折旧并不能减轻企业的税负，政府在税收上似乎也没损失什么，但是，由于后期企业所提的折旧额大大小于前期，故税负较重。对企业来说，虽然总税负未变，但税负前轻后重，有税收递延缴纳之利，也相当于政府给予一笔无息贷款；对政府而言，在一定时期内，虽然来自这方面的税收收入未变，但是税收收入前少后多，政府损失了一部分收入的“时间价值”，因此，这种方式与延期纳税一样，都是税式支出的特殊形式。

（八）退税

退税是指国家按规定对纳税人已纳税款的优惠退还，是国家为鼓励纳税人从事或扩大某种经济活动而给予的税款退还。退税又可以进一步分为出口退税和再投资退税。出口退税是为了鼓励出口而给予纳税人的税款退还，包括退还进口税、已纳的国内销售税、消费税、增值税等。再投资退税是指为鼓励投资者将分得的利润进行再投资，而退还给纳税人再投资部分的已纳税款。

本 章 小 结

转移性支出是财政支出的一种重要类型，主要包括社会保障支出和财政补贴。

社会保障是现代国家提供的公共服务，社会保障制度是为了保证社会保障事业的顺利进行而按照法律规定并实施的社会保障政策和措施体系。社会保障包括社会救助、社会保险和社会福利三个层次，社会保险是社会保障的核心内容。我国已经建立了社会保障的基本框架，但是仍旧存在保障层次不高、城乡二元制并存、基金保值增值效果差等问题。因此，需要积极探索城乡一体化的社会保障模式；适时开征社会保障税；实现社会保险的高层次统筹；加强社保基金投资运营管理，提高社保基金保值增值能力。

财政补贴是一种影响相对价格结构，面向企业和城乡居民所实施的可以改变资源配置结构、供给结构和需求结构的政府无偿支出，是政府调节国民经济运行的一项重要经济手段。在国民经济运行中，我国的财政补贴起到非常重要的作用，也曾经一度成为财政支出的主要项目。但是，随着市场经济的建立和加入 WTO，财政补贴应该加以规范和完善，以期不仅能够满足人民生活需要，还能符合国际准则，达到国家宏观调控目的。

税式支出是财政补贴中的一种重要形式，虽然不是直接通过预算安排支出，但是却通过减轻纳税人的负担，使得财政减收，因此也有补贴的功能。税式支出通常情况下有税收豁免、纳税扣除、税收抵免、优惠税率、延期纳税、盈亏相抵、加速折旧、退税等形式。

➢复习思考题

1. 什么是社会保障？什么是社会保障制度？
2. 政府为什么要介入社会保障事业？
3. 简述社会保障的筹资模式。
4. 简述我国社会保障支出的现状和未来社会保障制度改革的方向。
5. 什么是财政补贴？它和社会保障支出有何区别和联系？
6. 财政补贴按照补贴方式如何分类？
7. 针对我国财政补贴现状，分析进一步完善和改革财政补贴的主要措施。
8. 什么是税式支出？税式支出有哪些形式？

➢案例分析

（一）养老金并轨改革

第十二届全国人民代表大会常务委员会第十二次会议2014年12月23日审议了国务院关于统筹推进城乡社会保障体系建设工作情况的报告。报告指出，我国将推进机关事业单位养老保险制度改革，建立与城镇职工统一的养老保险制度。这也就意味着，千呼万唤的机关事业单位与企业养老金并轨有了新的进展。也就是说，以后国家公务员和事业单位工作人员将和企业职工一样要缴纳养老保险，不管对机关事业单位还是企业职工来说，似乎都是利好消息，至少对机关事业单位的某些想跳槽却被养老保险捆住手脚的那些人来说，终于可以不再为补交多年的养老保险犯愁了。

资料来源：作者自行整理编写而成

思考问题：

1. 养老金并轨改革反映了我国社会保险存在的哪些问题？
2. 养老金并轨改革会产生怎样的积极效果？

（二）上海公用事业：改革中前行

供水、供电、公交等公用事业关系到老百姓的日常生活，也是政府满足公共需要不可推卸的责任。上海市为了解决居民用水问题，大力鼓励企业进入供水行业兴建水厂。一家位于宝山区成立于1997年的英国独资水厂，为了达到投资者要求15%的年回报率，在水价上做文章，其与自来水公司的结算价高达1.5元/吨，而自来水公司民用水的售价为0.6元/吨。这种做法直接导致了水厂赚钱，而自来水公司亏损。那么，自来水公司亏损的部分由谁来兜底呢？由于自来水属于公共品，所以，自来水公司的收入除了向居民收取的水费之外，水费和成本的差额一般是由政府通过财政补贴来弥补。这样就造成了财政补贴给自来水公司的钱进入到了水厂股东的腰包。

与上述供水很相似的一个例子是上海的公交改革。在1996年之前，上海政府每年拿出10亿元的资金补贴城市公交，倍感压力，并且对推动公交事业发展作用尚微。于是，政府开始对公交进行补贴方式改革。主要做法是：一方面，取消对公交企业亏损的补贴，切断企业对政府的依赖思想；另一方面，打破公交垄断局面，提供适度竞争，推动企业树立市场意识、竞争意识。同时，给予车辆更优惠的低息贷款，减免营业税、养路费等，由此冲抵公交企业的政策性亏损。据有关方面提供的数据，上海前3年的公交改革中，公交企业累计添置新车8300多辆，占全部营运车辆的55.33%，在更新车辆的20多亿元投资中，只有10%的资金由政府拨款。此外，政府通过减免税费6亿元左右，填平了公交企业的政策性亏损。此举给上海公交事业注入了新的活力。目前，上海的公交线路已经发展到1000多条，基本覆盖了整个城市，方便、快捷、舒适的公交形象逐渐树立。

资料来源：作者自行整理编写而成

思考问题：

1. 上海对公用事业的前后两种不同做法的差别是什么？效果如何？

2. 随着市场经济的发展，城市公共品也逐渐走向市场，而政府财政补贴也将减少。以此为背景，谈谈我国城市公共品的发展。

第三篇　收　入　篇

财政收入概述

➢ 引言

现代财政基本都是以支定收，在确定每年的财政支出后，如何筹措财政收入满足支出需要成为政府一项重要工作。随着我国经济发展，政府职能的扩大，我国财政收入是否足够满足政府财政支出的需要、财政收入发展速度是否合理、政府收入占 GDP 的比重是否合理等问题成为各方关注的焦点。通过本章学习，可以对财政收入的概念、分类，我国财政收入的结构、规模等有基本了解。

第一节　财政收入的概念与分类

一、财政收入的概念

财政收入是政府为了满足支出需要，依据政治权利或生产资料所有权，利用各种财政收入形式集中的一定量的货币收入。财政收入是衡量一国政府财力的重要指标，政府在社会经济活动中提供公共品的数量和服务的范围，在很大程度上取决于财政收入的充裕状况。

通常情况下，财政收入就是政府预算收入。预算收入是在一个财政年度内，政府通过各种方式集中支配的财政资金。我国预算法中明确规定预算收入范围包括：税收收入、依照规定应当上缴的国有资产收益、公共收费和其他收入等。

在不同的历史条件下，财政收入的形态有很大区别。在商品经济获得充分发展以前，财政收入主要以劳役和实物的形态存在。随着商品经济发展，财政收入一般以货币形式取得。在现代社会，财政收入均表现为一定量的货币收入。

政府取得财政收入主要是凭借公共权力，包括政治管理权、公共资产所有权、公共信用权等，其中政治管理权是核心，这是由政府提供公共品的性质所决定的。公共品的非竞争性、非排他性决定大家都想“免费搭车”享受好处，但是都不愿意为公共品付费。公共品的提供是有成本的，为了保证公共品有效提供只能凭借政治管理权利对社会成员课征收入来补偿公共品的成本。

政府取得财政收入不仅是政府自身的行为，还会对整个社会的收入分配、资源配置、投资等相关行为等产生极大影响。因此，政府在组织财政收入时应当有明确的财政收入政策，以协调各方的利益关系，合理界定公共需求的范围，并以促进资源有效配置和实现收入分配公平和经济稳定为目标，有效可持续性地组织财政收入。

二、财政收入的分类

（一）按财政收入形式的分类

1. 税收

税收是个古老的财政范畴，也是当今世界各国最重要的财政收入形式。税收是国家依据政治权利，按照法律所规定的标准和程序，强制、无偿、定量地取得财政收入的方式。税收作为财政收入的形式，与其他收入形式相比，具有强制性、无偿性、固定性的特征。税收三性决定了税收成为财政收入最重要的保障。

2. 国有资产收益

国有资产收益是指国家凭借对国有资产的所有权，从国有资产经营收入中所获得的经济利益。其来源是国有企业或国家参股企业的劳动者在剩余劳动时间内为社会创造的剩余产品价值。

现阶段国有资产收益的主要形式有：

（1）股息、红利收入。股息、红利收入是指实行国有资产股份制经营方式中，国有股份在一定时期内根据企业经营业绩为国家财政提供的收入。

（2）利润上缴。利润上缴是国家凭借生产资料所有权，从国有资产经营收入中取得财政收入的一种形式。在国有企业实行“利改税”之前，国有企业不向国家缴纳所得税，利润上缴一直是国有企业向国家上缴财政收入的主要形式。由于国有企业是我国国民经济的主体，所以利润上缴在很长时间里也就成为我国最主要的财政收入形式。

（3）租金收入。租金收入是国家在转让财产使用权时收取的财政收入。比如，国有土地转让、国有企业租金收入等。租金是契约型经济行为的产物，它能较好地明确出租者与承租者的责、权、利关系，有利于财产的开发和利用。

（4）其他收入形式。除以上几种常见的国有资产收益形式外，还有资源补偿费收入、资产占用费收入、国有股权证转让收入、国有资产转让收入等其他收入形式。

3. 价格和使用费

主要是指公共收费，即公共部门就其所提供的公共服务（包括公用设施）特定权利而向使用者或权利拥有者收取的费用。例如，使用者收费，是指政府对特定服务或特许权收取的费用，用于支付提供这些服务的全部或部分成本，即政府部门就其向社会提供的产品或者特殊服务而收取的费用。

4. 行政收入

行政收入包括规费、罚没收入、特许金等。规费，是政府部门在执行社会管理职能过程中，为国民提供某种特别服务时所获得的特别报偿，如工商执照费、商品检验费、结婚证书费、户口证书费、护照费等，规费体现的主要是管理者与被管理者之间的关系。罚没收入指国家各执法机关及经济管理部门，按照规定收取的罚没款及没收品的收入，还包括依法处理的赃款、赃物变价款的收入。

5. 公债收入

公债收入是特殊的财政收入形式，它是以国家为债务人，通过信用方式取得的财政收入。同其他收入形式相比，公债收入具有自愿性、有偿性、灵活性的特征。公债收入不仅是筹集财政资金、弥补财政赤字的重要手段，还是国家调节货币流通量、平衡社会供求的重要工具。

（二）按财政收入层次的分类

按收入层次可以分为中央财政收入和地方财政收入。我国财政收入由中央财政收入和地方财政收入组成，在中央统一领导下，实行中央和地方的分级管理。

1. 中央财政收入

中央财政收入是指按照财政预算法和财政管理体制规定由中央政府集中和支配使用的财政资金。

1994 年实施分税制财政体制后，中央财政收入主要包括国家税收中属于中央的税收、中央政府所属企业的国有资产收益、中央和地方共享收入中的中央分成收入、地方政府向中央政府的上交收入及国债收入等。

中央财政收入在我国财政收入中具有重要地位。它担负着保障国家具有全局意义的经济建设、文化建设、科学、国防、行政、外交等各项经费的供给，对支援少数民族地区、调节各级地方预算和救济地方重大自然灾害等，也起着不可替代的重大作用。

2. 地方财政收入

地方财政收入是指按照财政预算法或地方财政法规定划归地方政府集中筹集和支配使用的财政资金。地方财政收入主要包括：地方税；地方政府所属企业的国有资产收益；中央和地方共享收入中的地方分成收入；上级政府的返还和补助收入等。

第二节 财政收入的规模分析

财政收入的规模是指一定时期内（通常为一年），财政收入来源的总量。财政收入规模大小，可以采用绝对量和相对量两类指标反映。绝对量就是每年财政收入总额是多少，该指标适用于财政收入计划指标确定、完成情况的考核及财政收入规模变化的纵向比较。相对指标一般采用财政收入占 GDP 比重来反映，该指标适用于衡量财政收入水平、分析财政收入动态变化等。

一、影响财政收入规模的因素

（一）生产力发展水平

生产力发展水平是影响财政收入规模的决定因素。生产力发展状况决定一国社会产品的丰裕程度及经济实力，这是财政收入的物质基础。各国财政收入增长的实际情况表明，财政收入会随着经济的发展而逐步提高。

（二）政府的职能范围

财政收入的筹集是为了满足政府实现职能的需要，因而财政职能的大小决定财政收入的规模。随着政府职能扩大，财政支出不断增加，导致财政收入规模也会相应增加来满足政府履行职能需要。但是在不同国家或同一国家的不同历史时期，由于政治、经济、文化等原因，政府职能范围存在较大差别，财税收入规模也会有较大差异。

（三）收入分配政策

由于社会传统、福利制度、文化等差异，政府采用不同收入分配政策，从而在财政收入水平上出现差别。例如，北欧国家采用高额财政收入以保障其高额社会福利政策得以实施。

（四）宏观经济调控

为了保持宏观经济稳定，促进经济增长，政府会采取不同财政政策来调控经济。在经济不景气时，采用降低税率、减轻税法等方式刺激经济导致财政收入下降，而经济高涨时，为了抑制经济会采用加税等方式导致财政收入增加。

二、我国财政收入规模的实证分析

表 9-1 反映了我国财政收入的规模及增长变化情况。通过表 9-1 可以看出中国财政收入年年上涨，增长迅速。1978 年我国财政收入才 1132.26 亿元，发展到 2014 年财政收入为 140 370.03 亿元，增幅惊人。充足的财政收入保证政府有足够的实力去实现政府职能、目标。特别是 21 世纪以来，财政收入增速加快，其增长速度远高于我国经济 8%左右的增长速度。高速增长的财政收入保证政府有足够资金去发展经济，促进民生。但政府收入增幅远高于经济发展的速度，也导致很多人担心政府在经济总量蛋糕里面分走太多，导致企业、个人收入在经济总量的比重下降，反而不利于经济健康发展。2012 以来我国财政收入增速有所放缓，中国经济上涨动力不足，财政增收压力增大，但是政府支出却不断提高。我国经济进入新常态如何保证财政收入能满足不断扩张的财政支出需要成为一项难题。

表 9-1　我国历年财政收入的规模情况表

年份	财政收入	
	绝对数/亿元	增长速度/%
1978	1 132.26	—
1980	1 159.93	1.20
1985	2 004.82	22.00
1990	2 937.10	10.20
1995	6 242.20	19.60
2000	13 395.23	17.00
2001	16 386.04	22.30

续表

年份	财政收入	
	绝对数/亿元	增长速度/%
2002	18 903.64	15.40
2003	21 715.25	14.90
2004	26 396.47	21.60
2005	31 649.29	19.90
2006	38 760.20	22.50
2007	51 321.78	32.40
2008	61 330.35	19.50
2009	68 518.30	11.70
2010	83 101.51	21.30
2011	103 874.43	25.00
2012	117 253.52	12.80
2013	129 209.64	10.20
2014	140 370.03	8.64

资料来源：历年《中国统计年鉴》和财政部公布的相关数据

第三节　财政收入的结构分析

财政收入结构指的是按照不同标准对财政收入进行分类，每一种类的财政收入占全部财政收入的比重。对财政收入的结构进行分析，有利于清楚地认识到国家取得的财政收入的主要来源，也有利于进一步优化财政支出结构。

一、财政收入的形式结构

财政收入的形式结构反映政府以税收和非税方式取得的财政收入情况，可以对各种收入有更充分的认识。

表 9-2 反映了我国历年来财政收入的结构情况。这里的非税收入是指除了税收以外，政府利用政府权力、国有资产或提供特定公共服务等取得并用于满足公共需要的财政资金。通过表 9-2 可以看出税收是我国财政收入的最主要来源，基本占到全部财政收入的 85%以上。1983 年以前我国的国有企业采用利润上缴的方式把企业全部收入上缴国家，所以那时税收占财政收入比重不是很高。1983 年国有企业实行“利改税”，国有企业按照利润上缴企业所得税，税后利润全部留给企业，促进国有企业发展。1983 年“利改税”改革，初步建立社会主义商品经济的税收制度，保证了财政收入稳定增长，促进了改革开放。1985 年进行第二步“利改税”改革，这年用税收收入直接冲减企业亏损和价格补贴，导致出现这一年财政收入小于税收收入的情况。从总的发展趋势看，随着税制改革的完善，税收占财政收入的比重都非常高，是财政最主要的收入来源。

表 9-2　我国 1978～2014 年财政收入结构情况表

年份	税收收入		非税收收入	
	总量/亿元	占财政收入比重/%	总量/亿元	占财政收入比重/%
1978	519.28	45.86	612.98	54.14
1980	571.70	49.29	588.23	50.17
1985	2 040.79	101.79	−35.97	−1.79
1990	2 821.86	96.08	115.24	3.92
1995	6 038.04	96.73	204.16	3.27
2000	12 581.51	93.93	813.72	6.07
2001	15 301.38	93.38	1 084.66	6.62
2002	17 636.45	93.30	1 267.19	6.70
2003	20 017.31	92.18	1 697.94	7.82
2004	24 165.68	91.55	2 230.79	8.45
2005	28 778.54	90.93	2 870.75	9.07
2006	34 804.35	89.79	3 955.85	10.21
2007	45 621.97	88.89	5 699.81	11.11
2008	54 223.79	88.41	7 106.56	11.59
2009	59 521.59	86.87	8 996.71	13.13
2010	73 210.79	88.10	9 890.72	11.90
2011	89 738.39	86.39	14 136.04	13.61
2012	100 614.28	85.83	16 639.24	14.17
2013	110 530.70	85.54	18 678.94	14.46
2014	119 175.31	84.90	21 194.72	15.10

注：此表中的财政收入仅指公共财政预算收入

资料来源：历年《中国统计年鉴》和财政部公布的相关数据

但是，值得注意的是，我国非税收收入的规模依旧较大，主要原因有以下两方面：其一，由于税收依法征收，具有相当的固定性，特别征税权集中在中央，地方政府对非税收收入的依赖日益加重。其二，随着政府职能扩大，政府特别是地方政府对非税收收入越来越看重，导致非税收收入的比重这些年一直不断提高。因此，必须加强对非税收收入的管理。

二、财政收入的层次结构

财政收入的层次结构反映财政收入中中央财政收入、地方财政收入各自的分成情况。中央和地方政府间关系就体现为财政收入、财政支出如何在中央和地方政府间分配，如何保证地方政府有足够的财力去行使事权。

表 9-3 可以看出历年来中央和地方财政收入的发展情况。改革开放早期中央财政收入占的比重不高，随着 1994 年分税制改革以后，中央财政收入占比大幅度提高到 50%左右，地方财政收入比重不断下降。最近几年为了保证地方政府职能履行，中央财政收入比重又有所下降。2014 年地方财政收入占比 54.05%。中央财政收入大幅度增长保证中央宏观调控的有效实施。但是中央和地方收入是否合理还要结合中央和地方事权划分来分析。由于中央事权主要是国防、外交和宏观调控方面，大部分的事权主要是地方政

府来做。因此，如何保证地方政府有足够的财政收入去完成地方政府要做的事情、中央和地方财政收入如何分配成为关注的焦点。

表 9-3 我国历年中央和地方财政收入情况表

年份	中央		地方	
	总量/亿元	占全国财政收入比重/%	总量/亿元	占全国财政收入比重/%
1978	175.77	15.50	956.49	84.50
1980	284.45	24.50	875.48	75.50
1985	769.63	38.40	1 235.19	61.60
1990	992.42	33.80	1 944.68	66.20
1995	3 256.62	52.20	2 985.58	47.80
2000	6 989.17	52.20	6 406.06	47.80
2001	8 582.74	52.40	7 803.30	47.60
2002	10 388.64	55.00	8 515.00	45.00
2003	11 865.27	54.60	9 849.98	45.40
2004	14 503.10	54.90	11 893.37	45.10
2005	16 548.53	52.30	15 100.76	47.70
2006	20 456.62	52.80	18 303.58	47.20
2007	27 749.16	54.10	23 572.62	45.90
2008	32 680.56	53.30	28 649.79	46.70
2009	35 915.71	52.40	32 602.59	47.60
2010	42 488.47	51.10	40 613.04	48.90
2011	51 327.32	49.40	52 547.11	50.60
2012	56 175.23	47.90	61 078.29	52.10
2013	60 198.48	46.59	69 011.16	53.41
2014	64 493.45	45.95	75 876.58	54.05

资料来源：历年《中国统计年鉴》和财政部公布的相关数据

本 章 小 结

财政收入是政府为了满足支出需要，依据政治权利或生产资料所有权，利用各种财政收入形式集中的一定量的货币收入。财政收入按来源形式可以分为税收、国有资产收益、价格使用费、行政收入、公债收入等。财政收入按收入层次可以分为中央财政收入和地方财政收入。税收的三大基本特征决定了税收是财政收入的主要来源，通过我国历年的财政收入数据的比较分析可以看出，我国财政收入不断上涨，其中税收是最重要部分，但是我国的非税收入也有不断增长的趋势。如何加强对非税收收入的管理成为现实难题。最近这些年我国财政收入增长速度远高于经济发展水平，财政收入如何保持可持续增长，同时又不与民争利值得深入探讨。中央和地方间的财政关系如何处理，如何保证中央和地方财政收入分配合理也值得进一步深入研究。总之，只有政府有足够的财政收入才能保证政府履行职能的需要，但政府的财政收入并非多多益善。

税收是政府最重要的收入来源，下章税收原理将重点分析我国的税制结构、税负等相关情况，以便更全面了解税收，进而更充分了解财政收入的发展情况。

➢复习思考题

1. 我国财政收入的来源有哪些？为什么说税收收入是财政收入的主要来源？
2. 试述我国财政收入的发展规律，并对财政收入的可持续进行分析。
3. 我国中央和地方政府财政收入分配是否合理？

➢案例分析

（一）根据表 9-4 数据并结合前面的表 9-1～表 9-3 分析我国财政收入的发展趋势和可持续性，以及存在的问题。

表 9-4 财政收入增长率情况表 单位：%

年份	财政收入的增长率	GDP 的增长率	财政收入占 GDP 的比重
2000	17.00	10.60	13.50
2001	22.30	10.50	14.90
2002	15.40	9.70	15.70
2003	14.90	12.90	16.00
2004	21.60	17.70	16.50
2005	19.90	15.70	17.10
2006	22.50	17.00	17.90
2007	32.40	22.90	19.30
2008	19.50	18.10	19.50
2009	11.70	8.60	20.10
2010	21.30	17.80	20.70
2011	25.00	17.80	22.00
2012	12.80	9.80	22.60
2013	10.20	7.70	22.71
2014	8.64	7.40	22.05

资料来源：根据历年《中国统计年鉴》数据整理而成

（二）土地财政，指一些地方政府依靠出让土地使用权的收入来维持地方财政支出，属于预算外收入。国务院发展研究中心的一份调研报告显示，在一些地方，土地直接税收及城市扩张带来的间接税收占地方预算内收入的 40%，而土地出让金净收入占政府预算外收入的 60%以上。土地财政收入成为地方重要的财政收入来源。中央对房地产市场实现严厉的宏观调控政策后，各地的土地财政难以维系，地方政府财政紧张。

资料来源：作者自行整理编写而成

思考问题：

地方政府财政收入依靠土地财政是否合理，存在哪些风险？如何保证地方政府财政收入的稳定增长？

税收原理

➤引言

税收作为各个国家最重要的财政收入来源，是国家依据政治权利，按照法律所规定的标准和程序，强制、无偿、定量的取得财政收入的方式。作为政府组织收入的一种方式，税收是不是越多越好？谁有权决定征税，征多少税，对什么征税？此外，税收不仅是政府组织收入的重要手段，也是政府调节经济的重要手段，税收通过影响微观经济体的行为选择，进而影响产业结构、收入分配，最终对宏观经济产生影响。税收对微观经济与宏观经济产生何种影响，同样值得我们进行进一步的研究。

第一节　税收概述

一、政府课税依据

政府征税涉及的基本前提是政府为什么有权征税，而人民为什么有义务纳税。在人类漫长的发展历程中，由于所处的历史条件不同，认识问题的角度不同，利益不同，对这一本质问题也就有着不同的看法，形成不同的理论。

包括亚当·斯密和大卫·李嘉图在内的古典经济学家大多数持有“公需义务论”的观点。认为税收是国家出于公共需求的目的而征收。国家的职责在于增进公共福利，而执行这一职能时不能没有财力基础，因此，税收是国家向人民征收用于公共需要目的的收入来源和财力基础。

而包括凯恩斯、萨缪尔森和马斯格雷夫在内的现代经济学家大都持有“公共品补偿论”的观点。社会中存在着对私人品和公共品的需求。私人品由于其所具有的竞争性和排他性，可通过价格竞争由市场提供，而公共品或多或少具有非竞争性或非排他性，只能由政府提供。而税收则是政府用于补偿公共品的成本。“公共品补偿论”在一定程度上弥补“公需义务论”中某些理论的缺陷，即“公需义务论”只是表明政府履行公共职能，满足公共需要必须存在税收，而“公共品补偿论”则进一步说明只有满足公共需要，而市场又无法提供的公共品才需要由政府提供，同时税收作为公共品成本的补偿。

在我国，长期以来对国家征税的传统观点是“国家需要说”，认为税收是国家为实现其职能，凭借政治权力，通过强制、无偿方式取得的一种财政收入，体现国家与纳税人之间的分配关系。“国家需要说”把税收看成是一种满足国家实现其职能需要的分配手段，是国家为主体的分配关系。“国家需要说”将税收与国家政治、经济和公共职能联系在一起，突破了经济学中有关税收理论把税收仅与公共需求联系起来的界限，同时，对于国家职能的认识也有了新的发展，国家不仅是公共职能的管理机关，而且是政治的集中体现，是阶级统治机关。但“国家需要说”也存在某些缺陷：一是颠倒了权利与义务关系，不利于树立正确的征纳观，即国家承担公共支出需要而必须征税，人民享有公共利益而必须纳税。二是混淆了税收与其他政府收入的关系，引起实践中的税收膨胀，即税收是用于满足国家需要，但国家需要的支出未必都由税收来负担，否则就会引起税收膨胀，只有那些既满足公共需要，又无法由市场提供的公共品支出才需要政府税收提供。

综合上述分析，我们只有在坚持“国家需要说”的基础上，吸收公共品补偿论的观点，才能全面得出：尽管税收是以国家为主体的分配，但这种以国家为主体的分配并不是国家天生就有的征税权力，而是建立在国家向人民提供了满足公共需要，但无法通过市场提供公共品，为补偿公共品成本从而享有征税权力。

二、税收特性

税收的特性是指税收的强制性、无偿性和固定性。税收特性是税收区别于其他财政收入的形式特征，同时税收这三个特征决定了税收成为财政收入最重要的保证。不同时具备这三个特性的财政收入不能称其为税收。

（一）税收的强制性

税收的强制性是指国家征税是不以纳税人的意志为转移的。国家征税是依照税法进行的，税法是国家法律的重要组成部分，纳税人必须依法纳税，否则，就会受到法律的制裁。税收实体法和程序法中违章处理条款是税收强制性的具体体现。税收的强制性说明三个问题：第一，国家征税是依据政治权力进行的。税收强制性的具体表现就是国家以政权身份，用法律形式颁布税收法令制度，纳税人必须依法纳税。第二，国家征税与生产资料占有无直接关系。利润、利息、租金的取得最终取决于资本的投入数量、时间或出租房产、土地的数量、时间，也就是说源于受法律认可和保护的资产的所有权。因此，在这些收入形式中，政治权力（法律）只是扮演了一个公正的监督执行的外在力量。而国家征税不同于此，它与资产所有权无直接关系，是直接通过国家的政治权力把不同所有者占有的社会产品的一部分变为国家所有。第三，税收既然是以政治权力为依托所进行的一种分配，那么在政治权力所及的范围内，它也具有普遍性的含义，就是说在国家政治权力范围之内，征税可以对不同的经济形式（国有经济、集体所有制经济、外资企业、个体经济等）普遍进行；可以对社会再生产的各个不同环节（生产、分配、流通、消费等）普遍进行。

（二）税收的无偿性

税收的无偿性是指国家依法取得税收收入，既不付出任何代价，也不需要直接偿还。税收无偿性是强制性存在的经济原因或根本原因。税收之所以具有无偿性，是因为纳税人收入的一部分一旦以税收形式转移给国家，该收入的所有权已经发生变化。列宁将税收定义为“所谓赋税，就是政府不付任何报酬而向居民取得东西”。这一定义，精辟地揭示了税收的无偿性。税收的无偿性是对征收过程而言的，具有非直接偿还性，但没否定税收收入最终会对纳税人作整体的更深层意义上的偿还。即马克思所说的：“从一个处于私有地位的生产者身上扣除的一切，又会直接或间接地用来为处于社会成员地位的这个生产者谋福利。”正是这种无偿性的形式特征，才能使得税收这个经济杠杆在参与社会生活调节的过程中，具有强烈的调节作用，诱导着人们的经济行为。

（三）税收的固定性

税收的固定性是指国家征税是按照预先规定的标准连续课征的。国家在具体征税之前，已经通过法律的形式明确规定了征税对象和征税额度，而且这些征税标准具有连续适用性。税收的固定性首先明确了国家征税的范围，使之既不能任意扩大，也不能随意缩小，这说明课税对象的合法性和征税的非惩罚性，因而税收的固定性对征纳双方都具有同等约束力。其次，税收的固定性明确了征税的额度，说明在课税对象和征收额度之间的存在数量或者比例的局限性，税收的固定性一方面使得国家财政收入的稳定得以保证，另一方面稳定的税收负担也有利于纳税人履行纳税义务。同时，税收的固定性也是税收政策和作用发挥的基础。然而，税收的固定性属于一种相对意义上的特性，当社会政治经济情况发生变化时，税收制度也随之发生改变，固定性的内容最终也会发生变化。

综合上述分析，税收的强制性、无偿性和固定性，是相互联系、不可分割的，作为税收的一般特征，是任何社会制度下的税收所共有的。此外，税收的三个特性也是税收权威性的集中反映。维护和强化税收的权威性，是我国当前税收征管中的一个重要课题。特别是党的十八届四中全会在《中共中央关于全面推进依法治国若干重大问题的决定》中提出“全面推进依法治国，建设中国社会主义法制体系，建设中国社会主义法治国家”的总目标，依法治税是依法治国在税收领域中的具体反映和重要内容，税法是否科学完善，能否有效实施成为检验依法治国效果的试金石。

第二节 税 收 原 则

税收既是政府筹集财政收入的最基本手段，又是政府实现资源配置、收入分配公平及经济稳定增长职能的重要手段，因此，为了便于上述目标的实现，在税收政策制定、税制设计中必须符合一定基本要求，而这些基本要求即是税收原则。由此可见，税收原则既是制定税收政策、设计税收制度的指导思想，也是评价税收政策好坏、鉴别税制优劣的准则。

由于税收原则与一定历史条件下的财政职能范围密切相关，所以，不同历史时期的税收原则各具特点，但税收作为筹集财政收入的基本手段，在各历史时期则是相同的，故各历史时期的税收原则也具相同性。从资本主义经济发展过程看，具有代表性的税收原则主要有亚当・斯密的税收原则理论、瓦格纳的税收原则理论、现代税收原则理论。

自由资本主义时期古典经济学创始人亚当・斯密在其著名的《国民财富的性质和原因的研究》一书中提出了税收四原则，即平等、确定（强调税收固定性）、便利、最小征收。显然，亚当・斯密的税收四原则除了将平等原则作为首要原则加以强调外，基本上属于单纯的税收行政原则，体现了自由资本主义时期反对国家干预经济、倡导廉价政府的思潮。

在自由资本主义向垄断资本主义过渡时期，德国经济学家瓦格纳作为社会政策学派的代表提出了四类税收原则：财政收入原则，即税收应能取得充分收入，且有弹性；国民经济原则，即选择适当的税源和保护税本；社会正义原则，即税收应普遍、平等；税务行政原则，即税收要确定、征收费用最少且便利纳税人。瓦格纳的税收原则理论除了重复亚当・斯密的税收四原则外，还强调了社会正义及税收与经济的关系，体现了自由资本主义向垄断资本主义过渡时期所产生的主张运用政府权力解决社会问题的改良主义思潮。

现代经济学家提出的税收原则可概括为：效率原则、公平原则、经济稳定与增长原则。现代税收原则是在资本主义社会进入垄断时期后市场失灵现象日益严重的情况下产生的，充分体现了国家运用税收手段干预经济的思潮和政策主张。本节主要讨论税收的公平原则和效率原则。

一、公平原则

一般认为税收公平最基本含义是：税收负担必须根据纳税人的负担能力分配，具有横向公平和纵向公平。所谓横向公平，是指税收应使相同境遇的人承担相同的税负；所谓纵向公平，是指税收应使境遇不同的人承担不同的税负。然而，横向公平与纵向公平并没有明确“相同境遇”和“不同境遇”的确切含义，也没有明确用什么标准去衡量境遇的好坏，以及境遇不同的人们所承担的税负为何不相同等问题。因此，人们仍可以对税收公平原则做出多种解释。可以将税收的公平原则具体化为平等竞争原则、受益原则、能力原则。

（一）平等竞争原则

平等竞争原则所遵循的公平原则是规则公平与起点公平。该原则着眼于税收为市场经济的行为主体——企业与个人创造平等竞争的环境。具体来说，就是通过税收将那些因竞争规则不规范（如行政垄断、国家定价过高）和客观（或者说先天）条件优越（如企业资源优越、个人的遗产继承等）给行为主体带来的高收入征收到国家手中，从而使行为主体收入水平的高低取决于其后天的主观努力。一般来讲，在市场经济体制不完善的情况下，税制设计中需要较多地体现平等竞争原则；反之，在市场已为行为主体提供相对平等竞争的环境下，税收应少干预经济活动。

（二）受益原则

受益原则所遵循的公平原则也是规则公平。该原则认为应根据市场经济所确立的等价交换的规则来确定个人应承担的税负，即各人所承担的税负应与他从政府公共提供中获得的受益相一致。根据受益原则，横向公平即为受益相同者承担相同的税负，纵向公平即为受益多者承担较多的税负。

根据受益原则，税收作为个人从政府公共提供中受益的价格。这里的问题是公共品在消费中所特有的非竞争性和非排他性决定了在一般情况下公共品的消费者不但不会主动显露其对政府公共服务的偏好，而且为了少缴税还会竭力隐瞒自己的偏好。因此，对于政府提供的产品或服务绝大部分是无法通过受益原则来筹措资金的；只有那些具有排他性的准公共品因其受益对象与受益程度均可确认才可能适用受益原则为其筹措资金。

（三）能力原则

能力原则所遵循的公平准则是结果公平。该原则认为应根据各人的纳税能力来确定各人应承担的税收。根据能力原则，横向公平即为能力相同者应承担同等税负；纵向公平即为能力不同者承担不同的税负，能力强的人多缴税。问题是用什么标准来衡量个人的纳税能力。对此人们主要从客观与主观两方面来确立标准。

1. 客观性

客观说认为应以能客观地观察并衡量的某种指标作为衡量纳税能力的依据。这类指标主要有收入、消费和财产。

（1）以收入作为衡量纳税能力的指标。此观点为大多数人所接受，但是对于收入的内涵及具体的计量标准仍存在不同意见。一是以经济收入还是以货币收入为衡量纳税能力的标准，所谓经济收入，不仅指货币收入还包括不能形成货币形式的收入，如个人的自我服务行为、企业自产自用的行为；二是以单个人的收入为标准，还是以家庭平均收入为衡量纳税能力的标准，每个人所需赡养的人口不同，因此，即便是同等收入的人的纳税能力也不同；三是在计算应纳税所得额时，某些因人而异的为维持工作能力的支出项目（如医疗费用支出等）是否应予以扣除。由于每个人的具体情况（如身体状况）不同，获得同等收入所需花费的成本开支也就不同，所以同等收入纳税能力也不一定相同。此外，也有观点认为收入并不一定是能力的反映，因为具有相同工作能力的人可能因个人偏好（如工作与休闲的偏好）不同而收入水平不同。

（2）以消费作为衡量纳税能力的指标。此观点认为作为衡量纳税能力的指标而言，消费比收入更为合理。消费标志着个人对社会的索取，索取越多者说明其支付能力越强，越应多缴税，这样做在客观上能起到抑制消费、鼓励储蓄与投资的作用。以消费作为衡量支付能力的指标在税制设计中表现为以流转税为主体税，并且主要以消费者行为和消费品为课税对象。这里的问题是消费额的多少虽然与收入的多少有一定的联系，但是个人必需品消费额变化与收入变化之间却往往不是正相关关系，因此，对必需品的征税具有累退性。以消费为衡量纳税能力的指标虽然有助于鼓励储蓄与投资，但却不利于缩小贫富差距。

（3）以财产作为衡量纳税能力的指标。一般来讲，个人财产是个人储蓄、投资的结果，以个人财产的多少作为衡量纳税能力的依据虽然符合量能负担的原则，但是却不利于鼓励储蓄与投资，从而不利于国民经济的长期发展。因此，较少国家将财产税作为主要税种，更多的是将其作为所得税、商品税主体税种的补充，同时发挥其缩小收入差距的作用。

2. 主观性

主观说认为个人的支付能力不仅取决于客观上的可以衡量的某些指标（如收入、消费、财产），还取决于个人主观上的效用评价或者说满意程度，也称之为个人的福利。因为同等收入水平下，往往因个人的具体情况不同而拥有不同的福利水平。同时福利的差别也会因各人对收入的效用评价不同而不同。图 10-1 说明了拥有同等数量收入的人因对收入的效用评价不同而处于不同的福利状况。

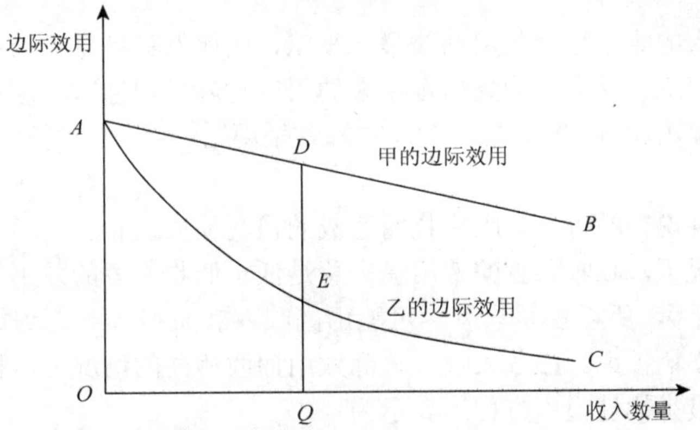

图 10-1　各人对收入的不同评价所产生的效用差别

在图 10-1 中，*ADB* 为甲的收入边际效用曲线，*AEC* 为乙的收入边际效用曲线，若甲、乙两人获得同等收入 *OQ*，则该笔收入给甲带来的总效用（福利）为面积 *ADQO*，给乙带来的总效用为面积 *AEQO*，两人的效用之差为面积 *ADE*。

由于效用评价是主观的，并且因人而异，所以主观说在税制设计中缺乏可操作性。主观说在税收政策制定中的意义是：假设社会上所有个人对收入具有相同的偏好，即边际收入效用曲线相同，那么不同境遇的人的税负应有何区别？对此问题客观说中没有回答。例如，甲、乙两人分别有 1000 元和 2000 元的收入、消费或财产，客观说只是说明乙应比甲多承担税负，但没有说明应多承担多少。主观说对此问题提供了以下几种答案。

（1）均等牺牲说。即每个人因税收而造成的福利损失应该相等。此概念用方程组表示为

$$\begin{cases} U_{甲}(Y_{甲})-U_{甲}(Y_{甲}-T_{甲})=U_{乙}(Y_{乙})-U_{乙}(Y_{乙}-T_{乙}) \\ T=T_{甲}+T_{乙} \end{cases}$$

方程中 $U_{甲}$、$Y_{甲}$、$T_{甲}$分别表示个人甲的效用、收入、所应承担的税收；$U_{乙}$、$Y_{乙}$、$T_{乙}$分别表示个人乙的效用、收入、所应承担的税收。上述方程中第一个方程的左边表示

甲因税收而造成的福利损失，右边表示乙因税收而造成的福利损失。T 表示税收总额，将具体效用函数与相关数据代入上述方程组可计算出甲、乙各应承担的税收。

假定各人的收入边际效用是常数，即边际效用曲线呈水平状，则均等牺牲说意味着对不同收入水平的人征收等额税收。如果认定个人的收入边际效用递减，即边际效用曲线具有负斜率，那么若对高收入者与低收入者征收等额税收必然造成高收入者的福利损失小于低收入者的福利损失。要使两者的福利损失相同就必须向低收入者少征税，两者之间税负的差别应能使他们因税收而造成的福利损失相等。

（2）比例牺牲说。即每个人因税收而造成的福利损失应与其税前福利成同一比例。此概念用方程组表示为

$$\begin{cases}\dfrac{U_{甲}(Y_{甲})-U_{甲}(Y_{甲}-T_{甲})}{U_{甲}(Y_{甲})}=\dfrac{U_{乙}(Y_{乙})-U_{乙}(Y_{乙}-T_{乙})}{U_{乙}(Y_{乙})}\\ T=T_{甲}+T_{乙}\end{cases}$$

如果认定个人的收入边际效用曲线呈水平状，则比例牺牲意味着不同收入水平的个人按同一比例税率进行课征。如果认定个人的收入边际效用递减，那么要使高收入者与低收入者的福利损失比例相同，就需对高收入者采用高税率，而对低收入者采用低税率，即采用累进税率。

（3）最小牺牲说。即每个人因税收而造成的福利损失之和应该最小。由于在边际效用曲线递减的情况下，高收入者的效用损失总是低于低收入者的效用损失（在对两者征收等税额的情况下），所以税负只有尽可能由高收入者负担，一直到每个人税后收入相等，才能实现最小牺牲说。在各人收入边际效用曲线相同的情况下，税后收入相等，即边际效用相等。最小牺牲说用方程组表示为

$$\begin{cases}\mathrm{MU}_{甲}(Y_{甲}-T_{甲})=\mathrm{MU}_{乙}(Y_{乙}-T_{乙})\\ T=T_{甲}+T_{乙}\end{cases}$$

最小牺牲说的实际结果是收入的绝对平均。从收入分配的角度看，它体现了结果公平，并可使税后个人收入的效用之和最大化；但从生产角度看，它会有损于效率。

二、效率原则

税收的效率原则包括两层含义：一是征税过程本身的效率。它要求简化征管手续，节省征收费用，用最小的税收成本取得最大的税收收入，也就是要讲求税收的行政效率。二是征税对经济运转效率的影响。它要求税收制度要有利于经济资源的有效配置，有利于经济机制的有效运行，能促进微观经济效益的不断提高和宏观经济的协调稳定，即税收的经济效率。

（一）税收的行政效率

税收行政效率即税收成本与税收收入的比率。亚当·斯密在其“最小征收费用”原则中指出“一切赋税的征收，须设法使人民所付出的，尽可能等于国家所收入的”。即以尽可能少的征纳费用获取尽可能多的税收收入，使税收成本占税收收入的比值越小越

好。税收的行政效率可用如下公式衡量：

$$税收行政效率=\frac{税收成本}{税收收入}=\frac{征收成本+奉行成本}{税收收入}$$

税收成本包括征税方的征收成本和纳税方的奉行成本。征收成本是征税机关在征税过程中发生的费用，包括税务人员的工资、薪金等各项人员经费和房屋修缮费、设备购置费等公用经费。奉行成本是纳税人为履行纳税义务发生的费用，包括税务代理费、资料费、培训费、办税人员工资等。

因此，要提高税收的行政效率，一方面要采用先进的征收手段，节约征管方面的人力和物力；另一方面在税制设计、税种的选择、征税方法的确定上，贯彻简便易行的原则，给纳税人以便利，使纳税人容易理解掌握，节省纳税费用。

（二）税收的经济效率

税收的经济效率旨在考察税收对经济资源配置和宏观经济运行产生的影响。它要求税收制度和税收政策在保证筹集财政收入的同时，应有利于经济发展，力图给经济发展带来积极影响。

税收的经济效率涉及税收中性问题。所谓税收中性，是指政府课税不扭曲市场机制的正常运行，或者说，不影响私人部门原有的资源配置状况。如果政府课税改变了消费者以获取最大效用为目的的消费行为，或改变了生产者以获取最大利润为目的的市场行为，就会改变私人部门原来（税前）的资源配置状况，这种改变就被视为税收的非中性。税收中性包含两种含义：一是国家征税使社会所付出的代价以税款为限，尽可能不给纳税人或社会带来其他的额外损失或负担；二是国家征税应避免对市场经济正常运行的干扰，特别是不能使税收超越市场机制而成为资源配置的决定因素。然而，在现实生活中保持完全税收中性是不可能的，只要国家征税就必然对纳税人的行为产生影响。因此，税收中性原则的实践意义在于，尽量减少税收对市场经济正常运行的干扰，使市场机制在资源配置中发挥基础性作用，在这个前提下，掌握好税收超额负担的量和度，有效地发挥税收的调节作用，使税收机制与市场机制两者取得最优的结合。

可见，税收中性与税收超额负担密切相关。所谓税收超额负担，是指政府通过征税将社会资源从纳税人向政府部门的转移过程中，给纳税人造成相当于纳税税额以外的负担。

用图示可以更清楚地分析征税产生额外负担的问题。在图 10-2 中，S 为税前供给曲线，D 为需求曲线，供求曲线相交于 E 点，这时市场均衡价格和均衡产量分别为 P 和 Q，厂商的收入为 $OPEQ$。政府向企业征税后，供给曲线由 S 变成 S'，在供求弹性的作用下，形成了新的市场均衡价格 P'和新的均衡产量 Q'。消费者面临的价格水平由 P 上升至 P'，厂商面临的价格水平由 P 下降至 A。厂商的销售收入变为 $OP'E'Q'$，但其中 $AP'E'C$ 为政府税收。而图 10-2 中三角形 $CE'E$（阴影部分，也就是损失掉的消费者剩余和生产者剩余之和）既没有被政府征收，也没有为厂商所得，形成无谓损失。进一步分析可以看到，影响无谓损失大小的因素有两个。其一，税收的多少。征税越多，无谓损失越大。其二，供求弹性。供求弹性越大，无谓损失也越大。这也说明了在现实生活中税收额外负担的发生通常是不可避免的。讲求税收经济效率原则的实际意义在于要使征税的额外负担最小。

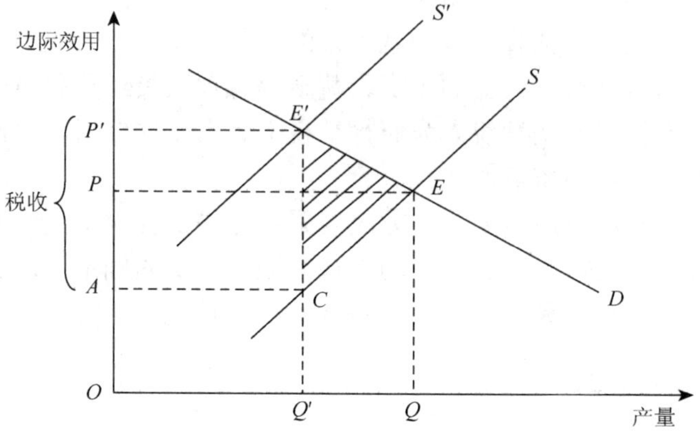

图 10-2 税收额外负担的形成过程

一种税收制度可以促使资源配置的合理化，刺激经济的增长和协调经济的均衡发展，那么税收就是有效率的。如果一种税收制度扭曲了资源配置，挫伤了生产者的积极性，阻碍了经济的发展，那么税收就是无效率的。这就是说，税收效率是通过对经济运行效率的考察来体现的，当经济运行本身已经是高效率的，税收就应以不干预经济运行为有效率；当经济运行本身是低效率的，税收效率则体现为通过对经济运行的调节作用来促进经济效率的提高。实践证明，在市场经济条件下，由于市场机制的固有缺陷，税收在调节资源配置、促进经济稳定增长方面发挥重要作用。

第三节 税收负担和税负转嫁

一、税收负担

（一）税收负担的概念

税收负担（tax burden）指的是因政府的课税行为而相应地减少了纳税人的可支配收入的数量或份额，从而对其造成的经济利益损失或使其承受的经济负担。

（二）税收负担的分类

1. 直接税收负担和间接税收负担

按照是否由纳税人承担作为标准，税收负担可以被区分为直接税收负担和间接税收负担。直接税收负担是指纳税人直接向政府缴税而承受的税收负担。而在另外一种情形下，纳税人依法向政府缴纳了税款，但这并不意味着他将最终承担全部的税款。即纳税人有可能通过某种途径全部或部分地将其缴纳的税款转嫁给其他人承担。这样，被转嫁者虽然没有直接向政府缴税，但却实实在在地负担了这一部分税款，这种税收负担就被称为间接税收负担。因此只要发生了税负转嫁，就会存在间接税收负担。

2. 名义税收负担和实际税收负担

按照纳税人承受负担的度量作为标准，税收负担又可以被区分为名义税收负担和实际税收负担。名义税收负担指的是纳税人按照税法的规定所应承担的税收负担，具体表现为按法定税率和计税依据计算出的纳税人应承担的税款总额。实际税收负担则是指纳税人实际缴纳税款所形成的税收负担。由于税收优惠等措施的存在，实际税收负担通常要低于名义税收负担。与名义税负相比，实际税收负担更能体现出纳税人实际承担的税负水平，它的变化对纳税人经济行为有着更为直接的影响。

3. 宏观税收负担和微观税收负担

依据考察层次的不同，税收负担通常可以被区分为宏观税收负担和微观税收负担。宏观税收负担是从整个社会或国民经济的角度来衡量的税收负担水平，指一个国家所有的纳税人或按不同标准划分的具有总体性质的纳税人所承担税收负担的总和。一般用税收占 GDP 的比重来反映。在现实生活中，宏观税收负担直观地体现为政府到底征了多少税。宏观税收负担水平的高低，反映了社会资源在公共部门和私人部门之间的配置状况。在其他因素既定的情况下，宏观税收负担重，意味着政府在资源配置方面的功能相对要强一些，反之则相对要弱一些。研究宏观税收负担，有助于解决税收在宏观方面促进资源合理配置、国民收入合理分配及经济稳定增长中带有全局性和整体性的问题。

微观税收负担指的是某个纳税人在一定时期内所承受的税收负担。一般用企业纳税总额占销售收入或利润比重，个人纳税总额占全部收入比重等指标来反映。研究微观税收负担，不仅能反映企业税收负担承受能力大小，而且可以为政府制定税收政策、实施对微观经济活动的有效调控提供直接依据。

二、税负转嫁与归宿

（一）税负转嫁与归宿的含义

税负转嫁是指纳税人在市场交易过程中，通过变动价格的方式将其所缴纳的税款，部分或全部转让由他人负担的一种经济现象。税负归宿是与税负转嫁密切相关的概念，税负归宿是指税负转嫁的最终归着点。从政府征税至税负归宿是一个从起点到终点的税负运动过程。在这一过程中，税负最初由纳税人负担，然后通过转嫁（可能很多次），使税负的最终分布发生变化，而最终负担税负的人即为负税人。因此，要评价税收对收入分配的影响就必须考察税负的最终分布，即税负归宿。

税负归宿可以从两个方面理解其含义：一是从法定归宿，即税法所规定的负有税款缴纳责任的纳税者；二是从经济归宿，即实际收入减少的税收负担者。由于税负转嫁的存在，法定归宿与经济归宿并不一致。税收理论研究旨在探求某一项税收在经过一系列转嫁过程之后的最终归着点，从而更加深入地分析税收对收入分配和经济行为的实际影响，因此税负归宿主要研究其经济归宿。

（二）税负转嫁的方式

根据税负运动方向特点，可以将税负转嫁方式分为前转、后转和税收资本化三种方式。

1. 前转

前转又称顺转，是指卖方纳税人通过提高所出售的产品、服务或要素的价格，将一部分或全部税收负担转嫁给买方的行为。例如，国家向轿车生产企业征收消费税，轿车生产企业通过提高轿车的批发价格把税负转嫁给批发商，批发商再通过提高价格把税负转嫁给零售商，零售商则通过提高零售价，将税负转嫁给消费者。再如，国家对劳动者的劳动收入征收所得税，劳动者可以通过要求雇主增加工资将税负转嫁给雇主，而雇主则又可能通过提高其所销售的产品或提供的服务的价格，将税负转嫁给消费者。

2. 后转

后转又称逆转，是指买方通过降低购物价格的方式将税负转嫁给卖方的行为。例如，上例中的轿车生产企业无法通过提高销售价格把税负转嫁给批发商，就转而通过压低轿车的零配件进货价格，将税负转嫁给零配件供应商。在现实经济中，前转与后转同时进行，即纳税人将部分税款通过提高销售价前转，部分税款通过压低进货价格后转。

3. 税收资本化

税收资本化是指在具有长期收益的资产（如土地、房屋）交易中，买主将购入资产在以后年度所必须支付的税款按一定的折现率折成现值，在购入资产的价格中预先一次性扣除，从而降低资产的交易价格。资产交易后，名义上由买主按期纳税，而实际上税款已通过税收资本化由卖主负担了。因此，税收资本化是一种特殊的后转嫁。税收资本化的计算公式与步骤如下。

首先，计算资产的税前价值，计算公式为

$$PV_0 = \frac{R_1}{1+r} + \frac{R_2}{(1+r)^2} + \cdots + \frac{R_n}{(1+r)^n} = \sum_{i=1}^{n} \frac{R_i}{(1+r)^i}$$

其中，$R_1,\cdots,R_n$ 为资产在 n 期中的收益，r 为折现率。

其次，计算对资产收益征税后，资产的现值，计算公式为

$$PV = \frac{R_1 - T_1}{1+r} + \frac{R_2 - T_2}{(1+r)^2} + \cdots + \frac{R_n - T_n}{(1+r)^n} = \sum_{i=1}^{n} \frac{R_i - T_i}{(1+r)^i}$$

其中，$T_1,\cdots,T_n$ 为资产在 n 期中各期应缴纳的税款。

最后，计算税收的资本化，即买方转给卖方的税收负担为

$$PV_0 - PV' = \sum_{i=1}^{n} \frac{T_i}{(1+r)^i}$$

第四节 税收的经济效应

只要政府征税就会直接或间接对企业或者个人的生产、消费、投资等带来不同的效应和影响。

一、税收效应

税收效应是指纳税人因国家征税而在其经济选择或者经济行为方面做出的反应。税

收对经济的影响是客观存在的，各个税种也会以不同方式对纳税人的经济行为产生影响，其影响范围涉及消费、投资、储蓄、劳动供给、收入分配等各种经济行为。税收对这些相关经济变量的影响都可以分为如下两种效应，即收入效应与替代效应。

（一）税收的收入效应

税收的收入效应，是指因征税而导致纳税人实际收入水平和购买力减少的影响。税收的收入效应使得纳税人实际收入减少，对所有商品的购买力降低，导致总体满足程度下降，但其间所发生的只是资源从纳税人手中转移到政府手中，纳税人面对的相对价格并没有发生变化。因此，税收的收入效应并不改变人们的行为方式，即税后纳税人在两种物品之间消费的边际替代率没有发生变化。

图 10-3 中纵轴与横轴分别表示衣物与食品两种商品的数量。假定纳税人的收入是固定的，且全部用来购买衣物和食品两种商品，*AB* 为纳税人税前预算线。无差异曲线 I_1 与税前预算线相切，P_1 为切点，代表着纳税人税前消费衣物和食品的最优组合，表明购买这些数量的两种商品所得到的效用最大。

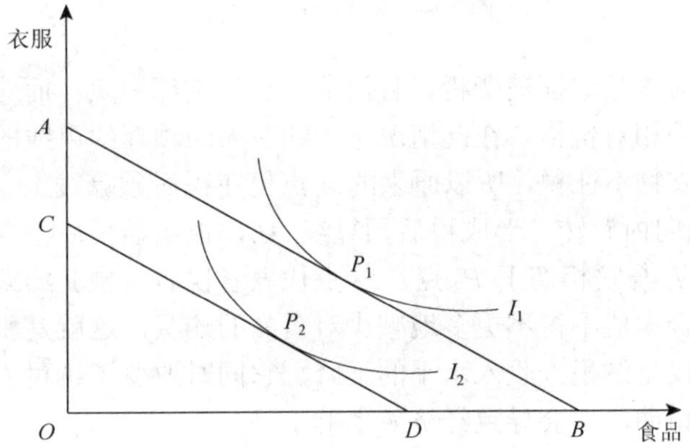

图 10-3　税收的收入效应

假定政府课征一般消费税，对衣物和食品征同样多的税，且消费者承担全部税负，在此情况下，纳税人的预算约束线则发生变化，即 *AB* 会向左下方平行移动至 *CD*，一条新的无差异曲线 I_2 与之相切，切点为 P_2，同样 P_2 点代表着纳税人税后消费衣物和食品的最优组合。预算线的这种变化说明征税使纳税人支付能力下降了，他用原来的收入能购买的商品数量减少了，这就是税收的收入效应。应当指出，税收收入效应下发生的只是预算约束线的平行移动，导致的只是纳税人支付能力和效用水平下降了，并没有改变纳税人的消费倾向，只是使纳税人原有的消费组合在更低的预算约束下实现。

（二）税收的替代效应

税收的替代效应是指因征税使纳税人行为方式发生改变，而以一种新的行为方式取代另一种行为方式。当政府对不同的商品实行征税或不征税、重税或轻税的区别对待时，商品的相对价格会受到影响，此时纳税人会减少征税或重税商品的购买量，而增加无税或轻税商品的购买量，可见，在税收替代效应下发生的不仅仅是资源从纳税人手中转向政府手中，而且由于商品相对价格的改变，纳税人原有的行为方式也会被扭曲，发生效率损失。

在图 10-4 中，*AB* 是纳税人的税前预算线，无差异曲线 I_1 与税前预算线相切，P_1 为切点，代表着纳税人税前消费衣物和食品的最优组合。

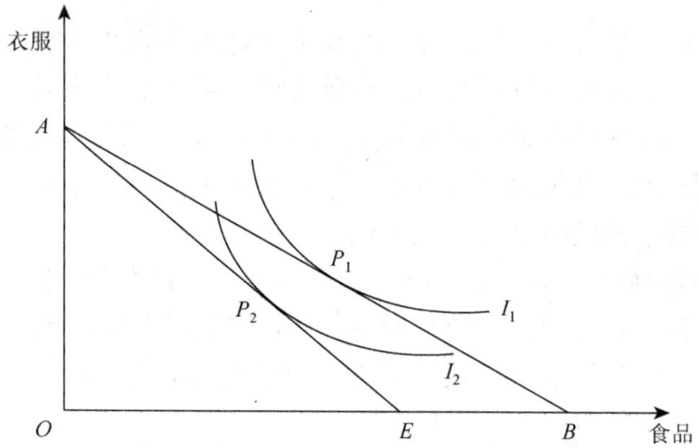

图 10-4 税收的替代效应

假定政府选择对食品课征消费税，且消费者承担全部税负，而对衣物不征税，征税改变了这两种商品的相对价格。在此情况下，纳税人的预算约束线的变化不再是向内平行移动了，由于对衣物不征税，所以原来的 *A* 点仍在税后预算线上，于是预算约束线发生了以 *A* 为原点的向内旋转，形成税后预算线 *AE*，很明显税后预算线的斜率已发生了变化。无差异曲线 I_2 与它相切于 P_2 点，P_2 点代表着税后新预算约束条件下纳税人的最优组合，在这个组合中他不得不更多地减少对食品的购买，这就是税收的替代效应。税收的替代效应不仅仅是纳税人收入水平的下降，它同时改变了纳税人原定的行为方式，产生了资源配置的扭曲，这会导致经济效率的下降。

以上我们以商品课税简单分析了税收的收入效应和替代效应。但当我们在一般均衡意义上分析税收的收入效应和替代效应时，就会发现，在实际税收实践中，往往一种税收既具有收入效应，也具有替代效应。

二、税收的经济影响

在现代税制体系中，所有税种都影响经济行为，下面我们就从税收的收入效应和替代效应两个方面分析税收对劳动供给、居民储蓄、投资、个人收入分配及技术进步的影响。

（一）税收与劳动供给

税收对劳动供给的收入效应，是指征税后减少了个人的可支配收入，促使其为维持既定的收入水平和消费水平而减少或放弃闲暇，增加工作时间。税收的替代效应，是指由于征税使劳动和闲暇的相对价格发生变化，劳动收入下降，闲暇的相对价格降低，促使人们选择闲暇以替代工作。税收对劳动供给的这两种效应，如果是收入效应大于替代效应，征税对劳动供给主要是激励作用，它促使人们增加工作；如果收入效应小于替代效应，征税对劳动供给就会形成超额负担，人们可能会选择闲暇替代劳动。

在各税种中，个人所得税对劳动供给的影响较大，在个人收入主要来源于工资收入，且工资水平基本不变的前提下，个人所得税影响人们实际收入水平，从而改变人们对工作和闲暇的选择。

（二）税收与居民储蓄

税收对居民储蓄的影响，主要是通过个人所得税、利息税和间接税影响居民的储蓄倾向。在此简单分析个人所得税和利息税对居民储蓄的影响。

在对储蓄利息所得不征税的情况下，征收个人所得税对居民储蓄只有收入效应，即征收个人所得税会减少纳税人的可支配收入，迫使纳税人降低当前的消费和储蓄水平。当对储蓄利息征税时，收入效应和替代效应同时产生。此时的收入效应在于对利息征税降低了个人的实际收入，导致个人用其既定的收入减少当前或未来的消费。而替代效应是指在对利息所得征税后，当前消费与未来消费的相对价格发生了变化，即未来消费的价格变得昂贵了，而当前消费的价格相对下降了，个人将增加当前的消费，储蓄意愿降低，导致纳税人以消费代替储蓄。

（三）税收与投资

税收对投资的影响主要表现为对投资预期报酬率的影响、对投资风险的影响和对投资能力的影响三个方面。

1. 税收对投资预期报酬率的影响

对企业实现利润征收所得税将减少投资收益，但如果在税前允许加速折旧、投资抵免、减免优惠，可以减少企业纳税，增加税后利润，增加投资收益。税收对投资成本和投资收益两方面的共同作用影响投资报酬率，并最终影响投资决策。

税收对投资收益的影响，是通过替代效应和收入效应来实现的。课征企业所得税会压低纳税人的投资收益率，如果因此而使投资者降低了投资的意愿，导致其减少投资而以消费替代投资，就是发生了税收对投资的替代效应。如果征税和提高税率减少了投资者的税后净收益，而投资者为了维持征税前后的收益水平保持不变，则趋向于增加投资，这是税收对投资的收入效应。

2. 税收对投资风险的影响

税收对投资风险的影响取决于税收对亏损的处理方式：一是不允许亏损弥补的所得税对投资风险的影响。如果政府在企业盈利时征收所得税，但在企业亏损时不允许用利润弥补，政府只分享投资收益，而不承担投资亏损风险。这种税收处理方式有利于安全投资，不利于风险投资；同样，有利于风险小的投资，而不利于风险大的投资。因为，税收减少了风险投资的预期收益，却没有减少投资风险，换句话说，税收增加了投资的相对风险。二是允许亏损弥补的所得税对投资风险的影响。如果政府在企业盈利时征收所得税，但在企业亏损时也允许用利润弥补，政府不只分享投资收益，也承担投资亏损风险。这种税收处理方式对安全投资和风险投资决策的影响是中性的。因为，税收减少了风险投资的预期收益，但也减少了投资风险。

3. 税收对投资能力的影响

企业投资能力主要是指企业可动用资金，包括企业税后留利、折旧、发行股票债券、银行贷款，税收对上述各项资金产生不同的影响。以企业税后留利为例，由于企业留利是企业税后利润中分配股息以后保留在企业中的利润，所以，企业所得税对企业留利水平的影响比较大。在企业实现利润水平既定的情况下，提高企业所得税将减少企业留利。除了税率以外，也取决于税基，如果税前优惠比较多，缩小税基，有利于增加企业留利；反之，则减少企业留利。

（四）税收与个人收入分配

个人所得税是调节收入分配的最有力工具。在各种收入来源既定的情况下，个人收入分配的结果及其差距在很大程度上取决于个人所得税的征税情况。个人所得税直接对纳税人的所得综合或分类进行征税，体现了支付能力原则，即高收入者多征，低收入者少征。尤其在实行累进税率制度下，税率随着收入级次的提高而提高，收入水平越高，适用税率越高，从而具有较强的再分配作用。因此，个人所得税对个人间的收入分配，特别是对抑制收入差距扩大具有特殊功能。

税收支出也是影响收入分配的重要工具。政府可以通过对许多项目做出不予课税、税额抵免、所得扣除等特殊规定，增加低收入阶层的实际收入。实现这一目标的途径有两条：一是直接对低收入阶层的许多纳税项目给予税收优惠照顾，如医疗费用扣除、儿童抚养费用扣除、社会保险扣除等；二是对有助于间接增加低收入阶层收入或减少低收入者消费支出的行为给予税收优惠照顾，如对高收入者向慈善机构、公益事业机构等单位的捐款给予免税待遇，以鼓励慷慨解囊举办社会福利事业。

（五）税收与技术进步

外部性理论早已证实，科学技术的边际社会收益大于边际私人收益，曼斯菲尔德等（1977 年）就 17 项技术革新进行社会收益与私人收益的测算，结果表明社会收益是私人收益的两倍多（56% 对 25%），因此，市场供给量不是最优的。科技进步的正外部性使得从事研究与开发的投资者不能完全占有科技成果所带来的全部收益。而且由于存在大量生产外部影响的复杂因素，私人之间通过协商谈判来解决利益的分配问题几乎是不可能的，这时就需要政府对私人部门的科学技术供给予以相应财政支出和税式支出方式进行补贴。

从各国实践来看，税收方面鼓励研究与开发活动的主要措施是增加税前扣除和投资税收抵免，下面简要介绍几个主要发达国家有关研究与开发的税收规定。

美国所得税法中鼓励研究与开发活动的主要措施主要包括：第一，允许公司在发生当年扣除符合条件的研究与开发费用。根据美国《国内税收法典》第 174 节之规定，允许企业纳税人在发生当年扣除其全部研究与实验性支出。第二，对公司符合条件的研究与实验费用超过前三年平均数额的增长部分予以 25%的税收抵免。第三，允许公司通过有限的合伙组织形式为研究筹措资金。

法国为研究与开发项目提供高达其投资成本 50%的补贴；研究与开发支出在发生当年可以全额扣除；从事研究与开发活动使用的厂房和设备投资可以加速折旧；特许权使

用费收入和专利权销售收入如果在三年内用于再投资则不征税。

德国的所有研究与开发支出都可以在当年扣除；用于研究与开发活动的厂房设备可以申请加速折旧；对于符合条件的研究与开发投资，政府予以其研究与开发资本投资额的7.5%的现金补贴和税收抵免补贴。

英国对研究与开发过程中发生的经常性和资本性支出都可以在发生当年申请扣除，各个政府部门和机构都会对研究与开发投资予以直接的帮助和支持。

综合上述分析，税收正是通过替代效应与收入效应而对微观经济体（家庭、企业）的劳动供给、储蓄、投资、技术进步等方面产生影响，即通过影响劳动、资本、技术等生产要素，进而改变家庭和厂商的经济决策，最终影响整个宏观经济。

本章小结

税收是以国家为主体的分配，税收的三个特性——强制性、无偿性及固定性决定了税收是财政收入的主要来源。同时在税收政策制定、税制设计中必须符合税收原则——公平与效率原则。此外，由于存在税负转嫁问题，税负由谁承担，税负水平如何，需要我们进行认真而细致的分析。征税会带来收入效应和替代效应，会对生产、消费、投资等带来一系列的影响，进而改变家庭和厂商的经济决策，最终对整个宏观经济产生影响。

➢复习思考题

1. 论述税收三个特性在我国现行税收制度中如何体现的。
2. 在税制设计中，如何实现公平与效率原则？
3. 什么是税负转嫁？税收如何影响家庭经济决策？

➢案例分析

（一）福布斯痛苦指数在中国备受争议。福布斯公司公布的痛苦指数全称为“福布斯全球税收痛苦和改革指数”，简称“全球税收痛苦指数”，是公司所得税、个人所得税、雇主和雇员的社会保险税（费）、商品税及财产税等六大税种的最高一档名义税率加总得出的。指数越高意味痛苦程度越高。2005年中国的税收痛苦指数为全球第二，2008年为全球第五，2009年上升为全球第三（第一是法国，第二是比利时）。

（二）张某用一间公司的名义在互联网上买卖婴儿用品，采用不开具发票、不记账的方式，也不向税务机关申报纳税，偷逃税款共计11万元，上海普陀区法院2007年依据偷税罪对其做出判决，处以张某有期徒刑2年，缓刑2年，罚金6万元，公司处罚金10万元。这是第一次有关网络上交易的逃税案，引起广泛关注。当前网络购物规模不断扩大，据报道，淘宝和天猫在2012年双十一的销售额高达191亿元。

资料来源：作者自行整理编写而成

思考问题：

1. 如何正确对待福布斯痛苦指数？你觉得我国的税负重吗？
2. 应不应对电子商务征税？如何对电子商务征税？

税 收 制 度

➢ 引言

税收职能作用已从经济层面拓展到政治、社会、文化、生态、外交等诸多领域，更加深刻地介入国家治理的各个方面，真正成为治国理政的重要基础。进一步，税收职能的发挥离不开税收制度保证，我国现行税制结构是什么样的？在当前经济发展新常态下，税收制度能否科学有效实施税收调控，促进经济调速不减势、量增质更优？中国税制改革是如何推动的，诸如个人所得税、房产税如何改革等议题都成为各方关注焦点，同我们每个人息息相关。通过本章学习，可以对税收制度有基本的了解。

第一节　税收制度的基本要素

税收是国家凭借政治权力强制征纳而取得的收入，在市场经济下，税收从根本上看还是公共品的价格。税收随着国家的产生而出现，只要有国家、有政府，为了维持国家机器的运转，就必须征税。税收具有强制性、无偿性和固定性三大基本特征，税收的特征决定税收是政府最主要的收入来源。由于税收的重要性，政府在征税上具有的强制性和无偿性，为了有效约束政府的征税行为，现代国家都必须通过法律的形式来依法征税。

税制要素，即税收制度的基本要素，包括对什么征税、向谁征税、征多少税和如何征税等基本内容。税制要素一般包括纳税人、课税对象、税率、纳税环节、纳税期限、减免税等。其中，纳税人、征税对象和税率是税制的三大基本要素。

一、纳税人

纳税人又称纳税主体，是享有法定权利、负有纳税义务、直接缴纳税款的单位或个人。纳税人主要解决向谁征税或由谁纳税的问题。纳税人既可以是自然人，也可以是法人。自然人是指在法律上作为一个权利和义务主体的普通人，它以个人身份来承担法律所规定的纳税义务。法人是自然人的对称，是指依法成立并能独立行使法定民事权力和承担法定民事义务的社会组织，如企业、社团、事业单位等。法人是社会组织在法律上的人格化。要正确理解纳税人概念的含义，还应当将其与负税人区分开来。

负税人是指税款的实际负担者。负税人是与纳税人不同的概念，同时又有密切的联系。纳税人是直接向国家缴纳税款的单位和个人，而负税人是最终负担税款的单位和个人。在纳税人能够通过各种方式把税款转嫁给他人负担的情况下，纳税人只起缴纳税款的作用，而不是实际负担税款者。如果税款不能转嫁，则纳税人同时又是负税人。通常，税法只规定纳税人而不规定负税人。

二、课税对象

课税对象又称课税客体、征税对象，是指税法中所规定的征税的目的物，是征税的根据，即确定对什么征税。课税对象规定着征税的范围，是一种税区别于另一种税的主要标志。正因为如此，长期以来一直以课税对象的标准作为对税收进行分类的主要方法。根据课税对象性质的不同，可以把全部税种归并划分为五大类，即流转税类、所得税类、财产税类、资源税类和行为税类。这里需要说明与课税对象相关的几个重要概念。

（一）计税依据

计税依据又称税基，是指税法中规定的据以计算各种应征税款的依据或标准。不同税种的计税依据是不同的。例如，我国增值税的计税依据一般都是货物和应税劳务的增值额，企业所得税的计税依据是经税法调整后的企业税前利润额。计税依据可分为从价计税和从量计税两种。从价计税，即以征税对象的价值作为计税依据。从量计税，即以征税对象的数量、重量、容积等作为计税依据。计税依据的设计受微观课税对象的性质、课征的目的、税收管理人员的水平和社会环境等因素影响。

课税对象与计税依据的关系是：课税对象是征税的目的物，计税依据则是在目的物已经确定的前提下，对目的物据以计算税款的依据或标准；课程对象是从质的方面对征税所作的规定，而计税依据则是从量的方面对征税作的规定，是课程对象量的表现。

（二）税源

税源是指税收的经济来源或最终出处。理论上，税源归根结底是国民收入。但在实践中，每种税的税源不尽相同，可能是直接课税对象，也可能是间接课税对象，如个人所得税的税源是个人所得，营业税的税源是营业收入等。

从税源与课税对象的关系来说，在内容上有时相同，有时不相同；在目的上则不相同。首先，在内容上，有些税种的课税对象与税源是一致的，如所得税的课税对象和税源都是纳税人的所得；有些税种的课税对象与税源则是不一致的，如财产税的课税对象是纳税人的财产，而税源一般是纳税人的收入。其次，在目的上，课税对象主要解决对什么征税的问题，而税源则表明课税对象的来源及纳税人的负担能力。

在税收制度中探讨税源问题的主要意义在于：一是税源的丰裕状况是制约税收规模的一个主要因素；二是税源是税收政策调节作用的归宿。因此，无论是从增加税收收入的角度看，还是从增强税收政策作用效果的角度看，培育税源始终是税收工作的一项重要任务。

（三）税目

税目是根据课税对象确定的具体征税项目和范围，也称课税品目，是对课税对象的具体化。由于大多数税种的课税对象比较复杂，所以，在征税时，对这些税种的课税对象还需做进一步划分。税目的主要作用：一是明确征税范围，通过税目确定征税的具体界限，凡纳入税目则征，反之则不征；二是解决课税对象的归类问题，通过税目将课税对象做比较具体的归类，为税收政策的规定和调整提供重要依据。设计税目的方法大体有两种：一为“列举法”，是按照每一种商品或经营项目分别设计税目；二为“概括法”，是按商品大类或行业设计税目。

三、税率

税率是税额与课税对象数额之间的比例。在课税对象既定的条件下，税额和税负的大小就取决于税率的高低。税率的高低直接关系到国家财政收入和纳税人的负担。

税率是一个总的概念，在实际应用中可以分为两种形式：一种是按绝对量形式规定的固定征收额度，即定额税率，适用于从量计征的税种；另一种是按相对量形式规定的征收比例，这种形式又可以分为比例税率和累进税率，适用于从价计征的税种。

（一）税率形式

1. 累进税率

累进税率是就课税对象数额的大小规定不同等级的税率。课税对象数额越大，税率越高。这种税率对调节纳税人的收入有明显作用，一般适用于对所得额的课税。累进税率按累进的依据性质不同，分为两大类：一类是以课税对象的绝对数量为依据的累进税率，称之为依额累进，如个人所得税按所得额的大小分级累进；另一类是以课税对象的相对数量为依据的累进税率，称之为依率累进，如我国目前征收的土地增值税就是按照增值额与扣除项目金额的比例实行四级超额累进税率。

按累进依据的构成不同，又可以分为“全累”和“超累”。例如，额累可以分为全额累进和超额累进；率累可以分为全率累进和超率累进。全额累进是对课税对象的全部数额，都按照相应等级的累进税率征税。超额累进是对课税对象超过前级数额的部分，分别按照各自对应的累进税率计征税款。两种方式相比，全额累进的计算方法比较简便，但在累进分界点上税负呈现跳跃式递增，不够合理。超额累进的计算方法复杂一些，但累进程度比较缓和，因而比较合理。

2. 比例税率

比例税率是不分课税对象数额的大小，只规定一个比例，都按同一比例征税，税额与课税对象呈正比例关系。在具体应用时，比例税率又可划分为以下三种类型：一是统一比例税率，又称单一比例税率，即一种税只采用一个税率。二是差别比例税率，即根据课税对象和纳税人的不同特点，对同一种税分别规定不同比例的税率。按照其适用范围，差别比例税率主要分为以下三类：第一，产品差别比例税率，即对不同产品使用不同税率；第二，行业差别比例税率，即对不同行业使用不同税率；第三，地区差别比例税率，即针对不同地区规定不同税率。三是幅度比例税率，即税法规定税率的一个最高上限和最低下限，在这一幅度内，可由地方政府根据本地区情况具体确定。比例税率的一个显著特点是计算简便，比较适合于对流转税的课征，其缺点是对收入的调节效果欠佳。

3. 定额税率

定额税率也称为固定税率，是对课税对象按固定税额计征的税，一般适用于从量计征的税收。定额税率同比例税率有很大的不同，比例税率规定的是税额与课税对象之间的相对数，一般适于从价计征；而定额税率则是具体规定出应纳税的绝对数，一般适用于从量计征。定额税率又可以分为地区差别固定税率、产品差别固定税率、幅度定额税率和分类级别定额税率等形式。

定额税率的优点在于：计算简便，税负稳定，不受价格变动的影响，还可以促进企业提高产品质量，改进包装，提高资源利用率，降低成本。因为在定额税率下的税收负担只同征收对象的数量有关，这样，单位产品提高质量、改进包装以后，按优质优价销售，可相对减轻税负。然而，定额税率由于是从量计征而不考虑其他因素，就很难反映课税对象的质量和价值的差别，从而造成一定的税负不合理。而且，定额税率在调节收入和适用范围上也有一定的局限性。

（二）税率分析方法

上述三种税率形式是税制中的基本因素，在税收管理的实际工作中被广泛使用。但是从税收理论研究和实证分析要求出发，还需要掌握名义税率和实际税率、边际税率与平均税率、零税率与负税率、累进税率与累退税率的概念。

1. 名义税率与实际税率

名义税率与实际税率是分析税收负担的重要工具。名义税率是税法所规定的税率。实际税率是指纳税人实际缴纳的税额占课税对象的比例，它反映了纳税人的实际负担率。在某些情况下，名义税率与实际税率之间存在差异，差异形成的原因主要有：税收减免规定、税收征管上的漏洞、通货膨胀因素（累进税制下）。前两个因素导致名义税率高于实际税率；第三个因素在实行累进税率的情况下，会因“档次爬升”而产生实际税率高于名义税率的状况。

2. 边际税率与平均税率

边际税率与平均税率是分析税率变动对纳税人（负税人）经济决策影响的重要工具。边际税率是指最后一个课税对象所适用的税率。平均税率是指全部税额与课税对象之间的比例。边际税率与平均税率之间具有密切的内在联系。在累进税制的情况下，平均税率随边际税率的提高而上升，但平均税率低于边际税率。在比例税制的情况下，边际税率与平均税率相等；但是如果存在对部分课税对象免税的情况，则平均税率与边际税率存在差异。在对税率变动的经济影响分析中，边际税率着重分析税率变动的替代效应，平均税率主要分析税率变动的收入效应。

由于替代效应与收入效应对纳税人的经济行为的影响往往存在相反的效应。例如，政府试图通过降低工资薪金所得税率来刺激劳动供给，从替代效应出发，由于休闲的机会成本上升，人们就可能多工作少休闲；但是从收入效应出发，由于减税后收入增加，有人就可能少工作。因此，当政府试图通过变动税率来调节纳税人的经济行为时，往往尽可能保持平均税率不变，通过降低起征点、减少税收优惠等措施扩大税基，变动边际税率。

3. 零税率与负税率

零税率是税率为零的税率。它是免税的一种形式，说明纳税对象的持有人负有纳税义务，但不需缴纳税款。零税率通常有两种情况：一是对所得征税时，对所得额中的免税全额部分规定税率为零，以保证所得少者的生活和生产之需。二是对商品征税时，对出口商品规定税率为零，即退还出口商品在生产和流转环节已纳的商品税，使商品以不含税价格进入国际市场，以增强商品在国际市场上的竞争力。

负税率是指政府利用税收形式对所得额低于某一特定标准的家庭和个人予以补贴的比例。负税率主要用于负所得税的计算，负所得税是西方发达国家把所得税和社会福利补助制度相结合的一种主张和试验，即对那些实际收入低于维持一定生活水平所需要的家庭和个人，按照一定比例付给所得税。负税率的设计必须依据社会愿意加以运用的社会福利函数去衡量，税率要适度，防止产生不思进取的消极后果。

4. 累进税率与累退税率

累进税率与累退税率是分析税收收入再分配效果的主要工具。累进税率的特点是纳税人的收入越高，所承担的税负占其收入的比率越高。因此，它具有较强的收入再分配效果。而累退税率则相反，纳税人的收入越低，所承担的税负占其收入的比率越高。因此，它对收入再分配具有反向调节作用。在现行税制中并不存在累退税率，但其作为一种分析税收收入再分配效果的方法已被广泛使用。因为一些使用比例税率或定额税率的税种可能具有累退性。例如，对生活必需品征收的商品税一般采用比例税率，由于穷人与富人在必需品消费方面需求变动的程度小于收入变动的程度，两者所承担的税额差异不是太大，但相对于穷人与富人的收入而言，却呈现出累退性。

四、纳税环节

纳税环节是税法规定的课税对象从生产到消费的整个过程中，应当缴纳税款的环节。纳税环节有广义和狭义之分。广义的纳税环节是指全部课税对象在再生产环节的分布，如资源税分布在生产环节、流转税分布在流通环节、所得税分布在分配环节。狭义的纳税环节是指在流通过程中，流转税应缴纳税额的环节，即商品从生产到消费的流通过程中的生产、销售、批发、零售等环节。

五、纳税期限

纳税期限即缴纳税款的期限，不同的税种，其纳税期限是不同的。不同税种的纳税期限不同，主要受以下三个因素的影响：税种的性质、应纳税额的大小、交通条件。

我国现行税制的纳税期限有以下三种形式：①按期纳税。纳税间隔期为 1 天、3 天、5 天、10 天、15 天和 1 个月，或一个季度。②按次缴纳。已纳税行为发生的次数作为纳税期限。③按年计征、分期预缴。即按规定的期限预缴税款，年终汇算清缴，多退少补。一般来说，商品课税大都采用“按期纳税”形式，所得税课税一般采用“按年计征，分期预缴”的形式。

六、减免税

减免税是对某些纳税人或课税对象的鼓励或照顾措施。减税是从应征税款中减征部分税款；免税是免征全部税款。减免税规定是为了解决按税制规定的税率征税时所不能解决的具体问题而采取的一种措施，是在一定时期内给予纳税人的一种税收优惠，同时也是税收的统一性和灵活性相结合的具体体现。

(一)减免税的基本形式

(1) 税基式减免，通过直接缩小计税依据的方式实现减免税。具体包括起征点、免征额、项目扣除及跨前结转等。其中起征点是征税对象达到一定数额开始征税的起点。免征额是在征税对象的全部数额中免于征税的数额。两者的区别是，纳税人收入达到或超过起征点时，就要对其全部收入全额征税，而纳税人收入超过免征额时，则仅就超过部分征税。

(2) 税率式减免，通过直接降低税率的方式实现减免税。具体包括全部重新确定税率，选用其他税率、零税率等形式。

(3) 税额式减免，通过直接减少应纳税额的方式实现减免税。具体包括全面免征、减半征收、核定减免率抵免税额等。

(二)减免税的分类

可以分为法定减免、临时减免和特定减免。法定减免是由各种税的基本法规定的。临时减免又称“困难减免”，主要为照顾纳税人的特定暂时困难，而临时批准的。特定减免是根据社会经济情况发展变化和发挥税收调节作用的需要而规定的。

(三)税收附加与加成

税收附加也称为地方附加，是指地方政府按照国家规定的比例随同正税一起征收的列入地方预算外收入的一种款项。例如，教育费附加。

税收加成，根据税制规定的税率征税以后，再以应纳税额为依据再加征一定成数的税款。

第二节 税收制度的分类

一、税收制度的概念

税收制度简称税制，是国家通过法律程序确立的征税依据和规范。人们通常将税收制度解释为“税制是国家各种税收法律、法令、条例、实施细则、税收征管办法和征管体制的总和”。税制体现着国家税收政策，规定了国家与纳税人之间的征纳关系，既是税务部门征税的法律依据，也是纳税人纳税的行为规范。

广义的税收制度包括：第一，税收体系。一个国家的税收体系中各种税类、税种的构成及其相互关系。第二，具体税种。用来调整国家与纳税人之间具体税收关系的课征制度。第三，税收管理制度。确定税收管理权限划分的税收管理体制和税收征管办法等内容。

人们通常所说的税收制度，多指狭义的税收制度，即某一具体税种的课征制度，它由纳税人、课税对象、税目、税率、起征点、免征额、纳税期限、纳税环节、减免税、罚则、附则等要素构成。税收制度主要是通过税收法律文件体现出来。

二、税收分类

现代国家的税收都是由多种税种组成的所谓复合税制。为了研究各类税的特点，建立合理的税制结构和加强征收管理，就需要将复杂的税种按一定的标准进行归类。

（一）按税负能否转嫁进行分类

以税负能否转嫁为标志，可以把税收分为直接税和间接税两类。凡由纳税人自己承担的税负，不易发生转嫁关系的税称为直接税，一般认为所得税和财产税为直接税。凡纳税人有可能将税负转嫁于他人，发生转嫁关系的税称为间接税，一般认为流转税为间接税。划分直接税和间接税的意义主要在于分析税收负担的运行和税负归宿。

（二）按课税对象的性质进行分类

按课税对象的性质一般将税收分为流转税、所得税、财产税三大类。

流转税是以商品流转额和非商品流转额（如服务业的营业额）为课税对象的税收统称。若以商品和非商品的交易额为课税对象则称之为周转税；若以商品和非商品在每一流转环节的增值额为课税对象，则称之为增值税。根据课税对象范围的大小，可将商品流转税分为一般商品税（general commodity taxes）和特定商品税（specific commodity taxes）。一般商品税是对所有商品课征的流转税。特定商品税是对某一类商品课征的流转税。如果将所有的商品分为资本品和消费品，则对所有消费品课征的商品流转税被称为消费品税，对某些特定消费品进行特别课征的商品流转税被称为特殊消费品税。商品流转税应采取一般商品税，还是消费品税，还是特定商品税，涉及商品流转税税基的大小问题，是税制设计中需要考虑的重要问题。

所得税是以收益所得额为课税对象的税收统称。根据纳税人的不同，所得税可分为：对个人收益所得征收的个人所得税，对企业收益所得征收的企业所得税。个人所得税根据征收方式不同，又可分为综合所得税（general income tax）和分类所得税（classified income tax）。综合所得税以各类所得总和为计税依据，分类所得税是按照各种不同性质的所得分别计征的所得税。在西方国家，社会保障税、资本利得税也归入所得税类。

财产税是以各类动产和不动产的数量或价值为课税对象的税收统称。由于财产既可被持有，也可被转让，因此，可进一步分为对财产持有的课征和对财产转让的课征。对财产持有的课征，即以一定时期中的纳税人所拥有或支配的财产数量或价值为课税对象，包括一般财产税与特殊财产税。前者对所有财产进行课征，后者仅对某一特定类别的财产进行课征。对财产转让的课征，即当财产所有权发生变更时，以被转让财产的数量或价值进行的课征，如赠与税、遗产税等。

由于各国具体情况不同，在税种选择、税制设计方面也不尽相同。按课税对象的性质对我国现有税种分类，一般分为所得税、流转税、资源税、行为税和财产税五大类。其中资源税是以资源的绝对收益和级差收益为课税对象的税收统称，行为税是以特定行为为课税对象的税收统称。

按课税对象性质分类的主要意义在于分析各类税种的性质和经济效应，为合理设计税制提供前提条件。

（三）按税收与价格关系分类

按税收与价格的关系分类，可将税收分为价内税与价外税。价内税是指税金包含在商品或劳务价格中的税，故其计税价格被称为含税价格。价外税是指税金附加在商品或劳务价格之外的税，故其计税价格被称为不含税价格。西方国家的消费税大都采用价外税的方式。我国流转税以价内税为主，但现行的增值税采用价外税方式。

此外，还有其他一些税收分类，如实物税和货币税、经常税和临时税、对人税和对物税等。

（四）按计税依据分类

按计税依据分类，可以将税收划分为从价税和从量税。从价税是以课税对象的价格为计税依据的税类，从量税是以课税对象的自然单位为计税依据的税类。从价税的应纳税额随课税对象价格的变化而变化，能够贯彻合理负担的税收政策，因而是现代税收的基本计税方法。从量税的应纳税额以课税对象实物数量的变化而变化，虽然计税简便，但税收负担不能随价格高低而增减，不尽合理，因而仅有少数税种采用这一计税方法，如车船使用税、资源税、屠宰税。

第三节 中国现行税收制度

我国目前现行税制是在1994年分税制的基础上形成的，由20种税组成，我们以课税对象的性质对税制进行分类。

一、流转课税

流转课税是泛指所有以商品为征税对象的税类。就我国现行税收制度而言，包括增值税、营业税、消费税、关税。这里只简要介绍具有代表性的主要税种及其基本制度规定，即增值税、营业税、消费税，目的在于说明商品课税的课税对象、纳税人计税方法原理等税制中的主要问题。

（一）增值税

1. 增值税概述

增值税是对商品价值中增值额课征的一个税种。增值税起源于法国，现在已经成为发达国家和发展中国家广泛采用的一个国际性税种。增值税中增值额是企业生产商品过程中新创造的价值，相当于商品价值中扣除生产消耗的生产资料价值 C 之后的余额，即 $V+M$ 部分。具体到一个生产单位，增值额是指纳税人的商品销售收入或者劳务收入扣除外购商品额后的余额，这样就其增值额征税避免在一种商品的多次课征中出现重复征税现象。这一特征适应社会化大生产的需要。此外，增值税采用道道课税的课征方式，并以各企业新创造的价值为计税依据，可以使各关联企业在纳税上相互监督，减少乃至杜绝偷税漏税。而对于需要出口退税的商品实行“零税率”，将商品国内已缴纳的税收一次全部退还给企业，比退税不彻底的一般流转税更能鼓励外向型企业经济的发展。

2. 增值税类型

一般而言，增值税的计税依据是商品和劳务价款中的增值额，但各国的增值税制度对购进固定资产价款的处理有所不同，据此增值税可分为三种类型：一是生产型增值税，计税依据中不允许抵扣任何购进固定资产价款，就国民经济整体而言，计税依据相当于国民生产总值，称为生产型增值税。二是收入型增值税，只允许抵扣当期应计入产品成本的折旧部分，就国民经济整体而言，计税依据相当于国民收入，称为收入型增值税。三是消费型增值税，准许一次全部抵扣当期购进的用于生产应税产品的固定资产价款，就国民经济整体而言，计税依据只包括全部消费品价值，称为消费型增值税。由于计税依据有差别，不同类型的增值税收入效应和激励效应是不同的。从组织收入角度来看，生产型增值税的效应最大，收入型增值税次之，消费型增值税最小；从激励投资角度来看，则次序相反。西方国家采用生产型增值税较少，普遍采用后两种类型。

3. 我国现行增值税制度

我国自 20 世纪 80 年代开始试行增值税，当时的增值税是由产品税转化过来的，仅对部分工商品征收。1994 年税制改革后，增值税被列为改革的核心内容，其目标是按照国际上通行做法，建立一种比较完整的增值税课征机制，使之符合市场经济的要求。

1993 年 12 月 13 日修订后的《中华人民共和国增值税暂行条例》公布，其主要内容有：第一，增值税的征收范围。增值税征收范围包括在我国境内销售货物和提供加工、修理修配劳务及进口货物，同时，对视同销售货物、混合销售行为和兼营行为做出特殊规定。第二，增值税纳税义务人。增值税纳税义务人是指所有销售应税货物和提供应税劳务的工商企业及其他单位和个人。第三，增值税税率。增值税基本税率为 17%，低税率为 13%[①]。第四，实行价外计税。即将原来含税价格中的价和税相分离，以不含税价格作为计税依据，在零售以前各环节销售商品时，专用发票上要求分别填写税金和不含税金的计税价格，而在零售环节仍实行价税合一的办法。第五，按照购进扣税法计算应纳税额，实行依据发票注明税金进行税款抵扣制度。即应纳税额=当期销项税额−当期进项税额，其中销项税额=销售额×适用税率，进项税额=购进商品金额×适用税率。第六，按照规范化办法计算纳税的增值税纳税人要进行专门的税务登记，并使用增值税专用发票，以便建立纳税人购销双方进行交叉审计的稽核体系，增强增值税自我制约偷漏税和减免税的内在机制。

① 国务院常务会议决定于 2012 年 1 月 1 日起，首先在上海交通运输业和部分现代服务业进行营业税改增值税试点，其中，交通运输业和邮政业增值税税率为 11%，现代服务业中除有形动产租赁服务外为 6%。

为了促进企业扩大投资，进行技术改造，加快产业结构调整，国务院决定自 2009 年 1 月 1 日起，修订增值税暂行条例，在全国实行增值税转型改革，改革的核心是在企业计算缴纳增值税时，允许扣除购入机器设备所包含的增值税。此外，修订后的暂行条例对小规模纳税人不再设置工业和商业两档征收率，而将征收率统一为 3%。

增值税转型改革后，我国增值税改革的进程并没有结束，现行增值税制中仍存在征收范围不规范，征收链条不完整等诸多问题，而营业税重复征税的问题也严重影响了产业之间的专业化分工，抑制了第三行业的发展，因此，扩大增值税征税范围是进一步完善增值税制度的必然选择。从增值税理论来说，增值税增税范围应涵盖所有创造和实现增值额的领域，这样才能形成一个连接紧密、环环相扣的链条。基于此，国务院常务会议决定于 2012 年 1 月 1 日起，开展深化增值税改革试点，进一步解决货物和劳务税制中的重复征税问题，完善税收制度，支持现代服务业发展。首先在上海交通运输业（除铁路运输以外）和部分现代服务业进行营业税改增值税试点，随后推向全国。2013 年 8 月，交通运输业（除铁路运输以外）与部分现代服务业实现全国范围内的营改增。2014 年 1 月 1 日，铁路运输和邮政业纳入营改增的范畴，并且在全国范围内实行，至此，交通运输业全行业实行了营改增。2014 年 6 月，电信业纳入营改增并在全国范围内实行。2016 年 5 月 1 日起，我国对房地产业、建筑业、金融保险业与生活服务业全面进行营改增。

（二）消费税

1. 消费税概述

消费税的课税对象是消费品的销售收入，凡是从事生产和进口应税消费品的单位和个人均为消费税的纳税人。在对商品普遍征收增值税的基础之上，选择少数消费品再征收一道消费税，主要是为了调节消费结构，引导消费方向，保证国家财政收入。

2. 我国现行消费税制度

在 1994 年工商税制改革中设置消费税，主要是考虑如下四个方面因素：一是流转税制格局调整后税收负担下降较多的产品；二是非生活必需品中一些高档、奢侈的消费品；三是从保护身体健康、生态环境等方面的需要出发，不提倡也不宜过度消费的某些消费品；四是一些特殊的资源性消费品，如成品油。因此，确定征收消费税的品目有：烟、酒、化妆品、贵重首饰、汽油、柴油、轮胎等。我国现行消费税选择了烟、酒、化妆品、贵重首饰及珠宝玉石、鞭炮烟火、摩托车、小汽车、高尔夫球及球具、高档手表、游艇、木制一次性筷子、实木地板、电池和涂料。税率采用比例税率和定额税率两种形式，分别对上述商品采用从价计征、从量计征的模式，而对于烟中的卷烟税目和酒中的白酒税目，采用从价从量复合征收的方式。

消费税自实施以来，对组织财政收入和引导消费方向发挥了重要作用，但随着经济形势的发展变化，在征收范围、税目设置、税率结构等方面逐渐出现一些不相适应的问题，因此，自 2006 年 4 月 1 日起，对消费税制度进行调整：一是突出环境保护和资源节约，如增列成品油税目；二是突出合理引导消费并间接调节收入分配，如新增高尔夫球具、高档手表等消费税税目，取消护肤护发品税目。鉴于增值税、营业税和消费税之间存在较强的相关性，为了保证这三个税种相关政策和征管措施之间的有效衔接，在

2009 年 1 月 1 日起实行的增值税暂行条例中同时对消费税进行相应修改，内容是：第一，将 1994 年以来出台的政策调整内容更新到新修订的消费税条例中，如部分消费品（金银首饰、铂金首饰、钻石及钻石饰品）的消费税调整在零售环节征收、对卷烟和白酒增加复合计税办法、消费税税目税率调整等。第二，与增值税暂行条例衔接，将纳税申报期限从 10 日延长至 15 日，对消费税的纳税地点等规定进行调整。经国务院批准，自 2015 年 5 月 10 日起调整卷烟消费税政策，将卷烟批发环节从价税税率由 5%提高至 11%，并按 0.005 元/支加征从量税。

（三）营业税

营业税是以纳税人从事经营活动的营业额（销售额）为课税对象的税种，属于商品课税的范畴，其主要特点是计算征收较为简便。我国原工商税制中就有营业税这个税种，1994 年税制改革时予以保留，同时进行了适当的调整和改革。1994 年的税制改革采取划分增值税与营业税的征收范围、两税并行征收的制度。这种制度使我国增值税的覆盖面变得偏窄，限制了增值税作用的发挥，同时两种税的征收范围又难以划分清楚，由此带来了一系列矛盾。就税制发展来看，扩大增值税征收范围是必然趋势，实现了增值税的“扩围”。因此，2012 年 1 月 1 日起，在上海市交通运输业和部分现代服务业开展营业税改征增值税试点，确定将交通运输业和部分现代服务业营业税改征增值税，征税范围及税率设置参见上文我国现行增值税制度的相关内容。

目前，我国营业税的征税范围是建筑业、金融保险业、文化体育业、娱乐业、服务业及转让无形资产和销售不动产行为。税率采用的行业差别比例税率，如建筑业、文化体育业采用 3%的税率，金融保险业、服务业、转让无形资产和销售不动产采用 5%的税率，而娱乐业采用的是 5%～20%的比例税率。

二、所得课税

所得课税是对所有以所得额为课税对象的税种的总称。我国现行所得课税的主要税种有企业所得税、个人所得税。下面分别按所得课税的主要税种简要介绍各税种的课税对象、纳税人、税率和计征方法等税制中的主要问题。

（一）企业所得税

1. 企业所得税概述

企业所得税是对我国境内的企业和其他取得收入的组织的生产经营所得和其他所得征收的一种税。1994 年税制改革明确了我国对内资企业征收企业所得税，对外国企业和外资企业征收另一套外资企业所得税。我国加入 WTO 以后，按照 WTO 的非歧视原则统一内外资企业所得税法，即实行内外资企业所得税“两税合一”已经成为税制改革中的一项迫切任务。2007 年 3 月 16 日经第十届全国人民代表大会第五次会议通过《中华人民共和国企业所得税法》，于 2007 年 8 月 1 日实施。

2. 我国现行企业所得税制度

我国现行的企业所得税制度主要内容如下：第一，纳税人，在中华人民共和国境内，企业和其他取得收入的组织（统称企业）为企业所得税纳税人，企业分为居民企业和非居民企业。第二，税率，企业所得税的标准税率为25%，同时针对符合条件的非居民企业设置有低税率20%。第三，应纳税所得额，企业每一纳税年度的收入总额，减除不征税收入、免税收入、各项扣除及允许弥补的以前年度亏损后的余额，为应纳税所得额。第四，税收优惠。国家对重点扶持和鼓励发展的产业和项目，给予企业所得税优惠，如国家需要重点扶持的高新技术企业，减按15%的税率征收企业所得税。

（二）个人所得税

1. 个人所得税概述

我国现行的个人所得税是实行分类或分项课征模式，从世界各国的实践来看，理想的模式是实行综合课征制。综合课征制是对总收入课税，可以消除收入来源不同和多寡对税负的影响，能较好地体现量能负担的公平原则和补偿原则，便于科学地进行费用扣除，避免纳税人将税率高的一类收入转为税率低的另一类收入进行避税的弊端。此外，综合课征制还有助于培养公民的纳税意识，因为它要求除了不需缴税的低收入阶层外，所有纳税人都必须申报纳税。但是，由于我国目前居民平均收入水平还较低，多数人的收入达不到税制设置的征收标准，采用综合课征制则缺乏必要的纳税人基础，同时，由于收入分配方式多样，现金流通领域较广，难以掌握纳税人的收入情况，采用综合课征制也缺乏必要的征管基础。因此，一般认为，我国当前现实的选择是实行综合与分类相结合的课征模式。所谓综合与分类相结合，就是将一部分有连续性或经常性的收入项目实行综合征收，实行统一的累进税率，这类项目包括工资薪金所得、承包承租经营所得、劳务报酬所得、财产租赁所得等，同时对其余所得，包括财产转让所得、特许权使用费所得、稿酬所得、股息、利息、红利及偶然所得等，仍按现行的比例税率分项课征。

2. 我国现行个人所得税制度

我国现行的个人所得税是2011年6月30日第六次修正所形成的。2011年的修正主要是对工薪所得税的修正，内容有：第一，减除费用标准由2000元/月提高到3500元/月；第二，调整工资薪金所得税税率结构，由9级调整为7级，取消了15%和10%两档税率；第三，将最低的一档税率由5%降为3%，适当扩大了低档税率和最高档税的适用范围。此外，调整个体工商户生产经营所得和承包承租经营所得税率级距，减轻了所有个体工商户纳税人的税负。因此，现行个人所得税法，基本体现了公平税负、简化税制、合理调节的指导思想，体现了对高收入者征收、对中低收入者少征或不征的原则，标志着我国个人所得税制度逐步走向科学规划、法制化、规范化。

我国现行的个人所得税是按照分类课征的模式设计的，因此除了对工资薪金所得依法征税以外，还有个体工商户生产、经营所得，对企事业单位的承包、承租经营所得，劳务报酬所得，稿酬所得，特许权使用费所得，利息、股息、红利所得，财产租赁所得，财产转让所得，偶然所得，其他所得等十项所得。其中，工资薪金所得，个体工商户生产、经营所得，对企事业单位的承包、承租经营所得采用超额累进税率，其他八项所得采用20%的法定比例税率。

三、资源与财产课税

对自然资源的课税称为资源税。资源税有两种课征方式：一是以自然资源本身为计税依据，这种自然资源必须是私人拥有的；二是以自然资源的收益为计税依据，这种自然资源往往为国家所有。前一种资源税实质上就是财产税，即对纳税人拥有的自然财富的课征，与对纳税人拥有的其他形式财产的课税并没有根本的差别。很多国家的自然资源为私人所有，因而这些国家只有财产税而没有资源税。财产税也有两种课征方式：一是以财产价值为计税依据；二是以财产收益为计税依据。而第二种财产税又与资源课税有密切联系，如果是对自然财富收益的课税，往往可以纳入资源课税。很明显，财产课税和资源课税具有较强的同一性。

（一）我国现行资源税制度

资源税的课税对象是开采或生产应税产品的收益，开采或生产应税产品的单位和个人为资源税的纳税人，它的作用在于促进资源的合理开发和利用，调节资源级差收入。

我国于1984年10月开征资源税，按当时的条例规定，征收范围包括原油、煤炭、金属矿产品和非金属矿产品，但根据当时资源价格变动中幅度不能过大的情况，为了避免企业既得利益受到影响，资源税实际征税只限于少数煤炭、石油开采企业。1994 年税制改革，我国首次对矿产资源全面征收资源税，此后相当长一段时间里，相关税率几乎没有发生较大的变化，同时从量计征也一直延续下来。近年来，国际市场资源价格普遍上涨，显然，过低的资源税负和从量计征方式已经不能发挥有效利用和保护资源的效应，也不符合转变经济发展方式和建设资源节约型社会的宏观目标。因此，资源税改革的目标是提高税率，改革计征方式。从 2004 年开始，政府相继对石油、天然气等多种资源产品的单位税额进行了调整，调整范围和规模逐步扩大，在 2006 年还开征了被称为“暴利税”的石油特别收益金，这些措施实际上已经拉开了资源税改革的帷幕。显然，在资源产品价格偏低的条件下，通过调高税率能够真实地反映级差地租，有利于资源的节约和合理开发，使得开发行为走向规范的轨道。但是，现行资源税仍采取从量计征的方式，对课征对象分别以吨或立方米为单位征收固定的税额。在国际市场资源价格普遍上涨的情况下，从量征收不受价格变动影响，只与数量有直接关系，而与资源价格及资源价格的变动脱钩，因而，在调整资源税负的同时，必须将计征方式由从量计征改为从价计征，从而将税收与资源市场价格直接挂钩。经国务院批准，于 2010 年 6 月 1 日起在新疆进行原油、天然气资源税改革试点，2010 年 12 月 1 日起又在其他西部省（区）进行了这项改革试点，将原油、天然气资源税由“从量定额”改为“从价定率”。随后，国务院决定修改资源税暂行条例，增加规定从价定率的资源税计征办法，自 2011 年 11 月 1 日起施行，在全国范围内实施资源税改革。目前先对原油、天然气实行从价定率计征。2014 年 12 月，以山西为试点开始进行煤炭税费的清理，有利于进一步理清资源税费之间的关系，发挥税收的功能。

（二）我国现行财产税制度

财产税是历史上最悠久的税收，是现代国家三大税收体系之一，具有其他税种不可替代的作用。财产税，是对纳税人拥有或支配的应税财产就其数量或价值额征收的一类税收的总称。财产税可分为两大类：一类是对财产的所有者或者占有者课税，包括一般财产税和个别财产税；另一类是对财产的转移课税，主要是遗产税、继承税和赠与税。我国现行的具有对财产课税性质的税种有房产税、土地使用税、耕地占用税、车船税、契税及土地增值税。

我国当前的财产税具有以下特征：一是财产税收入比重偏低，限制了其应有功能的发挥。二是财产课税制度设计不尽规范，计税依据、税额标准不够科学。三是征税范围较税基偏窄，房产税对城镇个人所有的非营业性房产、广大农村的经营性房产及位于农村的企业房产均免税。四是税制改革相对滞后，与经济发展脱节。1994 年出台的税制改革，其侧重点是流转税和所得税的改革，而对财产税的触动不大。例如，现行房产税法是 1986 年颁布的《中华人民共和国房产税税暂行条例》，另外还有一些应该开征的财产税税种至今尚未开征，如遗产税与赠与税。

本章小结

税制要素一般包括纳税人、征税对象、税率、纳税环节、纳税期限、减免税等。其中，纳税人、征税对象和税率是税制的三大基本要素。上述各类税制要素就构成狭义的税收制度，即某种税的具体课征制度。对于我国而言，目前现行税制是在 1994 年分税制的基础上形成的，由 20 种税组成，我们以课税对象的性质对我国现行税制进行分类。一是流转课税，包括增值税、营业税、消费税、关税；二是所得课税，包括个人所得税和企业所得税；三是财产和资源课税，包括资源税、房产税、土地使用税、耕地占用税、车船税、契税及土地增值税等。

➢复习思考题

1. 分析税源和课税对象的区别和联系。
2. 分析增值税是如何避免重复征税的。
3. 结合分税制改革实际，论述我国为何实行流转税与所得税双主体税制。

➢案例分析

1985 年所得税与人均 GDP 的相关关系如表 11-1 所示。

表 11-1　1985 年所得税与人均 GDP 的相关关系

按人均收入水平分类	占中央政府经常性收入的比重/%		人均 GDP 平均数/美元
	所得税、利得税与资本收益税	社会保险税	
低收入国家	16.8	0.2	200
中低收入国家	34.8	3.6	820
中高收入国家	20.3	13.6	1 850
发达国家	40.8	30.5	11 810

资料来源：世界银行《1987 年世界发展报告》

思考问题：

1. 表 11-1 中体现出不同收入水平国家税制结构有何特点？

2. 与发达国家相比，我国目前实行流转税与所得税双主体税制的主客观原因是什么？

第十二章

公　　债

➢引言

公债是国家或政府凭借自身信用，按照信用原则和自愿交易法则形成的债务，是自愿、有偿地取得财政收入的方式。从静态上说，公债有多种形式的分类，从动态视角说，公债有一个运行过程，这就和市场公债分不开了。公债市场的逻辑是什么？这是理解公债市场的重要问题。公债作为政府筹集特定形式财政收入的重要来源，公债是越多越好，或者越少越好？对此问题的回答依赖于对公债效应的认识。公债不仅是政府组织收入的重要手段，也是政府调节经济的重要手段，可以通过公债促进经济稳定与经济增长。作为政府重要调控手段，公债管理政策会对生产、消费、投资、储蓄等带来什么样的影响？经济稳定与经济发展各国都面临的重大问题，通过公债来弥补财政赤字，调节经济发展成为各国普遍采用的方式，那么公债是如何发挥作用的呢？本章将就以上问题进行讨论。

第一节　公债概述

一、公债的概念

公债是一个从历史到现实都广泛存在的财政事实，是国家财政诞生之后很自然出现的财政范畴。公债指国家或政府凭借自身信用，按照信用原则和自愿交易法则对内和对外举债债务，自愿、有偿地取得财政收入的方式。从公债的存在形式来说，公债指的是政府为筹措财政资金，凭其信誉按照一定程序向投资者出具的、承诺在一定时期支付利息和到期偿还本金的一种格式化的债权债务凭证。

公债概念可以从如下几方面进行理解。

（1）公债是各级政府借债的统称。中央政府的债务称为中央债，又称国债；地方政府的债务称为地方债。在 2015 年以前，我国地方政府无权以自身名义发行债务，故人们常将公债与国债等同起来。2015 年以后，省级政府经国务院报全国人民代表大会或全国人民代表大会常务委员会批准，可以通过发行地方政府债券举借债务的方式，筹措预算中必需的部分建设投资资金。

（2）公债是政府收入的一种特殊形式。所谓特殊就是公债发行所筹集资金的所有权并不归属于政府，而是属于公债投资者。政府拥有的只是该项资金在一定时期内的使用权，而且到期时除归还本金之外还需要根据公债发行时规定的利率支付利息。其他政府收入包括税收、收费、国有资源产权收入包括利润上缴等，政府都具有所有权，无需归还，政府有权按照法律规定安排支出。所以，现代西方国家往往不将公债列入政府收入统计之中，也不将公债本金的偿还作为政府支出看待。但是政府毕竟能够凭借信用在需要时筹集到债务资金，以满足政府运行的资金需要，所以公债可以作为政府特殊收入看待。

（3）公债是政府信用或财政信用的主要形式。政府信用是指，政府按照有借有还的商业信用原则，以债务人身份来取得收入或以债权人身份来安排支出，或称为财政信用。公债只是财政信用的一种形式。财政信用的其他形式包括：政府向银行借款、财政支农周转金及财政部门直接发放的财政性贷款等。

（4）公债是政府可以运用的一种重要的宏观调控手段。

二、公债存在与发展的条件

（一）公债存在和发展的必要性

公债总是与国家的职能紧密联系在一起的。早期的公债主要是财政困难的产物，随着社会经济的向前发展和国家职能的不断扩大，国家对经济的干预已成为各国经济发展不可或缺的内容，而要实现国家干预经济、调节经济的职能，就有必要借助公债这个重要工具。

（二）公债存在和发展的基础

（1）社会上有充裕的闲置资金。只有在商品货币经济发展到一定水平时，社会上才会有充足和稳定的闲置资金，政府才能凭借信用筹集社会闲置资金进行充分使用。因此，社会上拥有闲置资金是发行公债的物质条件。

（2）金融机构的发展和信用制度的完善是发行公债必需的技术条件，否则公债发行便缺乏有效的手段和工具。

（3）公债的存在和发展还必须与商品货币经济下的社会意识观念相适应。

三、公债的特征

与税收相比，公债具有自愿性、有偿性和灵活性三大基本特征，这是公债区别于税收的形式特征。税收具有强制性、无偿性与固定性三大形式特征，与之相应，公债则具有自愿性、有偿性和灵活性。公债的自愿性就是除特定时期的某些强制性公债外，公众在是否认购、认购多少等方面，拥有完全自主的权利。公债的有偿性就是政府需要给出借资金方即公债债权人定期支付利息。公债的灵活性是指政府在通过公债形式筹集资金时是自主决定的，发行多少、利率高低等都有相当高的自主决定权；而税收则不同，税收必须依据立法机关通过的税法进行征管，税法的通过有严密的法律程序，政府无权自行调整税率等税制要素。

下面，我们将对比一下私债与公债的区别，也将进一步说明公债的特征。与私债的债务人为私人不同，公债的债务人是国家或政府；私债发行凭借的是私人信用，而公债发行凭借的是政府信用，政府信用的基础则是政府能够运用政治权力征税及政府履行公共服务所积累的政治合法性与社会资本。

四、公债的分类

现代国家的公债都是由各类公债构成的。为了研究各类公债的特点，建立合理的公债结构，需要对复杂的公债按一定的标准进行分类。

（一）基于发行期限分类

按公债的发行期限，公债可分为短期公债、中期公债和长期公债。短期公债是指发行期限在一年之内的公债，又称为流动公债。短期公债流动性大，因而成为资金市场主要的买卖对象，是执行货币政策、调节市场货币供应量的重要政策工具。中期公债是指发行期限在1～10年的公债，政府可以在较长时间内使用这笔资金，因此在许多国家占有重要地位。长期公债是发行期限在10年以上的公债，其中还包括永久公债或无期公债。发行长期公债，政府可长期使用资金，但由于发行期限过长，持券人的利益会受到币值和物价波动影响，所以长期公债的推销往往比较困难。

（二）基于发行地域分类

按公债的发行地域，公债可分为国内公债和国外公债。政府在本国的借款和发行债券为国内公债，简称内债。发行对象是本国的公司、企业、社会团体或组织及个人。发行和偿还用本国货币结算支付，一般不会影响国际收支。政府向其他国家的政府、银行或国际金融组织的借款，以及在国外发行的债券等，为国外公债，简称外债。

（三）基于可否自由流通分类

按公债可否自由流通，公债可分为上市公债和不上市公债。可以在债券市场上出售，并且可以转让的公债，称为上市公债。上市公债增强了公债的流动性，在推销时比较顺利。多数的公债都是可以进入证券市场自由买卖的。不可以转让的公债，称为不上市公债。之所以限定某些债券不可出售，往往具有政治、经济方面的特定原因和目的。为了保证发行，政府通常必须在利率和偿还方法上给予某些优惠。

（四）基于举债形式分类

按举债形式，公债可分为契约性借款和发行公债券。契约性借款，是政府和债权人按照一定的程序和形式共同协商，签订协议或合同，形成债权债务关系。而公债券，即向社会各单位、企业、个人的借债采用发行债券的形式。发行债券具有普遍性，应用范围广的特点。

（五）基于债务形成的确定性分类

按照债务形成的确定性，政府债务可以划分为直接债务和或有债务。直接债务是在经济运行中不依附于其他事件但是根据债权债务契约而必然发生的债务。根据公债要素可以对直接债务的期限与数量等进行统计和预测。或有债务是由政府行为导致的连带性债务，可能发生，也可能不发生。因此，政府的或有债务，就是以一定概率形成政府在未来支付义务的事件，从而给政府带来“可能”的债务。

（六）基于法律是否明确规定分类

基于法律是否明确规定，公债可分为显性债务与隐性债务。显性债务是通过法律确定的政府债务，具有法律形式的债权债务关系契约，主要是公债券、政府借款合同。而隐性债务是政府基于公众期望或一定的政治压力、义务并在法律上未能完全明确的财务负担。隐性债务是基于人们对政府应当承担一定的职能义务的认识而发生的。隐性债务的主要特征是，它不是以法律形式的契约存在，而是政府的应予履行的道义责任或支付承诺。从个人角度看，它是政府在未来一定时间需要给付一定资金量的远期债务。隐性债务最主要的项目是社会保障支付义务等。在一定的社会养老保险体系下，只要参加了这个体系，任何人都有到期从该体系得到养老金的权利。政府医疗保险也具有类似的情况。但是公民与政府之间并没有就此签订债务合同。

（七）根据债权债务关系的形成的自愿性分类

根据公债的债权债务关系的建立是否自愿为标准，可将公债分为强制公债、自由公债和爱国公债。强制公债是指政府发行的规定有应募者范围及其最低承购额度的公债。强制公债的强制性接近于税收。不过，强制公债仍然具有有偿性，一旦债务期满，政府仍然需要还本付息，政府同强制公债的应募者的关系仍是债务和债权关系，而不是政府与纳税人之间的那种无偿的关系。自由公债又称任意公债，是指由国家发行的由公民、法人或其他组织自愿认购的政府公债。它是当代各国发行国债普遍采用的形式，易于为购买者接受。在二者之间还有所谓准强制公债，又称为爱国公债，是利用民众的爱国心理而发行的政府公债券。

（八）其他分类方法

如按公债的发行主体，公债可分为中央公债和地方公债；按公债计量单位，可分为实物公债和货币公债；按利息状况，公债可分为有息公债和有奖公债；按公债用途，可分为生产性公债和非生产性公债。

第二节　公债发行、流通、偿还与市场

上一节我们从静态角度认识了公债的基本特征与分类。本节是从动态角度认识公债的存在周期与运动过程，然后对公债运行过程的主要组织形式即公债市场进行简要的介绍。

一、公债发行

公债发行是指政府财政部门按照法律和政府预算的规定，在确定公债发行对象、发

行数量、发行种类、发行方式、利率水平、期限结构的基础上，发行以政府为债务人的债券。简单来说，公债发行就是政府以标准化债券的形式完成借债的行为。公债发行需要确定发行条件与发行方式。

（一）公债发行条件

1. 公债发行额

公债发行额就是公债发行规模。每一次政府发行公债，最基本的一个问题是政府准备发行多少规模的公债，即希望借多少钱。这个问题是和财政运行状况、政府职能或财政职能相联系的。公债发行规模不是随意决定的。

2. 公债期限

公债期限包括政府通过事先规定的期限偿还公债、解除债权债务关系的期限及付息的期限。付息可以是到期一次付息，也可以是到期之前分期付息。

3. 公债发行价格

公债的发行价格主要有平价、折价、溢价三类。公债发行价格正常情况下就是公债券的面额或面值，如果公债以面额发行，这就是平价发行。但是在公债发行面额确定后，到公债实际发行往往有一段时间，在这段时间如果金融市场发生显著变化，主要是市场利率发生显著变化，则政府就得决定公债券是否仍然以面额销售。一般而言，政府不能按照面额销售，因为，如果市场利率高于公债设计时确定的利率，则政府仍然以面额销售公债的企图将遭受市场投资者的抵制，因为投资者将资金投资到其他场合时至少可以获得高于公债利率的市场利率，从而投资公债券就会亏损，这就会导致公债无法成功发行，政府筹资的意图无法实现，此时政府财政部门就不得不降低单位公债券的销售价格，即低于公债面额，这就是折价发行。相反，如果市场利率降低，如果政府仍然按照面额销售公债，则政府需要按照高于市场利率的水平即公债利率计算并支付利息，投资者固然是欢迎，但是政府实际上则不必要按照原先确定的公债利率，此时政府部门按高于公债面额的价格发行公债，即为溢价发行。

4. 公债利率

公债利率反映了公债的时间价值。利息应该按照什么利率计算，自然是投资者最关心的基本问题，这关系到投资公债的收益率。公债利率的高低是政府财政部门根据市场利率、资金供求状况等确定的。某些公债如折扣公债表面上没有利息问题，实际上是将公债利息折算在投资者以较低价格购买公债的“优惠”之中了。

此外，公债的发行条件还包括公债的票面金额和编号；公债的名称与发行目的；公债的发行对象；发行与交款时间；还本付息的方式；公债经销单位和债券流动性的规定等。

（二）公债发行方式

公债的发行方式是指采用何种方法和形式来推销公债。公债发行方式可以从不同角度进行描述。

按照政府在公债发行过程中同应募者之间的联系方式，可以将公债发行方法分为直接发行法和间接发行法。直接发行法就是财政部门自行销售，完成公债的发行；间接发行法就是财政部门委托中介机构销售公债，这又分为代销、包销。

从公债发行对象的角度，可以将公债发行方法分为公募法与非公募法。公募法就是公债发行对象不特定，公募法又可以分为直接公募法与间接公募法。非公募法就是私募法，即向特定对象发行公债。私募法又可以分为银行承受法与特别发行法。银行承受法是包销法的一种。特别发行法是指政府向政府管理的某些非金融机构直接发行国债。

从政府是否通过市场发行公债的角度，可以将公债发行方法分为市场销售法和非市场销售法。

以上这些方法大致可以简化为公募法、包销法与公卖法三种，下面分别对它们加以介绍。

1. 公募法

公募法是指政府向社会公众募集公债的方法，一般适用于自由公债。具体有三种方法：直接公募法、间接公募法、公募招标法。

（1）直接公募法。直接公募法，就是由财政部门直接面向全国公众募集公债、发行的成本全部由财政部门承担的方法。直接公募法还可分为强制招募法和自由认购法两类。运用直接公募法发行公债，政府能够直接控制公债的发行权和发行过程，具有能够广泛吸收社会上闲散资金的优点。但直接公募法发行对象过于分散，导致销售时间长，发行成本也比较高，政府不能及时取得所筹集的资金。

（2）间接公募法。间接公募法也称委托募集法，指的是财政部门委托银行系统发行，按一定的约定条件由银行代理向公众发行的公债发行方法。间接公募法将公债发行权及发行事务交由金融机构，能较好地适应社会资金结构，可以简化发行手续，降低发行成本，可使国债收入及时入库和使用，并可使金融机构通过国债的经营而调节市场货币的流量和流向。在此发行方法下，政府对公债发行及发行管理的影响力不如直接公募法，但该方法可以很好地发挥金融部门在债券推销上的比较优势，从而促进发行成本的下降。

（3）公募招标法。公募招标法是指发行者先不规定公债发行价格，由投标者直接竞价，然后发行者根据投标所产生的结果来发行公债。由于招标是公开进行的，属于公募性质，所以称为公募招标法。公募招标法的发行方式是众多投标者竞争的结果，所以这样的发行条件最能体现公平竞争的市场法则，也能比较真实地反映市场的资金供求状况。

2. 包销法

包销法又称“承受法”，是指国家将要发行的债券统一售予银行，再由银行自行发售的方法。包销法与间接公募法的区别在于，在间接公募法下，金融机构只是代理发行；而包销法则是发行权向金融机构的转让，一经包销，政府就不得再干预公债的发行，而由银行等金融机构全权管理。包销法的优点是公债由银行承受，政府不再干预，银行可以自主执行发行权和发行事务；公债收入可以提前入库，政府可以及时使用。但是包销法也有缺点，主要是如果银行不能把公债全部推销出去，自身承担的公债过多，就会导致货币供给大量增加，导致信用膨胀。

3. 公卖法

所谓公卖法，又称“出售法”，是指财政部门在证券市场以公开出售的方式发行公债的方法。以公卖法发行公债，公债的价格随行就市，随市场资金供求情况波动。公卖法的优点是能在金融市场上筹集大量游资，也可以为国家调节货币流通量、金融市场供求状况及利率水平提供操作工具，这种方法的缺点是公债发行受资金的影响过大，公债收入不够稳定，同时也给证券交易造成较大的压力。从 1993 年开始，我国部分公债的发行采用此种方法。

各国在实践中通常根据本国的社会经济条件及各种公债发行方法的优缺点，选择一种或几种方法来发行公债。一般来说，银行信用制度比较发达、证券市场比较健全的发达国家大都采取公卖法和公募法；而信用体系不健全、证券市场不够发达的发展中国家，通常采用的是包销法和其他不常用的方法。

二、公债流通

公债流通就是公债发行后由于某种需要被其持有者在公债到期之前在二级市场上进行公债买卖所形成的公债的流动。公债流通的前提是公债发行时即注明为可上市公债。

公债流通一般有两种形式：第一，交易所交易。公债交易通过证券交易所进行，因此又称场内交易。证券交易所是买卖股票、国家公债、公司债等有价证券的有组织、有固定场所的市场，证券交易所本身并不买卖，只为买卖双方提供交易场所。交易所的一切交易必须在场内公开作价成交，并每天向顾客公布交易的行市、数量等信息。国家发行的公债一般都能进入交易所进行交易，但大多以长期国债券为主。第二，场外交易。场外交易指在证券交易所以外的市场进行的公债交易。这种交易是在证券公司之间或在证券公司与客户之间直接进行的，也称“柜台交易”或“店头交易”。西方国家的公债券一般在店头市场交易，交易量约占公债券流通量的95%左右。

公债流通转让的意义是多方面的。一是提高公债的信誉、促进公债的发行（投资者规避风险角度）；公债流通增加了公债的流动性，由此增加了投资人购买公债的兴趣，提高了公债发行成功的可能性。二是促进债券发行方式的市场化（机构投资者）。三是有利于健全和完善证券市场。公债的流通市场是证券市场的重要组成部分。四是提供了政府对宏观经济实行间接调控的途径。

三、公债偿还

公债的偿还主要涉及两个问题：一是偿还方法；二是偿还资金的来源。

（1）公债的偿还方法。包括买销法、比例偿还法、轮次偿还法（规定各种号码的偿还期限，自由认购）、抽签偿还法、一次偿还法。

（2）公债偿还资金的来源。政府在公债到期、需要还本付息时，必须有一定的资金来源，主要有预算直接拨款、预算盈余偿还、发行新债、偿还旧债法、建立偿债基金。

四、公债市场

（一）公债市场的组成和功能

公债市场是证券市场的重要组成部分，它是政府债券及人们对既发债券进行转让、买卖和交易的场所。公债市场通常由发行市场（一级市场）和流通市场（二级市场）组成。公债一级市场和二级市场是紧密联系，相互依存的。一级市场是二级市场的基础和前提，只有具备了一定规模和质量的发行市场，二级市场的交易才有可能进行。同时，二级市场又能促进一级市场的发展，二级市场为一级市场所发行的债券提供了变现的场所，从而增强了投资者的投资热情，有利于新债券的发行。

公债市场总的来说有两种功能：第一，为政府的发行、交易和偿还提供了有效的渠道。公债通过公债市场发行，而公债市场的发展是公债顺利发行的前提条件，只有公债市场发展了，债券的流通性才能得到保证，投资者才可以很容易地进入或退出市场，通过频繁的交易为债券合理定价，公债的发行才能得到社会的认同和欢迎。第二，公债作为金融政策工具，公债市场具有调节社会资金运行和提高社会资金效率的功能。在公债市场中，公债承销机构、公债认购者及公债持有者与证券经纪人从事的直接交易，公债持有者和公债认购者从事的间接交易，都是社会资金的再分配过程，最终使资金需要者和公债需要者得到满足，使社会资金的配置趋向合理。若政府直接参与公债交易活动，以一定的价格售出或收回公债，就可以发挥诱导资金流向和活跃证券交易市场的作用。

（二）公债发行市场

公债发行市场又称公债一级市场，从狭义的角度看，它是指公债发行者将新的公债销售给投资者的场所；从广义的角度看，已经不是单纯地指出售公债的这一场所，而是泛指实现公债销售的完整过程。政府公债的发行市场，主要由发行者（政府）、投资银行等中介机构和投资者三方面组成。

1. 发行主体

政府在国债发行市场上是以债务人的身份出现的，是公债发行的主体。一般来讲，政府发行公债的目的是筹集资金、弥补财政赤字、扩大政府性投资支出和解决暂时性资金短缺等。政府总是希望以最小的筹资成本来获取最大量的、能长期使用的资金，但政府发行公债必须依据一定的法律程序，按照预定的发行条件来进行。作为发行主体，可以是中央政府，也可以是地方政府，还可以是政府的其他机构。在西方很多国家，法律规定地方可以发行地方公债，以解决建设资金的不足。而在我国，2015 年 1 月 1 日实施的《中华人民共和国预算法》赋予了省级政府发行公债的权力，即省级政府在经国务院及全国人民代表大会或全国人民代表大会常务委员会批准的条件下，可以发行地方政府债券。地方公债具有很强的专用性，其受益者为辖区内的居民，而且在税收上规定，利息收入可免交地方和中央所得税，因而成为维系地方财政、扩大地方财源的重要手段。

2. 公债投资者

政府公债投资者，即政府所需资金的供给者，是用货币购买政府公债并承担一定风险的自然人和法人。投资者在公债发行市场上是以债权人的身份出现的，在投资于国债，决定买还是不买或买多还是买少时，投资者通常要考虑四个因素。

（1）偿还期限。一般说来，偿还期限越长意味着不稳定的因素越多，所冒风险也就越大。

（2）流动性。流动性的大小，即变现能力大小。在投资者遇到风险或预期到风险时，如果流动性大，公债就可以顺利地变成现金，从而使投资者逃避风险，减少损失。

（3）安全性。安全性是指公债的价格稳定与涉及风险的大小。公债的安全性通常涉及两个方面：一是债务人违约的风险，即债务人不履行合约，不能按期还本付息；二是由通货膨胀而造成的损失。一般说来，政府公债具有较高的信誉，再加上免税等方面的优惠，多为投资者所偏爱。

（4）投资收益率。收益是投资者的最终目的。投资者之所以冒风险进行投资，就是为了能从中获得较大的收益。由于公债的偿还期限有长有短，利率有高有低，每年还本付息次数多少不等，买进时的市价有高有低，所以公债的投资收益也各有不同。一般来说，投资收益与投资风险成正比，风险大，收益也高；风险小，收益也低。

3. 公债发行的中介机构

中介机构在公债发行市场上是以媒介的身份出现的，它们促成了公债发行和公债投资的顺利进行。在西方发达国家，证券的发行大多通过投资银行来进行。这些银行名为“银行”，实际上并不是一般的专业银行，因为它本身并不从事投资，而仅仅是协助政府或企业发行公债，帮助投资者获得这些公债。就政府公债而言，其发行中介机构主要包括银行、证券商和经纪人等，公债首先由它们承购，然后再向投资者出售。

承销者主要以两种方式承销国债：一种方式是接受政府委托，以委托募集的方式承销公债。在这种方式下，中介机构本身不负有接受公债的义务，也不承担任何公债发行的风险。另一种方式是以承包募集的方式承销公债，它的基本要点是中介机构有义务承购因未完成计划发行额而剩余的公债部分，因而也就承担相应的公债发行风险。从有关国家的实践看，承包募集法又可以进一步分为两类具体办法。一种是余额包销法，即承包者按照既定的发行额和发行条件，在约定期限内向社会推销公债，到了销售截止日期，尚未售出部分便由承购者自己购买。采用这种方法，承购者只需承担部分发行风险，但却有利于发行计划顺利完成。另一种是全额承包法，即由承销者先将协议发行公债全部认购下来，并向发行者支付全部购债款项，然后转售给社会上的投资者。此种方式，需要由承销者承担全部发行风险，但可以保证政府及时得到发行收入。

（三）公债流通市场

广义的公债流通市场是指公债在发行结束后就可以进入证券市场上市交易、提前兑付、可以转让的场所。狭义的公债流通市场即公债上市交易市场。公债流通市场通常由承销商与公债投资人构成，有时政府也参与公债流通市场交易。公债流通的交易方式主要有现货交易、期货交易、回购交易和期权交易等。公债流通市场可分为场内交易市场与场外交易市场。

场内交易市场是指证券交易所内的交易，是公债流通市场最基本、最规范的形式，是公债流通市场的中心。其具有如下特点：一是有集中固定的交易场所和交易时间；二是交易只能委托具有证券交易所会员资格的经纪商进行；三是交易实行竞价制；四是交易所有特定的交易制度和规则；五是有完善的交易设施和较高的操作效率。

场外交易市场，又称“店头”市场或柜台交易市场，是指证券经纪商和自营商不通过证券交易所，而是在证券商之间或证券商与客户之间直接进行的证券分散买卖市场。场外交易市场是一个无形的市场，通常采用协商议价方式进行交易。

第三节 公债负担、风险与危机

一、公债负担

（一）公债负担的概念

公债负担是指公债的发行及其偿还给经济主体（包括政府、企业及居民等）引致的各种经济损失及对国民经济运行所造成的负面效应。例如，生产资本的损失、产量的损失、政府还本付息的压力及政府对纳税人额外征税给纳税人带来的压力等。公债负担有三种理解。

1. 政府的债务负担

公债最终是要还本付息的，政府借债时获得财政收入，但偿还债务则属于财政支出，公债的还本付息就构成了财政的负担。

2. 纳税人的公债负担

因为政府的活动主要是提供公共商品和服务，其活动本身不会带来直接收入或不能带来足够的直接收入，所以无论公债资金的流向和效益如何，公债的偿还最终还得依靠税收，这必然形成纳税人的负担。若政府强制摊派会影响债权人正常消费和投资，发生利益损失，从偿还来看，若政府违约严重扰乱债权人的投资计划。

3. 公债的代际负担

政府通过借新债还旧债和举借长期债务的方式，把偿债时间向后推移，让下一代人来承担还债的责任。如果举债资金用于即期耗费性项目上，即意味着将后代人的税收用于当代人的公共消费，这是缺乏经济依据和道德基础的。若举债资金用于能产生长期效益的资本项目上，即公债是将项目成本在代与代之间合理分摊的一种工具，有助于将各代的收益与其付费对应起来。

（二）公债负担的分类

公债负担按不同的标准可以做如下分类。

1. 直接负担和间接负担

按照公债负担是否由纳税人承担为标准，公债负担可以被区分为直接负担和间接负担。直接负担是指公债的偿还会造成政府负担（即债务人负担）。债务收入可用于弥补财政赤字，产生短期内的“财政平衡幻觉”。但当债务到期偿付时，就会产生政府债务负担问题。如果政府举债过大，超过了政府偿债能力，就可能产生债务风险甚至债务危机。间接负担主要指公债发行和偿还所引发的一系列负担问题。主要包括：一是纳税人负担，即在应债主体与纳税主体相分离的情况下，纳税人往往是公债负担的最终承载主体。二是公债持有者（即债权人）负担，即由于公债强制发行、到期违约、流动性差等原因产生损害公债持有人利益，从而构成公债持有人负担问题。三是公债的国民经济负担，即由于公债引发通货膨胀，损害国民经济增长及影响国民收入分配等原因而产生的负担问题。政府通过提高税收途径来转嫁债务负担，或通过扩大货币发行并制造通货膨胀将债务贬值，使得政府的债务负担间接地转化成为一种公共负担。

2. 名义负担（货币负担）和实际负担

按照纳税人为偿债纳税的度量为标准，公债负担又可以被区分为名义负担和实际负担。名义负担指的是纳税人用纳税来偿还依据公债面额计算出来的本息（货币额）。实际负担则是名义负担扣除通货膨胀因素而得到的公债负担。

3. 短期负担和长期负担

按照考察期限的不同，公债负担通常可以被区分为短期负担和长期负担。短期负担就是短期内即将到期给政府、纳税人等带来的负担。长期负担可能是公债发行期限较长，而给下一代人造成的负担。

4. 内债负担与外债负担

根据公债持有人是否处于本国而把公债分为内债与外债。内债所造成的公债负担就是内债负担，外债给本国带来的负担就外债负担。

5. 中央政府公债负担和地方政府公债负担等

中央政府发行公债或举借款项形成的公债负担就是中央政府公债负担。地方政府的公债负担是地方政府债务所带来的负担。

（三）公债负担的基本衡量指标

公债负担的衡量可以利用财政应债能力、国民经济应债能力与公债结构进行分析。

1. 财政应债能力指标

（1）公债依存度。公债依存度指当年的债务收入与财政支出之比，该项指标越高，表明财政支出对国债的依赖性越大，财政偿债能力就越弱。国际上对国债依存度有一个模糊的经验性的安全控制线，为15%～20%，中央财政的国债依存度（当年国债发行额/中央财政支出）则为25%～30%。

（2）债务支出收入比率。债务支出收入比率就是当年债务还本付息支出同债务收入之比。债务支出收入比率主要反映一国借新债还旧债的程度。

（3）偿债率。偿债率指当年的公债还本付息额与当年的财政收入之比。公债偿债率表明当年的财政收入中必须拿出多少份额用于公债还本付息，该项指标越高，说明债务偿还越集中，公债结构越不合理，国家的偿债能力越弱。

2. 国民经济应债能力指标

衡量国民经济应债能力的指标主要有：赤字率、公债负担率和借债率。

（1）赤字率。赤字率指财政赤字占GDP的比重。赤字率指标，国际公认警戒线为3%。

（2）公债负担率。公债负担率又称国民经济承受能力，是指公债累计余额占GDP的比重。这一指标着眼于公债存量，反映了整个国民经济对公债的承受能力。国际公认的公债负担率的警戒线为发达国家不超过60%，发展中国家不超过45%。

（3）借债率。借债率指当年公债发行额或债务收入与当年GDP之比，反映了当年GDP对当年公债增量的利用程度。我国借债率普遍低于发达国家水平（5%～10%）。

3. 公债结构

公债结构是指不同种类或不同性质的公债的相互搭配及各类公债收入来源的有机结合。公债结构可根据公债种类分为如下情形。

（1）公债期限结构，也就是说，不同期限的公债在公债总额中的构成比例较为合理的公债期限结构，应是短期、中期、长期公债并存的结构，避免某一期限的债务过于集中。

（2）公债持有者结构，也就是“公债资金来源结构”，指在公债中不同性质的承购主体持有公债的构成比例。在不同的经济条件下，应根据国家宏观调控的政策需要，适当考虑公债发行成本，来选择适当的公债持有者结构。

（3）公债利率结构，也就是说，不同利率水平的公债在公债总额中的构成比例。应根据资金供求状况、市场利率水平、公债的使用方向和公债发行的需要与偿还的可能等因素，来综合确定合理的利率水平和利率结构。

二、公债风险

（一）公债风险的含义

公债风险是指政府在运用公债组织收入和安排支出过程中，财政制度和财政手段的缺陷及多种不确定的经济因素，导致公债运行的实际结果与公债政策主体的主观预期之间发生偏离，并对财政经济活动造成损失或损害的可能性。

公债风险的三个特点是：公债风险是由不确定性引起或导致的；公债风险往往会造成一系列损失、危害或不良结果；公债风险是客观存在的，并在可测定的情况下体现为一定的概率。

（二）公债风险的类型

只要发行公债，就会有公债风险；任何公债都有风险，只是风险的大小不同而已。公债风险可以分为显性风险和隐性风险。显性公债风险即可以预见的且必须由政府负责的债务，如预算规定的开支、内债外债的还本付息等形成的债务风险。隐性债务风险一般不在政府资产、负债中体现，如未来公共养老金、社保计划等形成的债务风险。

公债风险类型也可以分为信用风险、利率风险、通货膨胀风险、再投资风险、流动性风险、提前偿还风险和外汇汇率风险等多种形式。

（1）信用风险。信用风险是指公债发行主体不履行还本付息义务的风险。

（2）利率风险。利率风险是指由于市场利率的波动，引起公债价格或者其收益率发生变化的可能性。

（3）通货膨胀风险。通货膨胀风险又称购买力风险，是指由于通货膨胀而给投资者带来实际收益水平下降的风险。公债实际收益率＝名义收益率–通货膨胀率，因此，从这个公式可以看出，公债实际收益率直接与通货膨胀负相关。

（4）流动性风险。流动性风险是指公债能否很容易地按照市场价格买进或者卖出的风险。

（5）提前偿还风险。这种风险表现在：第一，不能确定提前偿还时的现金流动格局；第二，提前偿还面临再投资的风险；第三，面临公债资本增值潜力的下降风险。

三、公债危机

公债危机就是国家不能按时偿还公债本息的行为，从而发生公债赖债或直接废除公债的行为。公债风险积累到一定时候就可能引发公债危机。公债危机可能是政府主动所为，即违约收益大于违约成本，但更多地是由不可控因素造成政府无力按时偿还内外债务。公债推迟偿还、公债整理、公债废除等都表明了公债危机的存在。

公债风险与公债危机的关系主要表现在：公债风险是潜在的公债危机，公债危机是现实的公债风险。公债风险不一定就必须成为公债危机，前者只是后者的潜在可能性，只要处理得当，公债风险就不会酿成公债危机。

第四节 公 债 效 应

一、公债的经济效应

公债的经济效应包括公债的微观经济效应与宏观经济效应。公债的微观经济效应是指微观经济主体因购买公债而在其经济选择或经济行为方面做出的反应。公债对微观经济的影响是客观存在的，各种公债会以不同的方式对微观经济主体的经济行为产生影响，其影响范围涉及消费与投资、家庭储蓄、劳动供给、收入分配等各种经济行为。这些效应都与公债的资产效应有关。公债微观经济效应的总和就是宏观经济效应。

（一）公债的微观经济效应

公债的微观经济效应包括资产效应、劳动供给效应、储蓄效应、私人投资效应等。

1. 公债的资产效应

公债的资产效应，是指公债持有者由于所持有的公债资产，觉得认购公债使自己的财富增加，因此其倾向于增加消费支出的经济效应。最早提出公债资产效应的是著名经济学家阿巴·勒纳。发行公债能增加居民的金融资产的原因在于：一方面收入效应使居民觉得比以前富裕了从而增加消费支出；另一方面替代效应使民众减少劳动，增加闲暇，从而增加了消费。也就是说，公债的发行具有刺激消费增加需求的作用。对公债的资产效应，庇古和卡尔多提出了不同于勒纳的观点，分别称为庇古效应（pigou effect）与卡尔多效应（kaldor effect）。庇古效应是指公债在经济不景气时具有扩大消费支出，而在经济景气时抑制消费支出的效果。卡尔多效应是指公债发行会导致劳动和投资意愿下降及资本积累减少的效应。卡尔多效应往往意味着消费需求的增加。由此可以看出，公债的资产效应是和公债对劳动供给、居民储蓄和投资的影响联系在一起的。

2. 公债的劳动供给效应

公债的劳动供给效应就是公债余额的增加对劳动供给的影响。一方面，公债投资者购买公债后个人的永久收入增加，促使其增加闲暇，减少工作时间。另一方面，公债偿还需要政府征税筹集资金，这就会增加纳税人（投资人）的税收负担，从而纳税人为了维持既定收入水平可能减少闲暇，增加工作时间。总的效果依赖于这两种效应的相对大小。如果增加工作时间占上风，那么公债就可能导致劳动供给增加；如果减少工作时间占上风，公债就可能导致劳动供给减少。

3. 公债的储蓄效应

公债的储蓄效应，主要是居民利用储蓄存款购买公债。公债利率越高，居民用储蓄存款购买公债的数量就越大。

4. 公债的投资效应

公债的投资效应主要表现为对投资预期报酬率的影响、对投资风险的影响和对投资能力的影响三个方面。

（1）公债对投资预期报酬率的影响。公债价格波动与利率波动对公债投资者的预期收益有直接影响；公债对非公债投资者的投资的影响是通过公债影响金融市场的利率水平等实现的。

（2）公债对投资风险的影响。公债是金融体系一部分，公债的风险是金融体系风险的一个重要组成部分，因此，公债利率的波动可以加大投资风险；公债价格波动对投资风险也有一定的影响；公债价格波动能够影响投资者风险偏好上升或下降。

（3）公债对投资能力的影响。公债通过公债投资人的收益影响其投资能力；公债通过不同的使用状况，改变公共品供给特别是公共基础设施状况而影响投资能力；公债安全性的变化及政府信用的变化就会改变市场经济运行的环境条件，从而改变居民与企业的投资能力。

（二）公债的宏观经济效应

1. 公债的挤出效应

公债的挤出效应是指政府的财政赤字在以发行公债的方式来弥补的情况下，政府支出的增加即财政扩张会增加资金需求，同时减少对非政府部门的资金供给，由此市场利率和整个经济的产出和利率都会上升，引起非政府部门投资减少，产出一部分被利率的上升所抵消。这个产出被抵消的过程称为公债的挤出效应。

2. 公债的收入分配效应

第一，政府可以发行公债直接用于改善收入分配。第二，如果公债的持有人（投资人或债权人）结构与政府偿还公债所征税款的纳税人结构有差别，公债的发行与偿还就会改变收入分配，即部分收入将从纳税人转让给公债债权人。第三，如果偿还公债的纳税人与债权人是一个群体，但是债权人所获得的还本付息收入与其为偿还公债所纳税款不一致，公债的存在也可以改变收入分配。第四，公债利息支付本身也带来收入分配。

3. 公债的经济增长效应

严格地说，经济增长应该是人均产出的提高，所以标志着生产力或劳动生产率的提高，这就要求生产与管理技术提高。一方面，公债能够影响生产与管理要素，包括要素供给（主要是资本）、劳动者素质（通过公债影响教育培训）、技术进步（通过资助科技研发）和公共产品（公共基础设施）与公共管理，从而可以影响经济增长。因此，如果购买公债的资金来源于社会闲置资金，公债适用于经济发展所需要的公共品（主要是基础公共设施），以及用于鼓励教育发展和科技研发等方面，且公债管理能够有效地控制公债危机的发生等。在以上这些条件下，公债的存在能够促进经济增长；反之，则会降低经济增长。另一方面，公债也可以通过利息支付与征税还债影响居民的收入结构，从而影响私人的消费、投资等，进而对生产（供给）过程造成连锁反应，最终影响经济增长。

4. 公债的经济波动效应

根据公债的经济波动分析框架，可以得到与公债经济增长类似的结论。如果公债的使用能够有效地抵消造成经济周期与过大经济波动的因素，那么公债就可能保持或调节经济稳定。

公债可以发挥对于经济波动的调节作用，从而稳定经济。经济波动有经济体系自身内部原因与外部原因。外生周期因素主要有自然因素与政治因素，分别以太阳黑子假说和政治的经济周期理论为代表。太阳黑子假说通过周期性的天文（自然）现象影响农业生产，从而对经济体系施加一种周期性，这是有一定科学性的。政治的经济周期也是一种对经济体系产生周期影响的力量。凯恩斯主义学派提出的收入分配结构的周期变动则是典型的内生经济周期理论。至于实际经济周期理论提出的将技术冲击作为解释经济波动的因素，问题在于技术冲击的周期性似乎并不明显，所以作为经济波动理论是合适的，但却不是很严格的经济周期理论。

政府可以这些造成经济波动的外生与内生原因，制定有关的公债管理政策，对经济运行进行干预，抚平经济周期与巨大的经济波动，实现经济的稳定发展。凯恩斯主义提出的反周期干预，就是公债可以促进经济稳定的重要机制。

二、公债的金融效应

公债的金融效应包括对货币流通量、金融市场利率和外汇市场汇率等影响的分析。这里只讨论公债各环节对货币流通量的影响，涉及公债发行、公债流通、公债偿还等环节；公债相关主体是财政部门、中央银行、商业银行与一般居民部门；与货币流通量有关的是中央银行的基础货币、商业银行的超额准备金及税金等。把这三个方面因素相结合，就可以分析公债发行、流通与偿还对货币流通量的影响。

公债发行时，如果中央银行用基础货币或商业银行用超额准备金购买公债，都会导致基础货币从中央银行进入商业银行的一般资产项目，从而增加市场的货币流通量。如果商业银行用一般信贷资金（居民存款与自有资金）购买公债，或者一般居民部门购买公债，都不会导致基础货币从中央银行流出到市场，从而不会增加货币流通量。

公债流通时，如果中央银行参加到公债交易之中（此即公开市场操作），就很可能影响货币流通量，或增或减。如果商业银行用超额准备金购买居民部门手中的公债，也可以导致货币流通量增加。其他情形的公债交易一般不会导致货币流通量变化。

公债偿还时，如果政府征税偿还公债，税金就可能成为影响货币流通量的因素。如果税金是财政部门从商业银行与一般居民部门征收而偿还中央银行债务，那么货币流通量就因此而减少；如果税金不是偿还中央银行债务，则货币流通量一般不会改变。如果是以新债还旧债，那么新债由谁购买，旧债归还给谁就会影响货币流通量是否增加，只要中央银行在此借新还旧过程之中不以交易者身份出现，一般不会改变货币流通量。

三、公债的财政效应

公债本来是弥补财政赤字的，但是公债的存在也可以对当年和今后年代的财政收入与财政支出产生一定的影响，从而产生所谓的财政效应。不论是否平价发行，公债增加了当年政府可用的财政资金总量，缓解了通过增税筹资的压力。公债对于当年财政支出的影响主要表现在两个方面：一是直接影响，即增加当年的还本付息支出；二是间接影响，即公债增加了其他的财政支出。对今后年度的财政收入的影响则是通过公债使用影响今后年代国民收入的途径实现的。公债对今后年度财政支出的影响也分为直接影响与间接影响。直接影响是增加今后年度的偿债支出，间接影响是由公债发行使得今后年度的其他财政支出（非债务支出）增加了，因为公债维持的财政支出增量往往具有刚性。

四、李嘉图等价定理

李嘉图等价定理被认为是现代公债学的核心命题或首要命题。在公债经济效应的争论中，似乎还没有哪一个命题比李嘉图税收与公债等价命题带来更为深远的影响和更为持久的争执。

（一）李嘉图等价定理的历史渊源

1815 年李嘉图在《政治经济学及赋税原理》中，明确表达了政府征税与举债的经济影响相同的观点。公债与税收经济效应无差异性原理的最初表述是在《政治经济学及赋税原理》第 17 章提出的：

“如果为了一年的战费支出而以发行公债的办法征集 2000 万英镑，这就是从国家的生产资本中取去了 2000 万英镑。第二年，为偿付国债本息，政府必须向每个人增课税收。面对税负在时间上的调整，纳税人可以用增加储蓄的方式来应付下一期增加的税收。实际上，完全可以将政府因减税而发行的债券加上 5%的利息，作为应付政府为偿付国债本息而增加税收的支出。这样，纳税人原有的消费方式并不会发生变化。

每年为偿付这种公债利息而征课的 100 万英镑，只不过是由付这 100 万英镑的人手中转移到收这 100 万英镑的人手中，也就是由纳税人手中转移到公债债权人手中。实际的开支是那 2000 万英镑，付不付利息都不会使国家增富或变穷。政府可以通过赋税的方式一次征收 2000 万英镑；在这种情形下，就不必每年征课 100 万英镑。但这样做并不会改变这一问题的性质。

基本结论是：第一，在政府筹措财政经费过程中，无论征税还是举债，都会使生产资本同样减少 2000 万英镑，即这一点上两种筹资方式是相同的或无差异的；第二，在举债筹资的情况下，为公债支付利息不会使国民财富增加或减少，或者改变国民财富的总量，其只具有分配效应；第三，无论征税还是举债，都减少了居民的消费支出，而公债筹资情形下的消费支出下降与征税条件下的消费支出下降是相同的。”

李嘉图这些说法表达了这样一种推测：在某些条件下，政府无论用债券还是税收筹资，其效果都是相同的或者等价的。从表面上看，以税收筹资和以债券筹资并不相同，但是，政府的任何债券发行都体现着将来的偿还义务；从而，在将来偿还的时候，会导致未来更高的税收。如果人们意识到着一点，他们会把相当于未来额外税收的那部分财富积蓄起来，结果此时人们可支配的财富的数量与征税的情况一样。

宏观学家巴罗在 1974 年对李嘉图的上述猜想重新进行了阐述，于是出现了现代版的李嘉图等价定理，即“巴罗-李嘉图税收与公债等价定理”（Baro-Recardo equivalence theorem）。1976 年，公共选择学派创始人布坎南首次使用了“李嘉图等价定理”（Ricardian equivalence theorem）这一术语，并掀起了经济学界对这一理论的大讨论。

（二）李嘉图等价定理的基本含义

政府为其支出筹资时，征税和举债对居民消费及资本生成的经济影响是相同的或等价的。

李嘉图等价定理阐述了公债与税收的经济效应相同的经济学命题，指出了政府筹资方式对经济变量（如消费行为）的影响是中性的结论。

（三）李嘉图等价定理的基本假设

李嘉图等价定理成立需要满足如下几个基本假设：债权人不会因为生命周期终结于公债到期期限之前而逃脱还债责任；债权人与纳税人具有充分理性；为偿债而征的税是总额税；偿还税收与公债具有精确对应性。

第一，债权人不会因为生命结束于公债剩余期限之前而逃脱还债责任，或者基于债权人利他主义考虑，关心子孙后代的生活而由自己承担偿还义务，不会将还债义务推给下一代，这就是说，不会产生代际负担。

第二，债权人与纳税人具有充分理性，这就是说，纳税人会充分、准确认识到未来公债偿还给自己带来的纳税义务，从而预作准备，储蓄必要款项为到期时的偿债纳税。

第三，为偿债而征的税是总额税，这就使得税收在产生收入效应之外不会产生替代效应，从而不会改变居民的消费购买与投资选择的结构。

第四，偿还税收与公债的精确对应性是指每一个公债投资人同时也是纳税人，其未来纳税额现值与公债还本付息额现值相等，这就可以保证没有收入再分配效应。

（四）李嘉图等价定理的核心观点

李嘉图等价定理的核心观点是公债仅仅是延迟的税收。当前为弥补财政赤字发行的公债本息在将来必须通过征税偿还，而且税收的现值与当前的财政赤字相等。李嘉图等价定理的逻辑基础是消费理论中的生命周期假说和永久收入假说，即假定消费者能预见未来，知道政府今天通过发行公债弥补财政赤字意味着未来更高的税收，通过发行公债而不是征税为政府支出筹资，并没有减少消费者生命周期内的总的税收负担，唯一改变的是推迟了征税的时间。根据李嘉图等价定理的观点，消费者具有完全理性，能准确地预见到无限的未来，他们的消费安排不仅根据他们现期收入，而且根据他们预期的未来收入，为了支付未来因偿还公债将要增加的税收，他们会减少现时的消费，而增加储蓄。从本质上说，李嘉图等价定理是一种中性原理：选择征收一次性总量税，还是发行公债为政府支出筹措资金（未来政府将征税偿还此公债），对于居民的消费和资本形成（国民储蓄）而言，没有任何差异。

（五）政策含义

在李嘉图等价定理成立情况下，政府筹资方式对经济变量（如消费行为）的影响是中性的，即李嘉图等价定理揭示的是公债中性概念。这意味着：在特定时期，某国或地区的政府若想通过公债替代税收的政策手段（即减税型公债）来刺激需求，不会引起人们经济行为的积极调整，这种政策企图最终将是徒劳的或无效的。由于李嘉图等价定理本身具有“反凯恩斯主义经济学”的理论内核，在 20 世纪 70 年代西方经济出现“滞胀”后，李嘉国等价定理成为“反凯恩斯主义经济学”的依据，其实际上具有一种要求减少政府干预的经济学政策主张倾向。自20世纪70年代以来，李嘉图等价定理已经成为新古典经济学派的重要观点。但是税收与公债作用等价并不意味着公债无效。在增税公债条件下，公债仍然可以发挥作用，等价意味着公债效应较小。

本 章 小 结

本章介绍了公债发展的基本状况、公债基本概念与种类、公债市场；讨论了公债的负担、风险和危机；简要分析了公债效应，包括公债资产效应，挤出效应，公债对消费、储蓄、投资与劳动供给的影响，公债对经济增长与经济稳定的影响，并对李嘉图等价定理进行了必要的讨论。

➢ 复习思考题

1. 公债如何影响货币供给？
2. 什么是公债资产效应、挤出效应，这两种效应是否存在着某种冲突？
3. 公债如何调节收入分配？
4. 如何理解围绕李嘉图等价定理的激烈争论？
5. 怎样的公债规模才是适度的？

➢ 案例分析

（一）中国该不该减持美国国债？

不久前，“股神”巴菲特在谈及美国大量借债的行为时，特别提到了中国，他说：“他们（中国人）每日辛勤劳作生产产品给美国人用，而我们给他们一些纸片。当他们想用这些纸片，如几年前来买优尼科石油公司的时候，却发现这纸片不能达到他们想要的目的（2005 年中海油竞购优尼科，因遭美国方面阻挠而失败）。”

中国社会科学院马克思主义研究院研究员杨斌认为，分析当前美国经济走势不能单纯依靠官方数据。美国政府为挽救危机致使财政赤字急剧扩大，不断膨胀的公债泡沫达到了惊人规模，2011 年美国政府的财政赤字高达 1.6 万亿美元，美国政府维持运转需要筹集 3 万亿美元资金，而美国一年国内的全部储蓄总额仅为 6000 亿美元，美国国债占 GDP 的比重已超过 90%，2011 有可能突破国会允许的最高借债比重上限，这就意味着美国最终将像希腊等欧洲国家一样陷入主权债务危机；2011 年 3 月比尔 · 格鲁斯掌管的美国最大债券投资基金抛售了全部国债债券，表明投资者对美国最安全的国债也产生了信任危机。

资料来源：彼得 · 希夫. 为什么我们不应对金融危机感到意外. 2009 年在米塞斯研究院举行的纪念亨利 · 黑兹利特的演讲活动中的讲话

思考问题：

对此，有人说，中国的外汇储备最好分散处理，但也有人说，如果减持美国国债，中国仍然会受损失。那么我们到底该不该减持美国国债？中国以巨额外汇购买美国国债，面临着什么样的风险？

（二）中国公债效应应该怎样评价？

著名经济学家陈志武认为，近20年来中国经济持续增长的启示在于，政府敢于“借钱花”。他认为，由于现代金融和证券发展，中国过去20年来的国家理财策略已从本质上不同于传统中国朝廷的手法，能敢于利用国债市场把未来的钱借到今天花，也不怕靠财政赤字发展今天的中国经济。这些新的国策使中国经济得以持续增长，社会至今也没有出现不少专家预测会发生的经济危机和社会动乱。1978年开始改革开放之后，以包产到户和联产承包责任制为核心的市场激励使中国经济在20世纪80年代快速增长，那时的增长是粗放式的，不需要金融的太多帮助，只需要政府放松经济管制并解放个人的创业权利，让市场发挥作用即可。1981年启动公债，政府开始把一小部分未来财政收入提前到当时花，当年共发行121亿元的公债和外债，相当于那时政府全年开支的9%左右。虽然规模不大，但对于一个习惯于反对“借钱花”的社会来说，启动公债这件事本身就是一种大的观念冲击。1986年，国家财政赤字达到82亿元，占财政收入的3.9%，那年新发国债138亿元，比上年增长54%。到1988年，财政赤字升到134亿元，占财政收入的5.7%。1989年，国家财政继续恶化，当年新发国债408亿元。

自20世纪80年代中期开始，中国经济增长的主要动力一方面来自外资支持的制造业，另一方面来自政府财政和公债支持的基础建设项目。因此，在国家财政恶化的情况下，银行贷款和公债市场成为经济能否继续增长的两个关键之一。在1989～1991年经济相对低速增长期间，三年共新发国债1245亿元，给经济增长提供新的推动力。结果，GDP增速从1990年的3.8%回升到1991年的9.2%。

1994年，财政赤字上升到575亿元，占当年国家财政收入的11%，创历史新高。为了填补赤字并支持发展，当年国家发债1175亿元，也创历史新高。

在1997～1998年亚洲金融危机期间，世界都在担心中国经济，继而世界经济会被连带拖下水。1998年，国家发行公债3311亿元，1999年再发行公债3715亿元。在1998年财政赤字高达1744亿元（占财政收入的15%）的情况下，这些公债融资让中国经济在亚洲金融危机期间和之后保持高于7%的速度增长，并带动世界经济度过那次危机。

资料来源：陈志武. 持续增长政府敢借钱花　两种国策两种结局. 证券市场周刊，2006-10-04

思考问题：

陈志武认为，1997～1998年亚洲金融危机期间中国发行的公债让中国经济在亚洲金融危机期间和之后保持高于7%的速度增长，并带动世界经济度过那次危机。这对中国公债的作用给予了极高的评价。这种评价是否科学、稳健呢？应该如何研究分析中国公债对经济增长的作用？

第四篇　管　理　篇

第十三章 政府预算管理与财政体制

➢引言

在每年我国的各级人民代表大会及政协会议上，政府预算报告都是代表们锁定的“焦点”。代表们了解过去的一年政府收了多少钱，钱又投到哪里去了，今年政府准备收多少钱，又该怎么用，如何体现“取之于民，用之于民”，如何实现民生财政等都要通过政府预算来了解。什么是政府预算？与其他各种类型的预算相比政府预算有何不同？如何读懂政府预算？这些都是需要我们认真思考的。

第一节　政府预算的基本理论

一、政府预算的内涵

政府预算是各级政府依据法律和制度规定编制，并经法定程序审核批准后成立的以财政收支为主的政府年度收支计划。

（一）政府预算是政府的年度收支计划

政府预算概念往往被定义为政府的年度财政收支计划，近年来，预算管理范围由收支流量延伸到结余等存量、由资金扩展到资产、由静态发展到动态，涵盖一切公共资源，据此，可将政府预算界定为政府按预算年度进行的公共财力配置计划，但其主要是对财政收支的预先安排，它规定了年度内国家财政收支项目、内容、应达到的指标及其平衡状况。

（二）政府预算是依法定程序审批的法律文书

政府预算和政府的年度收支计划不完全一致，政府的年度收支计划只有经法定程序、经立法机关审批通过后而形成法律文件，才称为政府预算。追根溯源，当经济社会发展要求对国家财政收支制订统一的年度计划，并要经过一定立法程序审查批准时，政府预算才成为国家财政体系及财政管理的内容。没有经法定程序的审批的年度收支计划仅仅是政府预算草案。政府预算方案制订后由立法机关审核批准，可以法律明确其责任和义务，同时为监督机构监督检查契约的履行情况提供依据。

政府预算作为具有法律效力的文件，政府负有贯彻执行的责任，按照预算规定的收支项目、内容，组织财政分配活动，保证国家实现其职能的物质需要，达到国家编制年度预算的目的。政治权力必须受到约束，政府预算就是立法权和行政权之间相互制约、达成均衡的结果。由立法机关审核批准政府预算，可以明确政府的法律责任和义务，同时为监督机构监督检查政府职能履行情况提供依据。政府预算一旦经权力机构审批就具有法律效力，政府必须贯彻执行，不能任意修改，如需修订要经权力机构批准。

二、政府预算的形成

（一）早期政府预算

国家财政随国家的产生而产生，而政府预算是国家财政发展到一定阶段的产物。奴隶社会就有了较为系统的国家财政收支活动，中国古代和古罗马都有国家财政收支的粗略估计或记账，或有个别的预计收支，这时，政府预算处于萌芽状态，但还没有形成完整、独立的财政预算。

（二）西方政府预算的产生

西方政府预算制度产生的直接原因是新兴资产阶级同封建君主进行的经济斗争。在西欧封建社会末期，资本主义生产方式开始出现，商品货币关系也逐渐发展起来。随着商品经济的发展，西欧有些国家出现了政治统一和中央集权的趋势。新兴资产阶级为了发展私人资本，要求限制封建王朝的财政特权，对国家财政进行监督，提出以立法形式规定国家的财政收支规模，并制订财政收入和支出计划。新兴资产阶级依靠城市平民和广大农民反封建的力量，对封建统治阶级展开了长期尖锐的斗争，他们充分利用议会同封建统治者争夺国家财政权，在这一过程中形成了政府预算制度。政府预算是新兴资产阶级同封建王朝进行经济斗争的结果。

欧美其他资本主义国家的预算制度确立较晚，一般是在18～19世纪建立了资产阶级政权之后才逐步形成的。例如，美国直到1800年才规定财政部要向国会报告它的财政收支，但只是财政收支的汇总情况。南北战争后的1865年，国会成立了一个拨款委员会，主管财政收支。1908年和1909年，美国财政收支连续出现赤字，这才促使美国政府考虑建立联邦预算制度。第一次世界大战后的1921年，美国国会通过了《预算审计方案》，正式规定总统每年要向国会提出预算报告。到20世纪初，几乎所有资本主义国家都建立了政府预算制度。

（三）旧中国政府预算的形成

1908年（清光绪三十四年），清政府颁布《清理财政章程》，于1910年（宣统二年）起试编政府预算，由清理财政局主持编制预算工作，这是我国历史上第一次编制政府预算。当时程序是首先由各省汇报，然后由度支部（相当于现在的财政部）加以审核，资政院加以修正，奏请施行。预算虽形似统一，但实际上，由于清政府统治已摇摇欲坠，各省形成割据状态，财政并未统一，仅仅是各省拼凑而形成的账面统一，1911年辛亥革命爆发，清政府被推翻，结果是仅有预算而无决算。虽然如此，它仍不失为我国第一部政府预算。而北洋军阀和国民党政府也有各自的政府预算，这属于半封建、半殖民地性质的预算。旧中国的政府预算是为当时的统治阶级服务的。

（四）新中国政府预算的产生

新中国成立前，各革命根据地曾编制各地的预算，但由于受战时客观条件的限制，在根据地被敌人分割的情况下，不可能建立统一的政府预算。新中国成立之后，在《中国人民政治协商会议共同纲领》中规定："建立政府预算决算制度。"中央人民政府根据以上规定着手编制1950年财政收支概算草案，即新中国第一个预算。1949年12月12日在中央人民政府第四次会议上，财政部长薄一波作了《关于1950年财政收支概算编成的报告》，中央人民政府批准了这个概算草案。毛泽东主席出席这次会议并指出，"国家的预算是一个重大的问题，里面反映着整个国家的政策，因为它规定政府活动的范围和方向"，由此明确了政府预算的性质和任务。1950年政务院通过了《关于统一国家财政经济工作的决定》，据此统一了国家财政收支。1951年8月，政务院发布了《预算决算暂行条例》，规定了政府预算的组织体系，各级政府的预算权，各级预算的编制、审查、核定与执行的程序，决算的报批与审定程序，从此建立了政府预算制度。

（五）政府预算产生和发展的基本原因

1. 资本主义生产方式的出现是政府预算产生的根本原因

从西方国家看，资本主义生产方式的出现赋予了资产阶级强大的政治力量，这股政治力量要求限制皇权，保护私人资本，具体要通过议会掌握国家财政权，通过编制和审核财政收支计划的方式控制国家全部财政收支。由于资本主义生产方式的发展，帝国主义国家日渐感到国内市场的狭小，往往采取军事扩张和经济侵略的方式来扩大市场容量，使中国沦为半封建半殖民地国家，由此，促成了旧中国政府预算的产生。

政府预算作为一种法律制度规定的形式，属于上层建筑的范畴，反映了经济基础的状况，同时又能促进经济的发展。新兴资产阶级的出现，有力地促进了生产力的发展，正如马克思、恩格斯指出："资产阶级在它的不到一百年的阶级统治中所创造的生产力，比过去一切世代创造的全部生产力还要多，还要大。"但在资产阶级出现的初期，由于本身力量的单薄，仍然依附于封建统治阶级和为封建国家承担纳税义务。政府预算的产生既是资产阶级与封建统治阶级斗争的结果，同时在推翻封建统治阶级的斗争过程中发挥了重要作用。政府预算制度的逐步确立，无疑促进了商品经济的发展和资本的积累。

2. 加强财政管理和监督是政府预算发展的决定性原因

政府预算产生后，又因财政管理和监督的需要而得以进一步发展。随着社会生产力水平的提高，财政分配规模日益扩大，财政收支项目逐步增加，收支之间的关系也日益复杂，财政收支的发展变化客观上要求对其加强管理和监督，以保证筹集和运用国家资金的合理性、科学性。政府预算是加强财政管理和监督的有效工具，因为政府预算制度的确立，规定了统一的收支科目和计量单位，便于权力机关和社会公众的审核、监督，为科学、有效的财政管理和监督工作奠定了基础。现代政府预算制度已形成复杂的体系，反映了加强财政管理和监督的客观需要。

3. 财政分配的货币化是政府预算产生的必要条件

商品经济的高度发展，货币关系渗透到经济活动的所有领域，使财政分配可以完全以货币形式进行。只有在财政分配货币化的条件下，才能对全部财政收支事先进行详细的计量，并反映在统一的平衡表中。

三、政府预算的基本特征

政府预算作为一个独立的财政范畴，是国家财政发展到一定历史阶段的产物，从政府预算的产生到发展为现代政府预算，其内涵不断得到完善和充实，并形成其区别于其他财政范畴所特有的共性。政府预算的基本特征包括以下几个方面。

（一）计划预测性

政府预算是在一定时期收入与支出的数字估算表，最明显的表现为年度预算收支计划。计划具有预测性，以预测性作为政府管理的实务工具。预测性是指国家通过编制预算可以对预算收支规模、收入来源和支出用途做出事前的设想和预计。一般在本预算年度结束以前，需要对下一年度的预算收支做出预测，编制出预算收支计划，进行收支对比，进而研究对策。预测与实际是否相符并能否实现，取决于预测的科学性和民主化程度，也受预算执行中客观条件变化、预算管理水平和预算管理手段的影响，但提高预测性的准确度是第一位的。

（二）法律性

政府预算与一般的财政经济计划不同，它必须经过规定的合法程序，并最终成为一项法律性文件。政府预算的法律性是指政府预算的成立和执行结果都要经过立法机关审查批准，具有法律效力。政府预算按照一定的立法程序成立之后就是法律性文件，它是国家集中性财政资金来源规模、去向用途的法律性规范。我国《宪法》和《预算法》明确规定各级人民代表大会有审查批准本级预算的职权。各级预算确定的各项收支指标经国家权力机关审查批准后下达，具有法律强制性，各级政府、各部门、各单位都必须维护政府预算严肃性、权威性，严格贯彻执行，并保证预算收支任务的圆满实现；非经法定程序，任何地方、单位和个人均不得擅自改变批准的预算；如需调整预算，必须报请本级人民代表大会常务委员会审查批准；未经批准，不得擅自调整预算。

（三）集中性

为了从资金上保证实现国家基本职能和重点建设的需要，满足社会共同需要，国家必须通过政府预算集中财政资金，统筹安排。政府预算是集中性分配财政资金的手段，政府预算资金就是国家集中性的财政资金。预算资金是国家履行其职能所必需的财力，政府预算收入都应及时、足额地缴入国库，任何部门、单位或个人不能坐支、挪用；各地区、各部门、各单位必须遵照执行政府预算支出规定的用途、比例、指标和数额等，不得各行其是。政府预算的规模、来源、去向、收支结构比例和平衡，由国家按照社会生产力水平和政治经济形势的需要，从国家全局整体利益出发进行统筹安排，这些都能充分体现政府预算的集中性特征。

（四）年度循环性

预算年度指预算收支的起讫时间，通常为一年。预算年度是各国政府编制和执行预算所依据的法定期限，体现预算的时效性。预算年度有历年制和跨年制两种形式：历年制是按公历计，如我国预算年度自公历 1 月 1 日起，至 12 月 31 日止。跨年制主要考虑国会会期、税收与工农业经济的季节相关及宗教和习俗等因素。

在预算年度内，预算工作的程序按时序通常包括预算的编制、预算的执行和决算评估等环节，各环节在年度内依次递进，在年度之间也循环往复。

（五）公开性

预算作为公开性的法律文件，预算内容必须明确，以便于全社会公众及其代表能理解、审查。政府预算收支计划的制订、执行及决算的全过程也必须向公众全面公开，一般是采取向权力机构提交预算报告的形式阐述预算编制的依据，执行过程中为保证政府预算实现而采取的措施，同时报告上一年度政府预算的执行情况和结果，即决算报告。政府预算是指各级政府预算和单位预算的编制、执行和决算的全部过程，不仅要经过国家权力机关审批，预算草案经审议通过后还要通过新闻媒介向全体公众公布。

四、政府预算的地位

（一）政府预算管理在财政管理中处于主导地位

在社会经济管理各环节中，财政管理属于对分配进行的管理，并成为分配管理的主导因素，相对于企业管理而言，财政分配是在全社会范围内以国家为主体进行的宏观调控，构成经济管理的重要组成部分并起主导作用。财政管理由预算管理、税收管理、财务管理、财政投资管理和预算外资金管理等各个财政环节的具体管理组成，各项管理必须综合配套、协调运行，其中：其他管理是财政预算管理的基础，预算管理是财政管理的核心内容，也是财政管理的重要依据和综合反映；国有企业向政府预算上缴税利，政府预算对行政事业和国防等部门供应资金，预算外资金的很大部分依附于政府预算，各项税收更是政府预算收入的重要组成部分。因此，抓住政府预算管理这个中心环节，就可以带动和推进整个财政管理。

（二）政府预算是各项财政收支的枢纽

政府预算在与单项财政收支计划的关系上起总揽全局的作用，制约和支配其他各单项财政收支计划，使之服从于预算管理总的要求。工商税收计划、基本建设拨款和贷款计划等单项收支计划，既是政府预算的组成部分，又要受政府预算的控制和制约，从总体上保证国家财政收支任务的实现。比如，财政性存款是银行信贷资金的一个重要来源，财政性存款的增减对银行信贷收支有着直接的影响；预算外资金的增长，在很大程度上要受政府预算的支配和制约，是政府预算的必要补充。此外，经批准的预算还是检查衡量财政收支任务的主要依据，根据预算规定的收入任务，及时足额上缴国库；根据预算规定的支出指标，及时足额拨付预算资金，以保证各项财政收支任务的顺利完成。实际上，无论是生产领域还是非生产领域，无论是宏观经济还是微观经济，都要直接或间接受预算收支的约束。

五、政府预算的功能

（一）政府预算是国家集中和分配资金的主要手段

国家以预算形式集中了相当数量的、以货币表现的社会资源，用以满足公共需要，预算活动体现了财政集中和分配资金的基本过程。一方面，国家通过税收、企业收入、公债等手段把分散在各地区、部门、企业和个人手中的一部分国民收入集中起来，形成预算收入，为满足各项公共需要奠定物质基础；另一方面，通过预算支出的安排，维持国家机构运转，促进经济社会发展，提高人民生活水平。因此，政府预算资金的来源和去向反映财政分配活动的主体部分，并在一定程度上反映国民经济和社会发展的规模、结构、速度和效益水平。

（二）政府预算是保障公共商品供给所需资源的重要工具

公共商品具有非竞争、非排他性，市场不能有效提供，需要公共部门对其供给配置资源。实际上，国家以预算形式集中资金只是手段，而保障公共商品提供的需要才是其基本目的。在经济社会发展的不同历史时期，社会对公共商品需求的规模和结构会有差异，政府预算对资金的分配，反映了不同时期国家在处理公共供给和非公共供给，以及公共供给内部各类关系上的安排，或者说，政府预算的规模大体反映了一定时期公共供给的总体状况，而预算支出的结构比例、去向用途则反映国家提供的公共商品及服务的基本构成。

（三）政府预算是国家对经济社会实施计划管理的重要方式

通过计划来指导和管理经济社会活动是现代国家的普遍做法。目前，我国每年编制“国民经济和社会发展规划”，每五年编制“国民经济和社会发展五年规划”，这是国家对规划期间国民经济和社会发展所作的全面安排和部署，用以引导和调节国民经济和社会活动。政府预算与国民经济和社会发展规划的制订和实施具有密切关系，一方面，政府预算为国民经济和社会发展规划的落实提供财力保障，国民经济和社会发展规划各项指标的安排要受政府财力的制约，无论在编制还是实施国民经济和社会发展规划时，都必须考虑财力的可能。另一方面，政府预算本身就是国民经济和社会发展规划的有机组成部分，是国家的“财力规划”，预算编制必须以经济社会发展规划为基础，与之协调、衔接，达到人力、物力、财力的平衡。只有这两方面达到统一，才能使国家规划落到实处。

（四）政府预算是国家进行宏观经济调控的重要杠杆

在市场经济中，政府预算具有“稳定器”和“调节器”的功能，是国家进行宏观经济调控的重要杠杆。预算调控主要从三个方面实现：一是调节社会总供需。总量调控是宏观调控的主要内容，国家可根据经济运行情况，通过调整预算收支规模及对应关系，影响社会总供需关系，使之实现平衡。二是调节经济结构。预算收支具有结构效应，收支结构的变化会引起经济结构的相应变化。例如，在经济发展的一定时期，通过政府预算支出的安排，保证农业的基础地位，保障基础产业和重点建设的投入，支持“瓶颈”产业的发展，可以促进生产要素的合理配置，优化经济结构，提高经济效益。三是促进社会公平。通过税收和支出调节城乡之间、地区之间、行业之间的利益关系，缓解分配上的矛盾；通过社会保障的安排使老有所养、病有所治、难有所帮，促进社会和谐。

（五）政府预算是国民经济运行状态的反应器

政府预算活动联系面广、综合性强，预算的一收一支涉及一系列的经济社会行为，不仅反映政府活动的范围和方向，而且反映经济和社会发展各方面的情况。在预算的编制和执行中，国民经济各部门、各有关企事业单位、国家金库及财政部门内各职能机构，都要按规定向财政预算部门及时报告情况，同时，经济社会活动的各项指标都会直接或间接地反映到预算上来，从而形成一个以预算部门为中心的四通八达、反应灵敏的信息系统，使得预算管理工作成为国民经济运行状态的观察哨。预算收入反映国民经济发展规模和经济效益水平，预算支出反映各项经济社会事业发展的基本情况。因此，通过政府预算的编制和执行，能够掌握国民经济发展的态势，发现其中存在的问题，及时采取对策措施，促进国民经济稳定、健康、快速发展。

六、政府预算体系

政府预算按政府级次可分为中央预算和地方预算，各级政府预算是由各该级政府组织体系的有关预算汇总而成的。我国实行一级政府一级预算，各级政府预算由同级财政机关代表本级政府汇总编制的，故称为财政总预算。目前，我国从中央到地方设立中央、省（自治区、直辖市）、市（设区的市、自治州）、县（自治县、不设区的市、市辖区）、乡（民族乡、镇）五级预算。不具备设立预算条件的乡（民族乡、镇），经省、自治区、直辖市政府确定，可以暂不设立预算。县级以上地方政府的派出机关，根据本级政府授权进行预算管理活动，但不作为一级预算。

我国政府预算包括中央预算和地方总预算，地方预算由各省、自治区、直辖市总预算组成。地方各级总预算由本级预算和汇总的下一级总预算组成；下一级只有本级预算的，下一级总预算即指下一级的本级预算。没有下一级预算的，总预算即指本级预算。

（一）中央预算

中央预算是经法定程序批准的中央政府财政收支计划。我国的中央预算是由财政部代表中央政府（国务院）汇编的、经全国人民代表大会审批通过的财政收支计划。中央预算由中央各主管部门的行政单位预算、事业单位预算、企业财务计划、基本建设财务计划、国库和税收计划等汇总而成。

（二）地方预算

地方预算是经法定程序批准的、除中央预算以外的地方各级政府财政收支计划的统称，在我国包括省级及其以下的四级预算。地方各级预算由地方本级财政机关代表同级政府汇编，根据其涵盖的范围、级次又分为本级预算和总预算。各级政府的本级预算由同级各主管部门汇总的其直属行政单位预算、事业单位预算、企业财务计划、基建财务计划等汇编而成，反映本级政府财政收支的计划。各级地方总预算由本级政府预算及所属的下级总预算汇总而成，反映本级行政区域范围内政府财政收支的计划。例如，省总预算由省本级预算及所属市、县总预算汇总而成；设区的市、自治州总预算由市、州本级预算及所属县、不设区的市、市辖区总预算汇总组成；县总预算由县本级预算及所属乡、镇总预算汇总组成。

七、我国政府收支分类

政府收支分类就是按照一定的原则、方法对政府的一切收入和支出项目进行类别和层次划分，以便客观、全面、准确地反映政府活动。预算收支分类是对预算收支结构的科学系统的划分，即把名目繁多的各项政府预算收入和预算支出，按照其各自的性质和相互联系，以一定的标准和层次进行归并和排列。我国的政府收支分类主要包括三个方面的内容。

（一）收入分类

收入分类主要反映政府收入的来源和性质。根据目前我国政府收入构成情况，结合国际通行的分类方法，将政府收入分为类、款、项、目四级。

（二）支出功能分类

支出功能分类主要反映政府活动的不同功能和政策目标。根据社会主义市场经济条件下政府职能活动情况及国际通行做法，将政府支出分为类、款、项三级。其中，类级科目综合反映政府职能活动，如国防、外交、教育、科学技术、社会保障等；款级科目反映为完成某项政府职能所进行的某一方面的工作，如“教育”类下的“普通教育”；项级科目反映为完成某一方面的工作所发生的具体支出事项，如“普通教育”款下的“小学教育”等。

（三）支出经济分类体系

支出经济分类简单地说就是对支出的具体经济构成进行分类。如果说功能分类是反映政府支出“做了什么事”的问题，经济分类则是反映“怎么去做”的问题。按照这个思路，支出经济分类设置类、款两级。类级科目具体包括：工资福利、商品和服务支出、对个人和家庭的补助、转移支付、基本建设支出、其他资本性支出等。款级科目是对类级科目的细化，如其他资本性支出进一步细分为房屋建筑物购建、专用设备购置、大型修缮、土地资源开发等。支出经济分类为加强政府预算管理、部门财务管理和政府统计分析提供了重要工具和手段。

第二节 政府预算的编制、执行与决算

一、政府预算的编制

（一）政府预算的编审程序

我国预算草案在当年“人代会”召开之前确定。预算编审的组织程序按“自下而上、自上而下、两上两下、上下结合”的方式进行。

1. 单位、部门提出概算

即由单位、部门自下而上向财政部门上报预算建议数。单位根据预算年度工作计划、任务和收支增减因素，按财政部门规定的预算报表格式，提出由各项收支组成的概算，逐级汇总后，按规定的时间由主管部门报送同级财政部门。各部门上报的预算建议数要体现国家的有关政策，符合国民经济和社会发展规划的要求，与财力相适应。

2. 财政部门下达预算指标

财政部门根据政策法规、经济社会发展规划和各项收支测算所确定的预算数额，以及本级政府批准的预算外资金收支计划，自上而下按预算级次下达预算控制数或预算指标，包括预算拨款指标和预算外资金核拨数额，预算指标逐级下达直至基层预算单位。

3. 汇编预算

单位根据所下达的预算指标，调整核实本单位各项收支，结合单位的其他收支，按照预算编报的要求，正式编制年度预算和预算外资金收支计划。编制完成后，按照规定程序逐级报送主管预算部门，经主管预算部门审核汇总，形成部门预算，报送同级财政部门。财政部门对上报的部门预算审核汇总后形成本级预算草案，并报同级政府。省、自治区、直辖市财政部门汇总的本级总预算草案，应报送财政部。

4. 审批预算

各级政府提交的预算草案要经同级“人代会”审核批准，经“人代会”审批后的预算成为当年的正式预算。财政部门要将经批准的本级预算在规定期限内向各部门批复下达，各主管部门再在部门预算的范围内批复所属各单位预算。批复下达的预算成为预算执行的依据。

实行“两上两下”的预算编报和审批程序，可使财政部门在预算编制过程中，与其他部门、单位充分交流信息，沟通情况，有利于提高预算编制的科学性和准确性。

（二）单位预算的编制与管理

单位预算是指各部门下属的机关、团体和企事业单位的年度收支计划，它以资金收支形式反映预算单位的各种活动。根据与某一级政府预算发生的经费领报关系，我国将预算单位分为一级预算单位、二级预算单位和基层预算单位。一级预算单位，又称主管预算单位，是指与同级政府预算直接发生资金缴拨款关系的单位；二级预算单位是与主管预算单位发生资金缴拨款关系的单位；基层预算单位是与二级预算单位或主管预算单位发生资金缴拨款关系的单位。在我国，单位预算的主体一般是行政单位和事业单位。行政单位是依托国家政治权力而为社会提供公共商品和服务的组织，其职能主要是进行政治、社会和经济管理。事业单位是指由政府批准设立、依据其业务范围为社会提供特定公共商品和服务的非营利组织。

（三）部门预算的编制与管理

1. 部门预算的定义

部门预算是反映一级政府中一定部门（含直属单位）全部财力的年度配置计划。部门预算由各该部门所属各单位预算汇总编制而成。这里的部门指的是与本级财政直接发生预算缴拨款关系的国家机关、军队、政党组织和社会团体；直属单位指的是与本级财政直接发生预算缴拨款关系的企业和事业单位。部门预算是所辖单位预算汇编而成的汇总预算，部门预算的基本单元是单位预算。部门预算位居承上启下的地位，单位预算是汇编部门预算的基础，部门预算是编制政府本级预算的基础，各级部门预算经过汇总后编制成各该级财政总预算，因此，部门预算对整个政府预算体系具有重要的作用。

2. 我国部门预算的构成

部门预算的编制必须合法、准确和完整，并按照综合预算的要求，合理预测部门及所属单位的收入能力，统筹安排财政资金及本部门组织的收入，最大限度地体现部门财力的配置效率。部门预算的编制包括部门收入预算的编制和部门支出预算的编制。

1）部门收入预算的编制

部门收入是预算单位从不同来源取得的各种收入的总称，具体包括：财政拨款收入、行政事业单位依法组织征收的预算外资金收入、纳入预算管理的政府性基金收入和其他收入等。部门各类收入要按照不同来源分别编制预算，汇总后形成部门收入预算。

部门预算收入的编制内容和方法。部门收入预算（由收入预算表集中反映）在编制时要求各部门要根据历年收入情况和下一年度增减变动因素测算本部门组织的收入（不含国家税收）。收入预算要按收入类别逐项核定，对本部门组织的行政性收费和其他预算外收入，以及部门其他收入要核定到具体的单位和项目。

2）部门支出预算的编制

部门预算支出的编制内容包括基本支出和项目支出。在《中央本级基本支出预算管理办法》中，对行政事业单位基本支出与项目支出有明确的定义。基本支出是指行政事业单位为保障其机构正常运转、完成日常工作任务而编制的年度基本支出计划，内容包括人员经费和日常公用经费两部分。项目支出是指行政事业单位为完成特定的工作任务或事业发展目标，在基本的预算支出以外，财政预算专款安排的支出。

二、政府预算的执行

（一）政府预算的组织体系

政府预算的执行涉及各地区、部门和单位，组织体系由国家行政领导机关、职能部门及各类专门机构组成，按国家政权级次、行政区划和行政管理体制实行“统一领导，分级管理，分工负责”。

1. 政府是政府预算执行的组织领导机构

负责政府预算执行的组织领导机构是国务院及地方各级人民政府。其中，政府预算执行的领导者是国务院，其职责为：一是执行政府预算法律、法令，制定预算管理方针、政策；二是核定政府预算、决算草案；三是组织、领导政府预算的执行；四是颁发全国性的、重要的财政预算规章制度；五是审查、批准中央总预备费的动用。而地方预算执行的领导者为各级地方政府。

2. 财政部门是政府预算执行的管理机构

各级政府财政部门是政府预算执行的具体负责和管理机构，是执行预算收支的主管机构，其任务为：第—，根据政府预算收入执行工作的需要，制定组织收入的各种制度和方法。第二，根据政府预算收入任务和核定的季度收入计划，监督各经管收入的部门、各预算缴款单位努力完成预算收入任务，把一切应缴的预算收入及时足额地缴入国库。

3. 政府预算具体执行机构

1）收入的征收机构

政府预算收入的执行工作，由财政部门统一负责组织，并按各项预算收入的性质和征收方法，分别由财政部门和各主管收入的专职机关负责组织管理和征收。征收机构除财政部门外，还包括税务机关和海关。

2）政府预算资金的出纳机构

预算资金的收纳、保管和拨出，即出纳业务，是一项频繁的日常工作，由国家金库（简称国库）负责办理。我国由中国人民银行经理国库业务，不设人民银行机构的地方，其国库业务委托当地的专业银行办理。我国国库机构按级次从上往下分设中央总库、省分库、市中心支库和县支库。国家业务工作实行垂直领导，各级国库分支机构既是中央国库的分支机构，也是地方金库。

3）政府预算支出的执行机构

财政部门是政府预算支出的管理机构，此外，还有其他各职能机构配合。一是银行等金融机构，尤其是政策性银行和国有商业银行。二是国民经济各部门。各个支出预算部门和单位具体负责执行预算支出和预算资金的使用，预算收入主要来自国民经济各部门，预算支出都要通过各部门、各单位进一步分配和使用。预算收支任务能否完成同各单位的生产计划、商品流通计划、基本建设计划和其他各项事业计划的完成情况有着直接的关系，同广大人民群众物质文化生活水平的逐步提高密切相关。

（二）国库集中收付系统

1. 我国国库单一账户体系

财政部、中国人民银行《财政国库管理制度改革试点方案》将我国财政国库账户设置为国库单一账户、零余额账户、预算外资金财政专户、小额现金账户和特设专户五类账户的集合，统称为国库单一账户体系。

2. 预算收入缴库方式

预算收入缴库方式是指国家集中一部分国民收入并转化为预算资金的程序、手续和过程。无论是国有企业，还是集体企业，以及外商投资企业和个体经济的单位和个人都应按法律规定向政府预算上缴款项。当前的国库集中收付制度改革中，将预算收入缴库方式简化为直接缴库和集中汇缴两种方式。其中，直接缴库是由缴款人或缴款代理人提出纳税申报或缴款申请，经征收机关审核无误后，开具缴款书，由缴款人通过开户银行将税款缴入国库单一账户或预算外资金专户。而集中汇缴是指缴款人将应缴款项直接缴给执收单位，由执收单位按日到代理银行办理缴款业务，通过代理行将所收款项缴入财政专户或财政汇缴专户。推广之意，小额零散税收、非税收入中的现金缴款等财政收入由征收机关（有关法定单位）按有关法律法规规定，将所收的应缴收入汇总缴入国库单一账户或预算外资金财政专户。

3. 政府预算收入库款的收纳、划分与报解

国库工作是政府预算执行的一项重要基础工作，是政府预算资金出纳环节的管理。国库工作质量的好坏直接关系到政府预算能否正常、顺利地进行。国库对每天收纳入库的预算收入都要按预算级次逐级划分、上报和解缴。预算收入的收纳，就是各级国库和国库经收处收到的、与“缴款书”所填列数据一致的各级预算收入。各项预算收入一律以缴入基层国库即支库的数额为正式入库数，征收机关、国库计算入库数字和入库日期都以基层国库收纳的数额和入库日期为准。各级国库及国库经收处要加强对国库缴款书的审核工作，发现问题经办银行要及时通知征收机关予以纠正。预算收入的划分，就是国库对每天收纳入库的预算收入，根据预算管理体制规定的各级预算固定收入的划分范围，以及中央与地方、地方上下级之间分成收入的留解比例，划分并计算中央预算收入和地方各级预算收入。预算收入的报解，即在划分收入的基础上，按照规定的程序将各级预算收入的报解库款分别报解各级国库，相应地增加各级预算在各级国库的存款，以保证各级预算及时取得预算收入。“报”是指国库通过编报“预算收入统计表”向各级财政机关报告预算收入的情况；“解”是在划分预算收入和办理分成收入的留解比例后，把库款逐级解缴到同级财政的国库存款账户上。

4. 预算支出支付方式

1）财政直接支付

财政直接支付是指财政部门根据用款单位提出的用款申请，由财政部门签发支付

指令，通过在代理银行设置的财政零余额账户，直接将财政资金支付到收款人或用款单位账户，再由设置财政零余额账户的代理银行总行通过财政与国库单一账户体系进行清算。

2）财政授权支付

财政授权支付是指财政部门根据预算和用款计划，将每个月用款额度下达到用款单位零余额账户，预算单位根据财政授权，在下达的用款额度内自行开具支付令并支付资金，通过国库单一账户体系，将资金支付到收款人账户。财政授权支付适用于未实行财政直接支付的购买支出（包括工资支出、工程采购支出，以及物品、服务采购支出管理的购买支出）和零星支出。

（三）政府预算调整

1. 政府预算调整的含义

这是指经立法机构批准的本级政府预算，在执行中因特殊情况需要增加支出或者减少收入，使原批准的收支平衡的预算总支出超过总收入，或者使原批准的预算中举借债务的数额增加的部分变更，即凡是打破原有预算平衡，扩大预算收支逆差，增加举债数额的都作为预算调整。

在预算执行中，各级政府一般不制定新的增加财政收入或者支出的政策和措施，也不制定减少财政收入的政策和措施；必须做出并需要进行预算调整的，应当在预算调整方案中做出安排。

2. 政府预算调整的方法

政府预算调整实际上是通过改变预算收支规模或改变收入来源和支出用途，组织预算新平衡的重要方法。在预算执行过程中，预算调整按调整幅度不同分为全面调整和局部调整。其中，全面调整被称为盘子外的全面调整，即当国家对原定国民经济和社会发展计划作较大调整时，政府预算也相应对预算收支的总盘子进行大调整。全面调整的涉及面广，工作量大，实际上等于重新编制政府预算，而局部调整被称为盘子内的局部调整。在政府预算执行中，为了适应客观情况的变化，重新组织预算收支平衡，是经常发生的。政府预算局部调整包括动用预备费、预算追加追减、经费流用和预算划转等不同方法。

三、政府决算

（一）政府决算的基本概念

政府决算是按照法定程序编制，用以反映国家年度预算执行结果的报告，由决算报表和文字说明两部分构成。编制决算是一项事业性和政策性很强的工作，是各级政府向人民报账，总结预算执行效果和经验，总结财政预算管理规律的大事。因此，从中央到地方，各地区、各部门、各企业、各事业及行政单位都应该重视决算的编制工作，年度终了，都要按国家的规定，正确、完整、及时地编制决算。

（二）政府决算的编制

预算年度终了，整个决算的组织管理工作就从决算的准备阶段转入决算编制阶段。

《预算法》规定决算草案由各级政府、各部门、各单位在年终后按照国务院规定的时间编制，编制决算草案的具体事项由国务院财政部门部署。我国决算的编制程序是从执行预算的基层单位开始，在搞好年终清理和结算的基础上，根据决算编报办法的规定和决算表格的内容，自下而上编制、审核和汇总。

（三）政府决算的审批

1. 政府决算审查的层次及其机构

为维护财经纪律和国家法律，保证决算数字准确无误，必须在各个环节上加强决算审查工作，做到逐级审查，层层负责。政府决算的审查层次和机构自下而上为：①上级对下级决算进行的审查。包括：一是上级单位对下级单位决算进行的审查，如主管单位对二级单位的审查、二级单位对基层单位的审查；二是上级财政对下级财政总决算进行的审查。②财政机关对同级主管部门的部门决算的审查。③立法机构对政府总预算的审查。④政府审计机构对政府预算的审查。在上级对下级、财政对部门的决算审查中，决算审查工作和决算汇编工作交叉进行。

2. 政府决算审查的内容

县级以上各级人民代表大会常务委员会和乡、民族乡、镇人民代表大会对本级决算草案重点审查下列内容：①预算收入情况；②支出政策实施情况和重点支出、重大投资项目资金的使用及绩效情况；③结转资金的使用情况；④资金结余情况；⑤本级预算调整及执行情况；⑥财政转移支付安排执行情况；⑦经批准举借债务的规模、结构、使用、偿还等情况；⑧本级预算周转金规模和使用情况；⑨本级预备费使用情况；⑩超收收入安排情况，预算稳定调节基金的规模和使用情况；⑪本级人民代表大会批准的预算决议落实情况；⑫其他与决算有关的重要情况。

3. 决算草案审批的流程

《中华人民共和国预算法》对决算草案的审批流程进行了详尽的规定，即“国务院财政部门编制中央决算草案，经国务院审计部门审计后，报国务院审定，由国务院提请全国人民代表大会常务委员会审查和批准。县级以上地方各级政府财政部门编制本级决算草案，经本级政府审计部门审计后，报本级政府审定，由本级政府提请本级人民代表大会常务委员会审查和批准。乡、民族乡、镇政府编制本级决算草案，提请本级人民代表大会审查和批准”。

第三节　财政体制概述

一、财政体制的概念与实质

财政体制是政府间财政关系的基本制度，是规定中央与地方、地方各级政府之间、国家与企、事业单位之间财力管理权责和收支分配的一项根本制度，是经济管理体制的重要组成部分。其主要内容是规定财政关系构成要素之间的分配关系，包括政府间支出责任划分、收入划分和财政转移支付等基本要素。财政体制的核心就是集权和分权的关系问题，即如何在中央和地方政府之间合理划分职权，明确双方的职责，以此来达到兼顾中央统一领导和照顾地方利益的目标，保证国民经济持续、稳定、协调发展。在实际工作中，由于中央与地方处于不同的地位，其考虑与处理问题角度通常存在差异，即便是在根本利益相一致的情况下，仍然会存在诸如国家整体利益与地方局部利益之间的矛盾等问题。因此，建立财政体制的根本任务就是通过正确划分中央政府和各级地方政府预算收支范围，规定预算管理权限，使国家财力在各级政府和各地区之间合理分配，保障相应级次的政府财政资金能够满足公共需要。

我国财政体制有广义与狭义之分，广义的财政体制是国家预算管理体制、税收管理体制、财务管理体制、国有企业财务管理体制、行政事业单位财务管理体制、预算外资金财务管理体制、财政信用管理体制等体制的总称。狭义的财政管理体制主要指国家预算管理体制，具体包括确定预算管理主体和级次、预算收支的划分原则和方法、预算管理权限的划分、预算调节制度和方法等内容。

在社会主义市场经济条件下，一个国家资源的优化配置，首先是通过国家财力的分配实现的，为了保证财力的合理分配，就必须确定各级政府之间，国家与企、事业单位之间在整个财政活动中的地位和职责，并以此为基础对各方的收入、支出范围进行明确。因此，可以将财政管理体制的实质理解为正确处理中央和地方、地方各级政府之间，以及国家与企、事业单位之间财权财力关系的体制。

二、财政体制内容

财政体制与政治体制密切相关，由于不同国家经济和政治体制存在一定的差异，资源状况和宏观经济管理要求也各不相同，所以各国的财政体制各有不同。但是，总体而言，随着经济和社会的不断发展，世界各国的财政体制发展有一个共同的趋势，即实行多级财政体制或分级财政体制。纵观各国实践，分级财政体制可以归纳为如下几方面内容。

（一）一级政权，一级预算主体，各级预算主体相对独立

分级预算体制下，中央预算由中央权力机关负责审批，地方预算由地方各级立法机关负责审批，并且地方预算经常收入由本级税收、本级服务性收入和中央补助三方面构成，自求平衡。当上述收入不能满足地方经济社会发展需要时，地方政府可以通过发行地方债券或者贷款的方式组织财政收入。

（二）合理划分中央和地方政府职责范围和预算支出职责范围

中央政府和地方政府应当明确各自职责分工，以及各级预算的重点。总体而言，中央预算以国防、社会福利、社会保障、经济发展为重点，地方预算以文教、卫生和市政建设为重点。此外，各级政府的投资职责也应当制定明确层次，不同投资领域由不同层级政府负责，政府投资职责通常包括三大类：一是由中央、地方分别承担；二是由地方承担中央给予补助；三是由中央和地方联合投资。

理论上，各级政府的事权是划分各级预算收支范围的基本依据，而事权范围划分的

基本依据是公共需要的层次性和集权与分权关系。在现实生活中，事权范围的划分体现在国家对各级政府具体职责的规定上，如按照部门或者单位的隶属关系，一级政府管辖的部门或者单位由该级政府落实所需的资金，或者由该级政府为主利益所涉及方适当分担等。因此，可以认为各级政府的职责任务是财政职能在各级政府间具体界定的结果。现代市场经济中的财政职能包括资源配置职能、收入分配职能和经济稳定与发展职能，由于社会公共需要和公共物品是分层次的，资源配置职能要根据公共物品的受益范围在各级政府间具体划分，所以不同级次的政府所承担职能的各有侧重点。具体而言，受益范围覆盖整个国家的全国性公共物品，适合于由中央政府提供；受益范围局限于某一地区的区域性或地方性公共物品，适合于由地方政府来提供；受益范围外溢的公共物品，适合由主要受益地区提供，并且由中央政府给予补助，或者由中央和地方政府联合出资提供。

收入分配职能的划分首先应当考虑在全国范围内实现公平目标，即由中央政府主要负责制定收入分配政策、协调收入分配水平和控制收入分配差距上，如确定所得税制度、制定和实施社会保障政策等。地方政府主要是在国家统一的政策法规框架内，结合当地的实际情况，采取适当的调整和补充措施。

（三）收入划分实行分税制

理论上，事权的划分决定支出的划分，而支出的划分又制约收入的划分。因此，各级政府本级预算收入划分多少，如何划分，应当由该级政府的基本支出需要而决定，尽可能地保证财力和事权相统一。

在收入划分比例上，中央预算居于主导地位，以此来保证中央的调控权和调控力度。在税收划分方法上，有的按照税种划分，大宗收入的税种归中央，收入弹性小的税种归地方；有的对同一税种按照不同税率分配，并通过中央的基础税率限制地方税率；有的实行分成或者共享制，即属于中央的税种按照一定比例分给地方，或者属于地方的税种按照一定比例分给中央，双方共享。

（四）预算调节制度

预算调节制度即转移支付制度，由纵向调节和横向调节两方面构成。纵向调节的典型做法是补助金制度，即中央政府在征收国税税收之后，根据具体情况对不同地区给予一定补助，进行双向调节。而补助金又可分为无条件补助、有条件补助和专项补助三类。横向调节是由经济条件较好的发达地区向经济条件较差的欠发达地区进行转移支付，实行地区间的互助式调节。

三、我国财政体制改革与发展方向

（一）分税制改革的内容

分税分级财政体制是将国家的全部税种在中央和地方之间划分，以此来确定中央财政和地方财政的收入范围，实质是根据中央政府和地方政府的事权确定各自相应的财力水平，这一体制在市场经济国家中得到了广泛的应用。其主要特征是规范化和法制化，能够保证地方预算构成名副其实的一级预算主体。

我国的分税制财政体制在 1994 年 1 月 1 日起开始实施，主要包括如下几方面内容。

1. 中央和地方事权及支出责任的划分

中央财政主要负责国家安全、外交、中央国家机关运转、调整国民经济结构、协调地区发展、实施宏观调控及由中央直接管理的事业发展等所需支出，包括国防费、武警经费、外交和援外支出、中央级行政管理费、中央统管的基本建设投资、中央直属企业的技术改造和新产品试制费、地质勘探费、由中央财政安排的支农支出、由中央负担的国内外债务的还本付息支出、中央本级负担的公检法支出和文化、教育、卫生、科学等各项事业费支出等。地方财政主要负责本地区政权机关运转及本地区经济和事业发展等所需支出，具体包括地方行政管理费、公检法支出、部分武警经费、地方统筹的基本建设投资、地方企业的技术改造和新产品试制费、支农支出、城市维护建设费、地方文化、教育、卫生等各项事业费、价格补贴支出和其他支出等。

2. 中央和地方收入的划分

根据事权与财力相结合的原则，按照税种划分中央和地方收入，具体而言，将维护国家权益、实施宏观调控所必需的税种划分为中央税，将与经济发展直接相关的主要税种划分为中央和地方共享税，将适合地方征管的税种划分为地方税。具体划分如下：中央固定收入包括关税、中央企业所得税、中央企业上缴利润、外贸企业出口退税、消费税等税种；地方固定收入包括地方企业所得税、地方企业上缴利润、个人所得税、城镇土地使用税、城市维护建设税、房产税、印花税等税种；中央和地方共享收入包括增值税、资源税、证券交易税等税种。

3. 转移支付制度

自 1994 年开始形成的转移支付制度，由中央对地方的税收返还、一般性转移支付、专项转移支付及体制上解等形式构成。四种转移支付的具体内容如下。

（1）税收返还。在分税制初期，中央财政增加的大部分收入都要返还给地方，中央财政对地方税收返还数额以 1993 年为基期进行核定，即按照 1993 年地方实际收入和税制改革及中央和地方收入划分情况，核定 1993 年实际上解数额，并确定一个递增率，每年递增上解，递增率按照各地增值税和消费税平均增长率的 1∶0.3 系数确定，即上述两税每增长 1%，中央财政对地方的税收返还增长 0.3%。如果 1994 年以后上划中央的收入达不到 1993 年的基数，则扣减税收返还数额。

（2）一般性转移支付。一般性转移支付是指中央政府对有财力缺口的地方政府（主要是中西部地区），按照规范的办法给予的补助。该项转移支付是政府间财政关系的重要组成部分，目的是缩小地区间财力差距，实现地区间基本公共服务能力均等化。此类转移支付的特点在于并不规定具体用途，由接受拨款的政府自主安排使用，包括均衡性转移支付、民族地区转移支付、农村税费改革转移支付、调整工资转移支付等，地方政府可以按照相关规定统筹安排和使用。此外，一般性转移支付又可分纵向转移支付和横向转移支付。纵向转移支付的目的是弥补财政收支差额，具体数额按因素法确定。横向转移支付的目的是提高贫困地区财政服务水平，具体数额为依法测算的地区税收能力指数与全国平均税收能力指数之差。

（3）专项转移支付。专项转移支付是指上级政府为实现特定政策目标补助给下级政府的专项支出，下级政府应当按照上级政府规定的用途使用资金，也就是通常意义上的“专款”。拨款提供者在某种程度上指定了资金的用途，拨款接受者必须按照规定的方式使用这些资金，专款专用是其最基本的特征。按照有无配套要求，专项拨款可区分为非配套拨款和配套拨款两种形式，前者不要求接受方提供配套资金，后者要求接受方提供一定比例的配套资金。按照政府间支出责任划分，专项拨款可划分为委托事务拨款、共同事务拨款和鼓励或扶持性拨款。

（4）体制上解。体制上解由中央财政对部分省份的定额补助及部分地区向中央财政上解收入两部分构成。这一制度实质上是中央政府和地方政府之间双向流动的转移支付，可视为原体制之下的财政包干转移支付的延续，均衡作用并不理想。

需要特别指出的是，自 2015 年 1 月 1 日起，新《预算法》在全国范围内开始实施。新《预算法》从三个方面对财政转移支付制度进行了规范。一是明确了转移支付的功能定位，即以推进地区间基本公共服务均等化为目标，以一般性转移支付为主体。二是规范了专项转移支付，要求专项转移支付的设立要有法律依据、运行要有定期评估和退出机制、资金配套要有严格限制。三是规范了转移支付的预算，要求编制应符合规定的标准要求，下达时间要符合规定的时限等。

（二）分税制改革的成效

从总体上看，分税制财政体制改革取得了显著成效，基本上能够适应我国社会主义市场经济发展要求。

1. 国家财力明显增强

总体而言，1994 年的财政体制改革较好地处理了国家与企业、个人三者之间的分配关系，规范了中央与地方的分配关系，充分调动了各级政府促进经济发展、加强税收征管的积极性，为我国财政收入保持了较快增长势头奠定了坚实的基础，促使我国财政实力不断壮大，形成了中央和地方财政增收的双赢态势。

2. 中央调控能力增强

实施分税制财政体制之后，中央财政收入稳定增长的机制逐步建立，中央财政本级收入占全国财政收入的比重逐年增长，中央财政的再分配能力获得了稳步提高，中央对地方财政转移支付规模快速增长，为中央均衡地区间财力差异提供了必要的财力保障。

3. 加强和改善了国家宏观调控能力

分税制财政体制改革将大部分增值税、大部分所得税及烟、酒等商品所缴纳的消费税全部划归中央财政，这一做法在很大程度上抑制了一些地方粗放发展加工业和盲目投资上项目的冲动。近年来，地方经济产业结构和发展方式都相应地进行了调整和转变，各级地方政府根据本地区实际情况寻找新的经济增长点，培植新财源，更加符合集约发展的要求。通过转移支付制度，中央财政在实现基本公共服务均等化、支持民族地区发展、支持革命老区发展、支持边境地区发展、支持欠发达地区发展等方面均取得了突出的成效。

（三）进一步完善分税制改革的思路

1. 进一步明确各级政府的事权范围和各级预算主体的支出职责

中国分税制改革是采取整体设计、逐步推进的方式进行的，经过 20 余年的运行，已初见成效，但仍然需要总结经验，进一步深化改革。进一步完善的首要任务便是进一步明确各级政府的事权范围和各级预算主体的支出职责。

一是政府职能的转变，应将市场经济条件下政府与市场的职责划分进一步明确，确保各级政府既不缺位、也不越位。二是各级政府事权的划分。事权划分的基本依据是公共需要的层次性和集权与分权关系，目前看来，虽然部分事权的划分是十分明确的，但大部分事权仍然存在交叉现象。因此，应当以法律形式明确划分，依法办事。三是应当遵循事权与财力相一致的原则，明确各级预算主体的支出责任，特别是涉及中央政府和地方政府之间的交叉支出、跨地区支出、外溢性支出等，应当力求边界清晰，避免混淆不清，相互干扰。

2. 规范收入划分

收入划分依据不同必然会导致不同的分税效应，因此在确定划分依据时必须结合具体实际需要，如可以选择按照税种划分收入或者按照行政隶属关系划分收入。我国现行分税制中企业所得税按照行政隶属关系进行划分，但是，实际上按照行政隶属关系划分收入并不符合政企分离原则，与现代发展要求相违背。随着企业重组、合资、联营等跨所有制组织形式的迅速发展，现行的收入划分方法越来越不能适应新形势的要求，因而改为按照比例分成等形式将是未来的必然选择。此外，虽然凡是税源普及到全国范围内，或者具有高度调节功能的税种划归中央税是分税制的通则，但实际上却需要全面考虑分税制的运行，进行综合调整。以个人所得税为例，目前该项税种划归地方财政，但是仅为权宜做法，未来仍需进一步调整。考虑到目前个人所得税征管难度较大，收入水平不高，并且地方税种较少的实际情况，划归中央的举措在短期内不可行，应审时度势，相机调整。

3. 规范转移支付制度

首先，转移支付规模应当适度，并保持一定的弹性。一要考虑中央的承受能力，二要考虑地方行政事业发展的实际需要。可以考虑在一定时期内根据补助项目的具体特点和重要性，有选择地采取定额补助或者给予一定的增长比率等方式进行转移支付，这样既能够充分体现效率优先，兼顾公平的原则，又有利于转移支付制度的合理优化。其次，应当逐步改变现行的转移支付计算方法，设计出一套科学的计算公式，作为转移支付制度的拨付依据，以此来提高透明度，防止主观性和随意性行为的发生。

本 章 小 结

政府预算是政府的财政收支计划。政府预算反映着政府活动的范围、方向和政策，政府预算是国家的重要立法文件，体现国家权力机构和全体公民对政府活动的制约和监督。

政府预算草案是按照一定的原则，采用某些方法，遵循一定的程序编制而成的。政府预算草案还要经过立法机构，按照一定的程序审议批准后才能确立。已确立的政府预算由政府负责执行。政府预算执行完以后，还要进行政府决算。

政府通过财政收支计划安排来实现资源配置和收入分配的职能，财政还有一项重要的职能是稳定经济。通过制定相应的财政政策可以实现宏观调控促进经济稳定发展的目标。下一章将对财政政策做深入分析。

➤复习思考题

1. 简述政府预算的功能。
2. 试述我国复式预算的特点及弊端。
3. 某基建项目为续建工程，上年该项目材料、设备共计 825 万元，其中，在计划年度可以动用的资源为 565 万元，上年结余为 50 万元，为下年度的储备材料等需要 435 万元，当年的计划投资额为 8576 万元。请计算计划年度基建支出额为多少万元？（要求写出计算公式）
4. 试述我国财政库款集中支付方式改革的特点及必要性。
5. 请分析现代政府预算制度产生和发展的原因。
6. 简述财政体制的概念和内容。
7. 简述我国现行财政体制及下一步改革的思路。

➤案例分析

加拿大作为发达的市场经济国家，在长期的市场经济实践中，形成了一整套较为完善的政府预算管理制度，在政府预算的编制方面也积累了一些成熟的经验和做法。加拿大的财政年度从当年 4 月 1 日至次年 3 月 31 日。与其他国家相比较，加拿大政府在预算编制方面主要有以下几个特点。

1. 预算编制建立在可靠预测的基础之上，并实行滚动预算

在每年正式编制预算之前，加拿大财政部首先会根据经济形势的发展变化不断更新其“经济与财政展望”报告，这一报告包括对未来 2~3 年的财政收入、支出和盈余（或赤字）情况的预测，这是财政部开始准备预算编制的标志，也是预算编制的重要基础。财政部长的预算案就是根据不断更新的“经济与财政展望”报告，参考下两年的经济和财政预测，编制当年的政府预算收支计划。从 1979 年开始，加拿大就在预算编制中引进了滚动计划方法。预算案不仅包括当年收支的具体内容，还包括其后三年的大致内容。

2. 预算编制建立在充分的前期磋商基础之上，并注重吸引社会公众的广泛参与

在预算编制以前，政府内部都会就下一年度预算的编制进行充分的讨论和准备。每年 6 月，内阁召开 1~2 天的“静修会”，从较为广泛的角度来讨论可能影响下一年度预算的主要因素，10 月财政部长向内阁成员报告上一年度预算执行情况，对当年和下一年度财政收支、盈余（或赤字）的最新预测，财政部长与各部部长讨论新的支出动议，总理与政府的议员和党派讨论确定下一年度预算的基调和主题。

加拿大在预算编制过程中十分重视鼓励和吸引社会公众的参与，广泛听取社会公众

的意见和建议。每年 10 月末或 11 月初，财政部长向议会财政经济委员会报告当前的财政经济形势及其前景，阐明政府的预算政策目标，并向财政经济委员会提交最新的财政经济形势报告。各媒体会对此进行广泛报道。财政经济委员会还会主持一系列由专家、利益集团和普通公众参加的公开听证会，听取各方面的意见和建议。12 月，财政经济委员会对收集到的各种意见和建议加以汇总整理，形成咨询报告，在报告中会提出对政府编制预算的具体意见和建议。

3. 各部门依据具体详细的支出标准编制部门预算

加拿大联邦预算一直以部门预算编制为基础。在每个部门预算中，又按管辖的单位编制若干个单位预算。不论是联邦总预算，还是部门预算、单位预算，统一按运营支出、资本支出、转移和补助支出、项目支出等功能进行分类。加拿大部门预算中用于人员和公用经费的支出，都有非常详细和具体的支出标准，所依据的文件资料多达 15 000 页。

4. 预算编制、执行和监督相互制衡

加拿大参与预算管理的部门相对较多，它们在预算管理过程中相互制衡和约束。在预算编制过程中，财政部主要负责确定总体财政框架，财政委员会及其秘书处主要负责估算案即各部委、机构、国有企业支出预算的审核与编制。在预算执行过程中，各部委、机构、国有企业具体执行预算，财政委员会及其秘书处对各部委、机构、国有企业执行预算的情况进行监督，议会及其常设委员会和审计署对政府预算进行全面监督，议会财政经济委员会通过主持预算前期磋商参与预算的编制、议会审查和批准预算。

案例来源：沈葳. 加拿大政府预算编制的特点. 中国审计，2006，（6）：64-65

思考问题：

请借鉴加拿大的经验，思考我国政府预算编制存在哪些问题，应该如何进行完善？

第十四章

财政平衡与财政政策

➢引言

财政平衡是财政收支相等的状态，与之相反，财政就处于非平衡状态，包括财政盈余与财政赤字，本章主要介绍财政赤字。当前财政赤字成为很多国家头疼的难题。什么是财政赤字？财政赤字如何形成？财政赤字会造成怎样的危害？如何削减财政赤字？绝大部分国家对宏观经济进行调控都会采用财政政策与货币政策相配合的方式。当财政非平衡状态加剧时，政府是否应当干预经济？如果干预的话，应采取何种财政政策？政策效果如何？对上述问题的回答有助于我们全面了解财政平衡和财政政策。

第一节　财政平衡与财政不平衡

一、财政平衡

财政平衡，即财政收支平衡，通常指一个预算年度内财政收入与支出数量相当的状态。财政收支矛盾是财政分配的基本矛盾。任何国家在任何经济发展阶段的财政都面临财政收支总量关系的处理问题。如果一个国家在一定时期（通常为一年）财政收支大致相等，我们就说这个国家的财政是平衡的。在判定一个国家或一级政府的财政是否平衡的时候，通常不把债务收入统计在收入范围之内，与此对应，也不把债务的还本支出统计在支出范围之内。按照这种统计口径，财政实现平衡是相对的（正是从这个意义上我们把财政收支大致相等视作财政实现了平衡），财政不平衡是绝对的。

二、财政不平衡

（一）财政盈余

如果预算年度财政收入大于支出，即出现财政盈余。财政盈余，意味着财政收入大于财政支出，也就是说有一部分财富被储存起来了。财政盈余越多，被储存的财富就越多，长此以往，就会造成经济紧缩。因此，财政政策原则上是收支平衡，个人和企业的财富如何支配，就由市场自主调节，而政府则根据宏观经济调控需要，决定采取紧缩（制造财政盈余）或者扩张（制造财政赤字）政策。财政盈余可以是在预算编制时安排的，也可以是预算执行后实际出现的。

（二）财政赤字

在现实经济中，财政收支非平衡更多表现为财政赤字现象，财政盈余仅仅作为理论探讨，因此本部分重点考察财政赤字对经济产生何种影响及如何弥补财政赤字。

1. 财政赤字的概念

如果预算年度财政收不抵支时，即出现财政赤字。理解财政赤字，需要正确把握所谓“收不抵支”里的“收”与“支”的准确含义。如果从支出的一般意义来说，支出需要用资金支付给相关部门或单位，这就是说，财政支出需要使用“真金白银”。如果财政部门推迟支付实际资金，如拖延发放工资，只是“打白条”就说工资已经支出，这个说法是不能成立的。因此，支出需要有实际资金支撑。那么这就要求财政部门手里已经有钱。在支出必须有收入支撑的意义上，收入需要大于等于支出。但是如果财政部门手里的钱都是“财政收入”，怎么会有“收不抵支”发生呢？这就可以看出，这里的“收”或财政收入的含义还需要加以明确。财政部门发行公债即借钱来满足支出，此时“收”与“支”是否相等呢？如果相等，则赤字就不可能发生。如果财政部门发行公债筹集的资金不算是财政收入，则赤字就很自然地出现了。所以，赤字即“收不抵支”的说法要求我们把公债不当成财政收入，至少是不当成正常的财政收入。所谓正常的财政收入就是除了公债收入之外其他的财政收入，主要是税收、收费、国企上缴利润等国有资产收入等。正常的含义就是国家已经拥有资金的所有权。

我国财政理论界与实务界曾经使用软赤字与硬赤字的概念。所谓软赤字就是需要用公债弥补收不抵支的赤字，所谓硬赤字就是用公债都不足以弥补的赤字部分。实际上，按照前述分析，硬赤字的概念很难成立。

现在国际普遍不把公债收入和公债支出列入财政收支，但当年发生公债的付息支出列入财政支出。

年度财政盈余或赤字=经常收入–（经常支出+投资支出+公债付息支出）

赤字预算与预算赤字是相关但是有区别的概念。同样，要注意财政赤字和赤字财政的区别。其实财政赤字与预算赤字没有区别，赤字财政与赤字预算也没有什么区别。赤字财政（赤字预算）是编制预算时有意编列赤字，收不抵支部分用公债筹资，以此刺激经济发展。财政赤字（预算赤字）是财政活动完成后实际出现的赤字。

2. 财政赤字的利弊

预算所安排的赤字计划一般而言会导致实际的赤字结果，只要已确立的政府预算得到执行，预算的赤字往往就会转化为现实的赤字。

一方面，赤字财政本身意味着政府的一种政策选择。在市场经济下是政府有意识地采用赤字为手段，去刺激经济、调节经济周期，财政赤字代表着政府购买多于正常的财政收入，而政府购买的增多，可以带动 GDP 的增长，也可以刺激相应的生产，增加就业，事实上，凯恩斯学派正是支持政府用一定的财政赤字来刺激就业从而带动经济增长。

另一方面，财政赤字规模过大也可能造成严重后果。一是实行赤字财政和扩张性的财政政策，刺激投资，扩大生产能力，有可能导致未来某一段时间生产过剩。因此，长期扩张积累的后果必然会导致更猛烈的经济危机的爆发。二是财政赤字可能增加政府债务负担，引发财政危机。财政风险指财政不能提供足够的财力致使国家机器的运转遭受严重损害的可能性，当这种可能性转化为现实时，轻者导致财政入不敷出，重者引起财政危机和政府信用的丧失。财政赤字规模存在着一个具有客观性质的合理界限，如果赤字规模过大，会引发国家信用危机。三是赤字财政政策孕育着通货膨胀的种子，可能诱发通货膨胀。

3. 财政赤字的弥补

当前大部分国家都有大量财政赤字存在，削减财政赤字成为各国政府头疼的财政难题。一般弥补财政赤字可以采用以下三种途径。

1）债务融资

政府发行国债来弥补财政赤字，把赤字债务化的方式，这是弥补财政赤字的主要方式。在各市场经济国家中，通过债务融资是最普遍也是最合理的做法。与增税相比，公债的购买具有自愿性，本着信用的原则不会受到公众抵制；与出售国有资产相比，公债发行具有灵活性，可以方便地取得资金；与货币融资相比，公债发行一般不会导致货币供应量增加，不会导致通货膨胀。1995 年《中国人民银行法》公布以前，财政部可以向人民银行借款和透支，用于弥补中央财政赤字和解决专项支出。《中国人民银行法》关于“中国人民银行不得对政府财政透支，不得直接认购、包销国债和其他政府债券”的规定出台后，中央财政不能再从人民银行借款。1994 年《预算法》规定政府财政赤字只能通过发行国债来弥补。

2）货币融资

（1）财政部直接向央行透支、央行直接购买政府债券，由此直接引起货币的增加并进而增加货币供应量的方式。

（2）央行从公开市场购买政府债券 。财政部向公众出售国债，央行在公开市场上购入国债，从而增加基础货币，进而增大货币供应量的方式。这两种方式都可以使债务货币化。货币融资容易导致货币供应量超过正常需求量，引起通货膨胀。

3）出售国有资产

出售国有资产的方式一般较少运用，因为资产的变现本身需要一个过程，特别难以应付年度间临时出现的预算赤字。同时，政府所拥有的资产很多是公益性的，在市场变现较困难。很多国家国有资产数量也不一定多。

第二节　财政政策概述

一、财政政策的概念

财政政策是一国政府为实现预定的社会经济目标而调整财政收支规模和收支平衡的指导原则及其相应的措施或手段。因此，财政政策的实体是原则、措施或手段。一个更简明的表述是：财政政策是用于达到宏观经济政策目标的政府税收和支出的改变，其中政府支出包括政府购买和其他所有政府花费（国债的利息支出、地方政府的补贴和转移支付)。这就是说，财政政策是以政府收支的改变（包括总量的改变和/或结构的改变）表现出来的。

（一）财政政策的形式

财政政策是政府对社会经济通过财政途径实施的应对行为，其形式上是一种改变，不需要改变之时，财政政策自然不需制定而只需沿用已制定政策。财政政策需要的改变，可以通过自动稳定器和相机抉择的形式表现出来。财政政策通过自动稳定器对社会经济环境做出的改变，是通过特定财政制度的设置所达到的。相机抉择的财政政策则是通过主动的政策制定行为来完成政策所需要的改变，包括财政收入与支出的总量与结构的改变，或者通过预算、税收、公债、购买性支出、转移支付等的调整而实现。

（二）财政政策的实质

财政政策的实质或本质是生活方式的改变与利益调整。首先，财政政策与人们的利益密切相关。马克思说：“人们所奋斗的一切，都同他们的利益有关。”人们的行动都是为了自己的利益。这和经济人的假设也是一致的。财政政策的制定与实施自然必定与人们的利益有关。

进一步，财政政策既然表现为一种改变、一种财政收支的调整，财政政策制定是围绕利益进行的，那么财政政策的实质就是利益的调整。这个结论也是从财政收支的性质推论得到的。财政收入与财政支出都与人们的利益密切相关，所以作为财政收支调整的财政政策自然就与人们的利益调整相关了。或者不如说，财政政策始终就是利益的调整，更准确地说是利益格局的调整，是社会集团之间利益格局的调整。

对财政政策实质的正确把握对于分析财政政策制定、实施、退出及效应都有重要的意义。

二、财政政策的构成要素

（一）财政政策主体

政策主体指的是政策的制定者和执行者。财政政策的主体只能是各级政府，而且主要是中央政府。

我国改革前实行统收统支的财政体制，中央政府处于财政政策制定者的地位，地方政府则处于财政政策执行者的地位。改革后，地方政府已具有较大的自主权和独立性，其不仅是中央财政政策的执行者，还是地方财政政策的制定者，从而具有“双重”身份和地位。

政策主体的行为是否规范，对于政策功能的发挥和政策效应的大小都具有影响作用。在我国现行体制下，各级政府的行为与偏好对政策的制定与执行起着决定性的作用。因此，在财政政策原理研究中重视对政策主体行为规范的分析，有利于说明许多政策偏差现象，对提高政策研究水平颇有帮助。

（二）财政政策目标

财政政策目标就是财政政策所要实现的期望值。财政政策具有经济目标与非经济目标。一般认为，财政政策具有如下经济目标：充分就业、物价稳定、经济增长与国际收支平衡。

1. 充分就业

充分就业是指所有合乎法律规定条件、有工作能力的人都可以找到有报酬的工作。充分就业之所以成为各国财政政策的基本目标：一是因为劳动力是社会资源最重要的组成部分，充分就业是资源最优配置的必要前提和体现；二是充分就业是维持社会稳定，减少甚至消除各种犯罪的必要保证。绝对的或完全的充分就业只是一种理想化的目标，在现实中是不存在的，各国一般将充分就业的目标设定在把失业率控制在一定水平，如5%以内。

2. 物价稳定

作为政策目标所说的价格稳定主要是指价格总水平的物价相对稳定，即物价波动控制在一定范围内。衡量指标包括消费物价指数、生产资料价格指数和 GDP 平减指数。财政政策稳定物价的手段是控制社会总需求，影响货币供给使其不至于过快增长。

3. 经济增长

经济适度增长，就是使经济增长的速度与国家物力财力相适应，使经济增长的近期目标与远期目标相适应。经济增长是一个国家维系生存的基本条件，一个国家不发展就没有希望，因而各国政府都把经济增长作为其经济政策的一个目标，自然也是财政政策的目标之一。

4. 国际收支平衡

国际收支是指一个国家在一定时期内与世界各国全部经济往来所体现的货币收支状况。国际收支若出现逆差，会影响本国货币的稳定，进而威胁到本国经济运行的稳定和安全，因此各国都把国际收支平衡作为宏观经济目标之一，同时也是财政政策的目标。

就财政政策的非经济目标而言，改善环境、节约资源、稳步提高社会生活质量可能是其主要的内容。

受政策作用范围和作用强度的制约，超出政策功能所能起作用的范围取值是政策功能的强度所不能达到的，目标也无法实现。

财政政策目标在时间上具有连续性，通常基本财政政策是一个在较长时期内发挥作用的财政政策，在时间上具有一致性要求。财政政策目标从空间上取值，具有层次性特征，它要求各层次财政政策目标取值方向在总体上一致。

（三）财政政策工具

财政政策工具主要是税收、公债与公共支出。

1. 税收

税收调节分为税收总量调节与税收结构调节。税收总量调节是改变宏观税率（即税收收入占 GDP 的比重）。宏观税率高意味着政府集中掌握的财力或动员资源的能力高；反之，则低。例如，在经济低迷时刺激经济就可以通过减税，再通过税收乘数作用而实现经济扩张。税收乘数是不考虑税收替代效应而计算出来的乘数，即总额税乘数。由于总额税变动最初引起的总支出变动仅仅是 MPC 乘税收变动，所以，总额税乘数为

$$总额税乘数=\frac{-\mathrm{MPC}}{1-\mathrm{MPC}}$$

税收结构调节或税负分配：一方面由政府部门来进行，主要是通过税种选择和制定不同的税率来实现；另一方面通过市场活动来进行，主要是通过税负转嫁的形式体现出来。

税收优惠和税收惩罚，主要是在征收正税的基础上，为了某些特殊需要而实行的鼓励性措施或惩罚性措施。

2. 公债

政府通过控制债务规模来调节宏观经济，其优点在于，相对于财政收入而言，政府对财务规模的控制具有较大自主权。但是，其劣势却体现为“挤出效应”，即由于公债的发行，民间部门的投资或消费资金会减少。因此，公债发行可能导致与民间部门争资金或与民间部门争项目。

3. 公共支出

主要是指政府满足纯公共需要的一般性支出。其分为购买性支出与转移性支出。购买性支出一般解决效率问题，而转移性支出则主要解决公平问题。

财政政策乘数表明的是购买性支出的变动对 GDP 的影响程度，这种影响程度就是所谓的购买性指出乘数。政府购买乘数是政府物品和劳务购买的变动对均衡支出和实际 GDP 的扩大效应。

$$政府购买乘数=\frac{1}{1-\mathrm{MPC}}$$

三、财政政策的类型

（一）自动稳定和相机抉择的财政政策

根据财政政策是否具有调节经济周期的作用或者是否需要采取新的行动来划分，可分为自动稳定的财政政策和相机抉择的财政政策。

税收的自动稳定性是通过累进所得税税率设计实现的。在累进所得税制度下，经济衰退时所得税的减少速度快于经济衰退速度，这就有利于减轻纳税人负担，增加纳税人收入，从而有利于增加社会总需求；在经济高涨时，所得税增长速度快于经济增长速度，从而有利于降低社会总需求，这就产生一种对社会总需求的自动调节作用。

政府支出的自动稳定性是通过逆周期制度性的转移支付实现的。社会保障支出基本上都是在经济衰退时根据制度设计自动加大支出，在经济高涨时则自动减少支出，从而

实现对社会总需求的自动调节。

相机抉择的财政政策意味着某些财政政策本身没有自动稳定的作用，需要借助外力才能对经济产生调节作用。相机抉择财政政策又可以根据财政政策发挥作用是否需要利用刺激手段恢复经济活力而分为汲水型财政政策与补偿型财政政策。

汲水型财政政策是在经济萧条时实施一定数额的公共投资，以使经济自动恢复景气与活力的财政政策。汲水型财政政策的特点是：第一，以经济体有自发恢复能力为前提的反萧条政策，起诱导经济复苏作用。第二，载体为公共投资。第三，财政支出规模有限，不进行超额支出。第四，一般为短期的财政政策，随经济萧条消失而停止。

汲水型财政政策成功的关键前提是经济恢复自主增长能力很强，才能在财政政策的诱导下奏效。汲水型财政政策的重点在于提高财政的公共支出，既然收入不作相应调整，那么支持财政扩张的载体就必然是增发国债。

1998 年我国实施的积极财政政策是典型的汲水政策，其主要内容包括：面向四大国有商业银行增发 1000 亿元长期建设国债；向国有独资银行发行 2700 亿元特别国债，所筹资金用于弥补商业银行的资本金等。

补偿型政策是指政府充分利用各种财政税收手段，实施财政政策的反周期调节，以达到经济稳定的目的的财政政策类型。

“九五”后两年，我国在继续保持国债投资的快速增长的同时，还加大了税收、转移支付、财政补贴等其他政策手段的运用，这两年的财政政策属于补偿型财政政策。具体措施主要有 1999 年增发 600 亿元长期国债、2000 年增发 500 亿元长期国债；调整收入分配政策，主要内容有适当提高社会保障“三条线”、提高行政事业单位工作人员收入、解决国有企业养老金拖欠问题；多次提高出口退税率，停征固定资产方向调节税，开征利息所得税；对增值税、营业税、关税及企业所得税等税种进行适度调整，以加大税收政策的倾斜力度；等等。

（二）扩张性、紧缩性与中性财政政策

根据财政政策在调节国民经济总量方面的不同功能，财政政策分为扩张性财政政策、紧缩性财政政策。扩张性财政政策是指通过财政分配活动来增加和刺激社会的总需求。紧缩性财政政策是指通过财政分配活动来减少和抑制总需求。中性财政政策是指财政的分配活动对社会总需求的影响保持中性。

扩张性财政政策又称膨胀性财政政策或“松”的财政政策。它是指通过降低财政收入或增加财政支出来刺激社会总需求的政策。由于财政支出大于财政收入，结果表现为财政赤字。在经济衰退时期，国民收入小于充分就业的均衡水平，总需求不足。这时，政府通常要采取扩张性的财政政策。其主要内容是增加政府支出，减少政府税收。紧缩性的财政政策是指通过增加财政收入或者减少财政支出以抑制社会总需求的政策，通常称为财政盈余。在经济繁荣时期，国民收入高于充分就业的均衡水平，存在过度需求。这时，政府通常采取紧缩性的财政政策，其内容是减少政府支出，增加政府税收。减少政府支出，包括减少公共工程的开支，减少政府对物品和劳务的购买，减少政府对个人的转移性支出。增加政府税收，包括提高税率，设置新税。减支和增税的结果都可以缩小总需求。

中性财政政策是不改变社会总需求的财政政策，但是改变了社会需求的结构。在调节社会总需求并不紧迫，但是需要调整社会需求结构时就会制定这种财政政策。

实际上，根据财政政策对社会总需求的影响进行分类是有局限的。财政政策完全可能也影响社会总供给。理论上，财政政策不应该降低社会总供给，至少不应该减少有效总供给。

（三）按财政政策的内容分类的财政政策

根据财政政策的内容财政政策可分为预算政策、财政投资政策、财政收入政策（包括税收政策、公债政策、收费政策等）、财政支出政策（包括社会保障政策、反贫困财政政策等）。

其中，财政投资政策就是通过财政途径增加的各种投资。财政投资政策同时会增加社会总需求与总供给，但是是否同等程度增加，则是不一定的，因为增加社会总供给一般会有滞后性。

（四）结构性财政政策与总量型财政政策

根据财政政策是否改变财政总收支而将财政政策分为总量型财政政策和结构性财政政策。前者进一步分为扩张性财政政策与紧缩性财政政策。结构性财政政策是通过调整财政分配变量，引起调节对象不同部分之间相对关系的变动，实现结构合理化的财政政策，可进一步分为产业结构调节政策、分配结构调节政策、消费结构调节政策、社会经济结构调节政策。

（五）盈余型、赤字型与平衡型财政政策

根据财政政策是否改变财政政策收支平衡分为盈余、赤字与平衡财政政策。盈余型财政政策称为紧缩性财政政策，是指通过增加税收而增加财政收入，或通过压缩财政支出来减少或消灭赤字，致使出现或增加财政盈余，达到抑制或减少社会总需求，消除总需求膨胀的效应。盈余型财政政策主要通过增税、减支进而压缩赤字或增加盈余的方式实现。盈余型财政政策通过当年财政收大于支的安排以应对经济过热的形势，一般是阶段性或暂时性的。现代各国财政一般都处于赤字状态，所以这种财政政策类型较为少见。赤字财政政策基本上就是扩张性财政政策，但是也有一定不同。扩张性财政政策可以是收支平衡的财政政策。一般而言，平衡型财政政策是最为稳健，也是具有可持续性的财政政策。

（六）顺周期、反周期财政政策

根据财政政策与经济周期关系可分为顺周期财政政策与反周期财政政策。在经济处于衰退到复苏的转变时期，制定扩张性财政政策，就可以促进经济复苏，这时的财政政策是顺周期财政政策。不过，现实经济中的财政政策主要是反周期的，即根据经济发展趋势进行逆向调节。

四、财政政策在财政体系中的地位

（一）财政政策的重要性

为什么需要有财政政策？这是因为社会经济问题会一再产生，财政问题也不会一

劳永逸地解决，我们的无知总会造成错误，所以需要不断地利用财政政策纠正自己的错误。

（二）财政政策与其他财政环节的关系

1. 财政政策与财政制度的关系

财政政策可能以进行财政制度改革为形式提出。财政政策可能是在维持基本财政制度不变条件下对财政收支规模与结构等进行调节。比如，支持特定地区加快发展的政策，不一定需要财政制度发生调整。利用公债实施财政政策，也不一定会改变财政制度。这里存在着财政制度不变，而财政体系却可以对社会经济施加以不同力度影响的可能性。实际上这是一种公债规模的大小调整不关乎制度问题的看法。当然，这里涉及李嘉图等价定理的争论。制定财政政策，达到财政政策目标，可能需要财政制度的配合，或者需要进行一定的财政制度改革。

2. 财政政策与财政管理的关系

广义的财政管理包括财政政策的制定。狭义的财政管理是财政预算或财政政策的执行。财政政策总体上属于广义财政管理的范畴，属于改造财政世界的领域。财政政策一般处于财政决策环节，处于启动财政体系变化的地位。

3. 财政政策与财政职能的关系

财政政策是为了保持财政体系可变，以便及时调整，以更好地实现总体意义上的财政职能。财政政策也可能需要调整具体的财政职能。

4. 财政政策与公共选择的关系

可以认为财政政策的制定就是一种公共选择，所以可以利用公共选择理论对财政政策的制定进行分析。但是只是用公共选择理论分析财政政策制定，也许还有不足之处。政治学的分析、社会心理学的分析也是有帮助的。

第三节 财政政策运行过程分析

财政政策从制定、实施到发挥效果，是一个过程。对这个过程进行分析，有助于更好地理解财政政策。特别是对财政政策是怎样发挥作用的机制加以研究，有助于更为深刻地认识财政政策实施与社会经济体系的内在联系。

一、财政政策制定

（一）从财政政策实质出发进行分析

根据财政政策实质是利益调整的观点，可以得到财政政策的制定是有意识的利益调整的结论。

财政政策的制定一般按以下步骤进行：问题产生、问题确认、各界呼吁、形成议案进入政治议程、审议、决定或决策。问题是怎样发现的呢？这是由相关社会群体社会经济状况变坏或相对变差而引发其有关反应，根据社会稳定与社会进步等价值观而被认为是问题。简单地说，这就是这些群体利益受损，从而它们就可能为改善自身状况而亲自参与或选择代表参与政策包括财政政策的制定；或者通过公共知识分子而引发社会舆论，最终形成解决问题的政治议程。在政治议程之中通过争论、讨价还价、妥协，投票，最后形成符合财政政策目标的措施与手段的行动体系。财政政策制定就是要确定与政策目标一致的财政政策措施的体系。

一般而言，财政政策必定有受益者与受损者（所有人都能够从中受益的财政政策是可能存在的，只是可能性较低）。预期能够从财政政策执行之中获得利益的人就是预期受益者，他们会支持财政政策的制定，成为支持者。对财政政策执行之后预期利益会受损害的人就是预期受损者，他们就会反对财政政策的制定，从而成为反对者。这样，支持者与反对者就会发生斗争。如果支持者（受益者）力量更强大，财政政策就可以制定出来。如果反对者力量更强大，财政政策就不能制定出来。此外，还可能存在利益不受多大影响的人，他们就是中立者。人们为了自己的利益围绕财政政策的制定与执行进行较量。这就表明：财政政策的制定过程是各种社会力量围绕财政政策利益的集结与斗争过程。

（二）利用公共选择理论进行分析

制定财政政策是一种公共选择。公共选择理论认为政府及其代表官员应该也是追求自身利益的经济人，所以，政府及官员制定财政政策也是为了追求经济利益，而且是有意识地追求经济利益。这种政策制定自然很可能会导致利益调整。政府及政府官员会根据特定政策的社会经济效果，评估由此获得的支持状况和这些政策效果对自身经济利益与执政利益的影响，从而选择特定政策进入政治议程；或者在政府具有专断权力时制定自己偏好的财政政策。所以，特定财政政策的制定至少是符合政府及政府官员利益的。

二、财政政策实施

财政政策实施就是财政政策执行，是指财政政策执行者通过建立组织机构，运用各种政治资源，采取解释、宣传、实验、协调与控制等各种行动，将财政政策观念的内容转化为实际效果，从而实现既定的政策目标的活动过程。这是一个动态的过程。财政政策执行的过程主要包括政策宣传、政策分解、物质准备、组织准备、政策实验、全面实施、协调与监控等环节。

根据财政政策实质的观点，在财政政策实施之中，那些利益受损的群体会采取抵制、抗拒、拖延等行为来减少自己的利益损失。而财政政策的实施，赋予特定官员以权力，使得他们可以利用信息优势使财政政策的实施或执行结果尽可能偏向于增加他们的利益。所以，必须要有对财政政策实施过程的监督机制。而监督是一种信息不对称的博弈，很难避免下级官员攫取信息租金。为了使财政政策实施不至过于偏离政策目标，或尽可能使财政政策结果接近财政政策目标，就需要利用激励约束理论，设计合理的监督控制机制。

三、财政政策退出

（一）财政政策退出的含义

财政政策退出就是终止财政政策的实施。这可能是因为已经实现财政政策目标；或者财政政策实施之中发现原有政策设计存在重大问题，需要及时终止，并且做出必要的修正。

（二）财政政策退出的必要性

财政政策具有时效性，不是永远有效的，在条件成熟时就应该退出。如果一直执行特定财政政策，永不退出，就会带来问题。扩张性财政政策一般是应对经济萧条而制定的，这种财政政策的执行一旦达到恢复经济活力，刺激经济达到充分就业，就应该退出，否则就会导致通货膨胀等问题。同样，紧缩性财政政策是为了解决经济过热而制定的，这种政策一旦达到了控制经济过热，通货膨胀降低到合理水平，就应该停止继续执行，否则会使得经济陷入萧条与衰退。那么中性财政政策是否可以一直执行呢？显然，中性财政政策是为了解决某些社会经济结构问题而制定的。结构问题一旦解决，就应该停止执行，否则社会经济结构就会走向另一种偏颇不平衡的状态。

（三）财政政策退出的形式

财政政策退出可以采取自动退出与主动退出的形式。所谓自动退出方式就是自动稳定器的情形。财政政策主动退出就是相机抉择财政政策的退出，需要采取特定的决策，或者中止原有政策的继续执行，或者代之以新的财政政策。

财政政策的自动退出就是通过财政制度安排，在社会经济不同条件下，执行不同的财政制度，从而产生逆周期的调控效果，这就是自动稳定器。在经济高涨时，累进所得税更快增长，产生紧缩经济的效果；在经济衰退时，所得税加速减少，同时社会保障支出增加，产生扩张社会总需求的效果。财政政策的自动退出表面上看没有退出问题。但是，这主要是以累进所得税与社会保障支出相结合的形式，是一种自动的转换。实际上自然发生了“旧”财政政策的退出，同时“新”财政政策就被启用了。

我们可以通过公债操作来延缓因为财政政策退出所带来的改革财政制度的压力，增加财政制度的稳定性。但是，公债累积到一定程度就需要通过税制改革来消除政府信用下降的风险。所以税制改革也可以和财政风险联系起来。

第四节　财政政策效果分析

财政政策效果即财政政策作用的结果，政策是否有效主要看政策执行的结果如何。一般来说，政策实施能达到预期目标即有效。本节运用定性与定量分析及其他分析方法对财政政策效果进行比较全面的分析，以期展示财政政策效果分析的诸多方面，最后对财政政策是否有效的争论提出一些看法。

一、财政政策效果分析

（一）IS-LM 模型政策效果分析

从 IS－LM 模型看，财政政策效果的大小是政府收支变动（包括变动税率、政府购买性支出和转移性支出等）使 IS 曲线移动，从而对国民收入变动的影响。显然，从 IS 和 LM 图形看，这种影响的大小，随 IS 曲线和 LM 的斜率不同而有所区别。

在 LM 曲线不变时，IS 曲线斜率的绝对值越大，即 IS 曲线越陡峭，则移动 IS 曲线时收入变化就越大，即财政政策效果越大；反之，IS 曲线越平缓，则 IS 曲线移动时收入变化就越小，即财政政策效果越小。在 IS 曲线的斜率不变时，财政政策效果又随 LM 曲线斜率不同而不同。LM 斜率越大，即 LM 曲线越陡峭，则移动 IS 曲线时收入变动就越小，即财政政策效果就越小，反之，LM 曲线越平坦，则财政政策效果就越大。

下面用 IS-LM 模型来分析政府实行一项扩张性财政政策的效果。

（1）LM 曲线不变，IS 曲线变动。在图 14-1 中，假定 LM 曲线完全相同，并且起初的均衡收入和利率也完全相同，政府实行一项扩张性财政政策，现在假定是增加一笔支出 ΔG，则会使 IS 曲线右移到 IS_1，右移的距离是 Y_0Y_3，为政府支出乘数和政府支出增加额的乘积，即 $\Delta G=Y_0Y_3$。在图形上就是指收入应从 Y_0 增加至 Y_3，$\Delta G=Y_0Y_3$。但实际上收入不可能增加到 Y_3，因为 IS 曲线向右移动时，货币供给没有变化（即 LM 曲线不动）。因此，无论是图 14-1（a）还是图 14-1（b），均衡利率都上升了，利率的上升抑制了私人投资，这就是所谓的“挤出效应”。由于存在政府支出增加“挤出”私人投资的问题，收入不可能增加到 Y_3，而只能分别增加到图 14-1（a）中的 Y_1 和图 14-1（b）中的 Y_2。

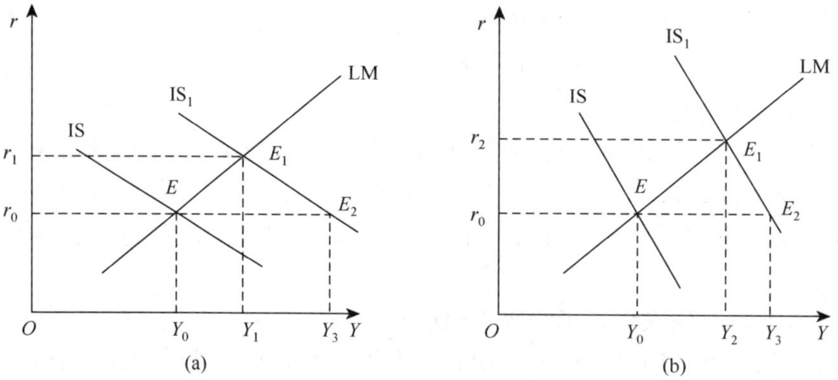

图 14-1 财政政策效果因 IS 曲线的斜率而异

从图 14-1 可见，Y_0Y_1［图 14-1（a）］$<Y_0Y_2$［图 14-1（b）］，也就是图 14-1（a）中表示的政策效果小于图 14-1（b），原因在于图 14-1（a）中 IS 曲线比较平缓，而图 14-1（b）中 IS 曲线较陡峭。IS 曲线斜率大小主要由投资的利率敏感度所决定，IS 曲线越平缓，表示投资对利率敏感度越大，即利率变动一定幅度所引起的投资变动的幅度越大。若投资对利率变动的反映较敏感，一项扩张性财政政策使利率上升时，就会使私人投资下降很多，这就表示挤出效应较大，即 $Y_2Y_3<Y_1Y_3$。因此 IS 曲线越平坦，实行扩张性财政

政策时被挤出的私人投资就越多，从而使得国民收入增加较少。图 14-1（a）中的 Y_1Y_3 即是由于利率上升而被挤出的私人投资所减少的国民收入，是这项财政政策带来的收入。图 14-1（b）中 IS 曲线较陡峭，说明私人投资对利率变动不敏感，所以挤出效应较小，政策效果也较前者大。

（2）IS 曲线不变，LM 曲线变动。在 IS 曲线的斜率不变时，财政政策效果又因 LM 曲线斜率不同而不同。LM 曲线斜率越大，即 LM 曲线越陡，则移动 IS 曲线时收入变动就越小，即财政政策效果就越小；反之，LM 曲线越平坦，则财政政策效果就越大，如图 14-2 所示。

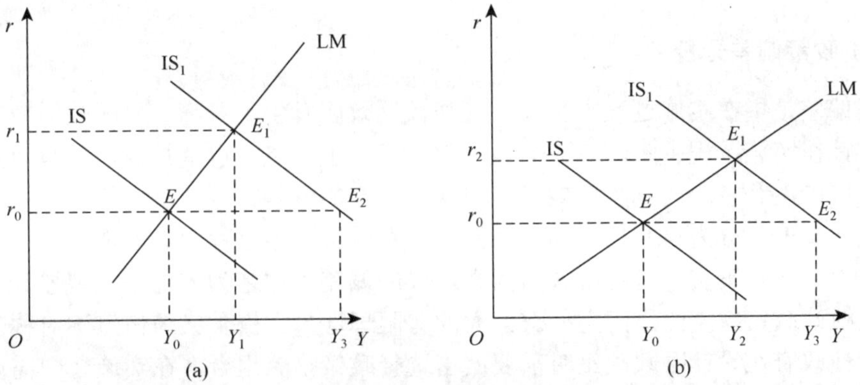

图 14-2　财政政策效果因 LM 曲线的斜率而异

图 14-2 中，假设 IS 曲线斜率相同，但 LM 曲线斜率不同，起初均衡收入和利率都相同。在这种情况下，政府实行一项扩张性财政政策如政府增加支出 ΔG，则它使 IS 右移到 IS_1，右移的距离即 Y_0Y_3，是政府支出乘数和政府支出增加额的乘积，但由于利率上升会产生“挤出效应”，国民收入实际只增加了 Y_0Y_1［图 14-2（a）］和 Y_0Y_2［图 14-2（b）］。

从图 14-2 可以看出，政府同样增加一笔支出，在 LM 曲线斜率较大，即曲线较陡时［图 14-2（a）的情形］，引起国民收入变化较小，即财政政策效果较小；而 LM 曲线较平坦时［图 14-2（b）的情形］，引起的国民收入变化较大，即财政政策效果较大。其原因是：当 LM 曲线斜率较大时，表示货币需求的利率敏感性较小，这意味着一定的货币需求增加将使利率上升较多，从而对私人部门投资产生较大的“挤出效应”，结果使财政政策效果较小。相反，当货币需求的利率敏感性较大（从而 LM 曲线较平坦）时，政府由于增加支出，即使向私人借了很多钱（通过出售公债），也不会使利率上升很多，从而不会对私人投资产生很大影响，这样，政府增加支出就会使国民收入增加较多，即财政政策效果较大。可以看出，挤出效应与政策效果是反向变化关系。

（二）成本与效益分析

在财政政策成本效益里，讨论了一般的成本效益分析问题。这里对财政政策制定与实施的有关成本效益问题进行一些必要的讨论。

为了获得一定的财政政策效果，需要投入相应的成本。主要的投入是资金投入和制度投入。减税之时，政府减少了收入；增税之时，增加了社会成员的负担，可以认为这是投入；公债发行多少，投入就是多少。制度投入包括规制方法。规制与政府规章制度有关，表面上没有投入资金，但是实际上影响也是很大的。而所有的这些投入就构成了财政政策的成本，本质上这是规制经济学讨论的问题，但是由于规制也可以影响社会总需求与社会总供给，所以在这里一并讨论。

成本与效益分析可以结合财政政策实质的观点进行。政府为推行某项政策所付出的研究费用、执行费用和补偿费用构成了该项政策的“成本”，而某项政策实施所产生的积极作用则可视为该项政策的“效益”。这样，对政策有效性评价可通过政策成本与政策效益的对比来进行。即当政策效益大于政策成本时，政策的有效性程度高；反之，则低。

（三）政策偏差分析

政策偏差是指在实施过程中实际效应与预期效应发生了背离。财政政策效应偏差就是财政政策在实施过程中实际效应与预期效应发生了背离。也就是说，财政政策经过实施过程，可能没有完全达到预期效果，出现了一定的偏差。

财政政策偏差分为自然偏差和人为偏差。在政策实施过程中必然造成的偏差，称之为自然偏差。在政策实施过程中人为因素造成的偏差，称之为人为偏差现象。

导致财政政策偏差的原因主要有：人的有限理性、官僚主义与信息不对称。政策偏差的存在使政府在设计财政政策时需要严密选择政策措施组合，在实施之中需要注意监控与即时纠正等问题。

（四）政策时滞分析

财政政策从制定到实际发生效果，需要有一个时间段，这就叫政策时滞。根据引起政策时滞的不同来源可分为内在时滞与外在时滞两类。

1. 内在时滞

内在时滞只涉及行政单位而与立法机构无关。包括认识时滞和行政时滞。

认识时滞是指从经济现象发生变化到决策者对这种需要调整的变化有所认识所经过的时间。

行政时滞也称为行动时滞，是指财政当局在制定采取何种政策之前对经济问题调查研究所耗费的时间。

2. 外在时滞

外在时滞，是指从财政当局采取措施到这些措施对经济体系产生影响的这一段时间。包括决策时滞、执行时滞和效果时滞。

决策时滞是指财政当局将分析的结果提交给立法机构审议通过所占用的时间。执行时滞是指政策议案在立法机构通过后交付有关单位付诸实施所经历的时间。效果时滞是指政策正式实施到已经对经济产生影响所需要的时间。

二、财政政策对利益格局的影响分析

这里根据财政政策实质观点对财政政策对于利益格局的影响进行简单的分析。财政政策与人们的经济利益密切相关。财政政策要发挥效果或影响力，就需要通过对人们的利益的影响而实现。财政政策有效性的机制可以分为利益输送或帕累托改进。

（一）利益输送

利益输送就是财政政策使得某些社会阶层从中收益，其他社会阶层由此受到利益损失。在社会成员之间存在阶层划分条件下，财政政策的实质是利益在社会集团之间的调整。这种利益调整是通过社会集团之间的利益输送而发挥作用的。我们可以将社会简单分为富人集团与穷人集团。在这个简化的社会结构基础上，财政政策发生效应就需要调整这两个集团的利益格局。如果此时政府通过增税-增支实施扩张性财政政策，在所得税具有累进性的条件下，往往会使得利益从富人流动到穷人。这就发生富人对穷人的利益输送。当然，如果因为财政政策导致社会总财富增加，富人的绝对利益可能不会受到多大损失，甚至可能有所增长，但是相对利益格局的变化则是难免的。如果政府通过减税-减支实施紧缩性财政政策，在累进所得税制条件下，往往会发生利益从穷人到富人的流动，这就是穷人对富人的利益输送；其至少会使得富人的相对利益增加。减税的目的往往是为了激励富人增加财富创造，美国20世纪80年代税制改革基本上就是这种情形。中性财政政策与利益输送的关系可以进行类似讨论。

（二）各方共赢

所谓各方共赢机制就是财政政策使得各方共赢，没有利益受损者，所有社会成员都能够从财政政策之中得到福利，财政政策因此是多赢的，用西方经济学的术语就是所谓帕累托改进。如果社会成员相同（假设存在代表性社会成员），社会就没有阶层划分，财政政策自然无从发生社会集团之间利益输送，因此就不会通过利益输送形式而起作用。此时，只有通过财政收支调整改变私人品与公共品的结构以发生效应。这种做法的实质是改变社会成员的生活方式。财政政策可以激发社会成员创造财富的积极性，从而有利于增加每一个社会成员的利益。这时，制定与实施财政政策就成为改善与提升生活状况的途径。从代表性社会成员来看，制定与实施财政政策就成为一种改变生活方式的手段。如果社会成员有差别，但是各方利益都能够得到尊重，使得财政政策增加了所有社会成员的利益，这种情形之可能，主要是财政政策促进了生产力的发展和财富总量的增加。通过增税-增支增加公共品，从而改变社会成员的生活方式，只要增加的公共品有利于促进生产力提升，则这种改进就可能是各方共赢的。

当然，现实实践之中，社会成员相同的假设不符合实际，各方利益增加的数量与相对程度往往是不同的。这就是说，财政政策可能激励人们创造财富的积极性，增加社会的财富总量，从而成为各方多赢的政策；但是财政政策往往也导致利益格局的调整，即有关阶层可能获得更多利益份额。

（三）各方共损

在特殊情况下，财政政策也可能导致各方利益都遭受损失。这是因为决策者采取了错误的财政政策，打击了劳动者创造财富的积极性，破坏了财富创造的基础，结果导致没有哪个阶层从中受益。整个经济陷入衰退萧条的境地。这应该是财政政策的失败。在历史上，封建王朝末期政府就可能采取涸泽而渔的做法，表面上政府获取了暂时的财政收入，但是由于经济失去了持续发展的基础，结果导致市场萧条、农村凋敝，农业税与工商税都变得更难以征收，整个国家陷入山穷水尽的困境。

三、财政政策有效性分析

凯恩斯主义学派与理性预期学派关于财政政策是否有效，存在着相互冲突的观点，这是二者之间的最基本的分歧。凯恩斯主义认为财政政策是有效的，可称之为政策有效论。而理性预期学派则持财政政策无效的主张，可称为政策无效论。政策无效论的基本依据是认为市场主体是充分理性的，其会对政策效果获得理性的预期，从而采取理性的决策，以抵消政策的作用。结果导致政策在总体上不会有什么效果或影响。

讨论这个问题的关键在于，政府力量和市场力量的博弈结果会不会被完全抵消？政府的财政政策会被市场理性预期所抵消吗？在政府制定并且实施了财政政策，同时市场主体也具有理性预期的条件下，与不制定财政政策同时市场主体无需进行政策应对相比，经济体系是否会发生什么变化？如果经济体系的这两种状况是相同的，就说明财政政策没有效应，如收入分配、价格体系、经济效率状况等都没有改变，这样，财政政策似乎确实没有效果。但是财政政策的制定与执行如果改变了收入分配状况，市场主体的理性预期如何能够抵消这种变化呢？预期收入增加者会减少消费与投资吗？或者预期收入减少者反而会增加自己的消费或投资？或者收入增加者增加消费与投资但是会与收入减少者减少消费与投资相抵消？

假设二者的作用方向相反，谁的力量更大显然会影响政策效应。如果二者力量不相同，财政政策产生总体效果就是必然的了。如果政府制定了一定的赤字政策，有些市场主体可能发现这种政策对自己有利，从而不会抵制政策的执行；有些主体发现财政政策会损害自己的利益，从而会抵制政策的执行。由此可以看出，不同的市场主体的反应不同，支持政策执行的主体的存在就削弱了市场对策行为的力量。从政策制定过程看，在民主决策情况下，只有支持财政政策的社会力量大于反对的政策力量时，赤字政策才能够得到通过，在财政政策执行时支持者的力量也会占据上风，于是民主财政政策一般而言是会得到遵从或者较好地执行的。因此，财政政策是有效果的。

即使充分理性的市场主体能够通过理性的经济行为从整体上抵消政府财政政策的作用，那么在结构上市场主体的行为实际上已经发生变化，在这个意义上，财政政策仍然是有影响力的，或者有效果的。

但是如果将有效性理解为财政政策能否提高资源配置效率，那么这实际上就是判断政府能否纠正市场失灵的问题。基于市场可能出现失灵的观点，政府推行财政政策是可能改善资源配置效率的。如果不承认市场失灵的可能性，认为微观经济主体是充分理性的，同时强调政府失灵，那么财政政策确实不可能改善资源配置效率。那么按照理性预期学派的主张，政府所能够做的唯一事情就是放任，充分信任市场能够自动地解决所谓的问题。这是关于市场功能或优势的强烈信念。要在这种基本信念方面说服人一般来说都是困难的。

第五节 中国财政政策实践

财政政策是政府实施宏观调控的重要手段。财政政策主要通过税收、补贴、赤字、国债、收入分配和转移支付等手段对经济运行进行调节，是政府进行反经济周期调节、熨平经济波动的重要工具，也是财政有效履行配置资源、公平分配和调控经济等职能的主要手段。1992 年至今，根据经济形势的发展变化和宏观调控的特定任务，我国先后实施了适度从紧的财政政策、具有扩张特征的积极财政政策、趋于中性的稳健财政政策，客观经济发展后又继续实施积极财政政策，有力地促进了国民经济持续平稳健康发展。

我国从 1997 年应对亚洲金融危机开始使用积极的财政政策，效果显著。2008 年全球金融危机后我国通过 4 万亿元的财政刺激计划，再次通过积极财政政策和稳健的货币政策相配合，实现中国经济稳定与发展。积极的财政政策会一直持续下去吗？这样的财政政策在促进经济发展的同时，会不会也带来不利的影响？我们对此进行一些简要的分析。

一、积极财政政策的实践

1998 年，为了应对 1997 年亚洲金融危机对中国的影响，拉动内需，中国政府开始发行长期国债。1998～2002 年的五年间，共发行长期建设国债 6600 亿元。1998～2002 年，每年拉动经济增长 1.5～2 个百分点，累计创造就业岗位 750 万个，并集中建设了一大批重大基础设施项目。在当时，发行长期国债已然具备了一定条件，如银行存款较多、物资供给充裕、物价持续负增长、利率水平较低等。发行国债搞建设，既可以利用闲置生产能力，拉动经济增长，又可以减轻银行利息负担，也不会引发通货膨胀，因而是一举多得的重要举措。

二、近年来的财政政策及实践

2008 年四季度以来，为应对国际金融危机冲击，党中央和国务院决定实施积极的财政政策，把保持经济平稳较快发展作为宏观调控的重要任务，并与调结构、促改革、惠民生相结合，促进经济社会又好又快发展。

2010 年，面对极为复杂的经济社会发展环境，特别是各类严峻的自然灾害和重大挑战，我国继续实施积极的财政政策，努力处理好保持经济平稳较快发展、调整经济结构和管理通胀预期的关系，加强和改善宏观调控，加快推进经济发展方式转变，对促进经济平稳较快发展和保持社会和谐稳定发挥了重要作用。为此，政府采取了如下一些措施。

第一，安排使用好政府公共投资，着力优化投资结构。通过统筹使用公共财政预算拨款、政府性基金收入、国有资本经营收益等，中央政府公共投资支出 10 710 亿元，主要用于农业基础设施及农村民生工程、教育卫生等社会事业、保障性安居工程、节能减排和生态建设、自主创新和结构调整等方面。继续代理发行 2000 亿元地方政府债券，优先用于公益性项目续建和收尾。扩大政府公共投资“以奖代补”范围，带动社会投资。这些措施有力地促进了投资快速增长，增强了经济社会发展后劲。

第二，落实结构性减税政策，引导企业投资和居民消费。巩固增值税转型改革及成品油税费改革成果；对部分小型微利企业实施所得税优惠政策；对 1.6 升及以下排量乘用车减按 7.5%的税率征收车辆购置税；继续执行各项税费减免政策，严格行政事业性收费和政府性基金项目的审批管理。

第三，提高城乡居民收入，扩大居民消费需求。增加对农民的补贴，加强农业基础设施和农业综合生产能力建设，促进农民增收；提高对城乡低保对象、企业退休人员和优抚对象等群体的补助水平，增强居民消费能力；继续实施家电汽车下乡及家电、汽车以旧换新等鼓励消费的一系列政策。

第四，优化财政支出结构，着力保障和改善民生。增加对农民的各项补贴，政策覆盖范围进一步拓宽。新增 450 个县实施小型农田水利重点县建设，启动第二轮重点小型病险水库除险加固，全面完成大中型水库除险加固任务，加强大中型灌区续建配套节水改造及中小河流治理。推进农业综合开发，加大对产粮（油）大县的奖励力度，支持农民专业合作组织发展、农业产业化经营和农业技术推广，推动现代农业生产发展。支持教育优先发展，对 1.3 亿农村中小学生免除学杂费并免费发放教科书，中西部地区 1228 万家庭经济困难寄宿生得到生活费补助。免除城市义务教育阶段学生学杂费，2900 多万学生受益。落实中等职业学校城乡家庭经济困难学生和涉农专业学生免学费政策。将普通高中家庭经济困难学生纳入国家资助政策体系，高校国家助学金平均资助标准由每生每年 2000 元提高到 3000 元。加大社会保障投入力度，新型农村社会养老保险试点范围扩大到 24%左右的县。继续提高企业退休人员基本养老金水平和城乡低保补助标准，调整优抚对象等人员抚恤和生活补助标准。不断完善促进就业的财税政策。新型农村合作医疗、城镇居民基本医疗保险各级财政补助标准由人均 80 元提高到 120 元。促进解决关闭破产国有企业退休人员和困难企业职工参加城镇职工基本医疗保险问题。支持向城乡居民免费提供基本公共卫生服务，推动加强基层医疗卫生服务体系建设。国家基本药物制度覆盖到 60%以上的政府办基层医疗卫生机构。顺利启动公立医院改革试点。认真落实相关税费优惠政策，加大保障性安居工程建设支持力度，开工建设保障性住房和棚户区改造住房 590 万户。支持实施农家书屋、农村电影放映等重点文化惠民工程，丰富农村文化生活。汶川地震灾后恢复重建基本完成，玉树地震灾后恢复重建进展顺利，大力支持舟曲抗灾救灾与恢复重建。

第五，积极支持科技创新和节能减排，推动经济结构调整。实施科技重大专项，加强创新能力建设。推动发展战略性新兴产业，落实重点产业调整振兴规划。支持开展科研装备自主研制试点，实行鼓励关键零部件、先进技术装备等进口的税收政策。大力促进中小企业技术创新、结构调整和专业化发展。支持十大重点节能工程等，扩大节能产品惠民工程实施范围。公共领域节能与新能源汽车示范推广试点城市扩大到 25 个，在 6 个城市启动私人购买新能源汽车补贴试点。将太阳能热水系统等纳入政府采购扶持范围。重点减排项目和重金属污染治理加快实施，加大三河三湖等重点流域环境保护力度。建立草原生态保护奖补机制，促进草原生态建设和牧民增收。落实促进区域协调发展的各项财税政策。国家重点生态功能区转移支付范围扩大到451个县。积极扶持革命老区、民族地区、边疆地区、贫困地区加快发展。增加均衡性转移支付规模，财力薄弱地区落实各项民生政策的保障能力进一步提高。

当然，通过本章第四节的学习，我们可以运用IS-LM模型分析积极财政政策的这些实践。积极的财政政策使IS曲线向右上方移动，使均衡利率和国民收入都增加。因为当政府支出增加，使国民收入增加，从而使流通中的货币需求增加，进而引起利率上升，均衡利率上升使私人投资挤出，故辅之以宽松的货币政策，即增加流通中的货币量使利率下降，以克服“挤出效应”。另外，增加投资，通过乘数作用使国民收入增加，即LM曲线向右下方移动。因为该移动幅度未知，所以利率的升降不一定，但国民收入一定增加。

财政政策与货币政策的强力实施，获得了明显的效果。经济增长持续回升：2009年GDP 335 353亿元，比上年增长8.7%，2010年GDP为397 983.2亿元，比上年增长10.3%，我国经济增长持续回升。在扩大内需、保持经济增长、促进结构调整、转变发展方式、改善保障民生、促进和谐社会建设方面，财政政策发挥了充分的作用。我国经济总体运行平稳，扩大了内需，财政收支形势较好，公共财政在支持经济发展和基本民生济发展和基本民生建设方面取得了显著的成效。政府继续实行扩张的财政政策保证了经济的持续性增长，为更好更快地走出经济危机，带动世界经济复苏做出了强有力贡献。而稳健的货币政策有效抑制了国内通货膨胀，不至于引起人民生活水平下降，阻碍中国经济发展。市场中流动性货币减少，在通货膨胀预期管理取得良好成效，市场经济秩序运行较稳定。总结我国近年来实施的积极财政政策和适度宽松的货币政策，较快扭转了经济增速下滑的局面，率先实现了国民经济总体回升，为我国快速平稳地度过此次金融危机起到积极作用。我国也为世界应对国际金融危机做出了应有的贡献。所以，中国连续实行积极的财政政策和适度宽松的货币政策符合中国国情和经济社会发展客观实际，保证了中国免受国际金融危机的强劲冲击。

本章小结

财政政策是政府为了解决财政问题或社会经济问题而采取的改变财政收支总量和/或结构的行动。财政政策的实质是利益结构的调整。财政政策制定、实施与退出都围绕着利益调整而展开着各种斗争。财政政策效果可以用IS-LM模型等进行分析，并且认为财政政策一般是有效果的，理性预期学派的看法过于脱离现实。最后对中国近年财政政策实践进行了简单的讨论。

➢复习思考题

1. 什么时候可以实行汲水型财政政策或其他各种类型的财政政策？

2. 税收政策之中谁可能受益，谁可能受损？增税的税收政策是否可能有受益者？他们是怎样受益的？

3. 如何思考平衡预算财政政策的效果？

4. 财政政策能否提高资源配置效率？财政政策面对市场失灵能否发挥一定的作用？
5. 讨论我国财政政策实践和市场失灵的关系。

➢案例分析

许生（上海财经大学副研究员、博士）认为，我国积极财政政策目前面临的不是退出的问题，而是需要转型。积极的财政政策应该从政策内容的关注点转移的角度，不要把注意力全部放在关注总量上，因为中国面对的问题是结构问题、收入分配问题及资源环境问题。我们应逐步从关注总量或是GDP增长转向关注经济结构调整、优化收入分配，保持政策的扩张性。政策关注的重心应从总量型转为结构型。长期来看，在“十二五”期间，我们关注的将不再是经济下滑，而将是如何应对经济过剩，应对通胀。所以，宏观调控政策的重心应更多地转向抑制通胀、抑制过热、促进经济增长与结构转型、创新和扩大消费等方面。总体来讲，财政政策要保持力度，或者说力度有所调整，但不要太快，这是改善民生的支出需要所决定的。“十二五”期间，我们的政策目标是扩大公共服务的均衡性，改善民生，财政政策转向公共财政，体现“公共性”，支出要求的刚性非常强。许生通过实证研究发现，结构性减税的总体结果是增税。我们应该在哪些领域减税？跟老百姓直接相关的税种，就是个人所得税。2011年已经在做了，个税起征点由原来的2000元提高到3500元。长远看，还要实施个人所得税的综合计征改革。应该增的是哪一块？是环保税、资源税、房地产税、社保税和遗产赠与税等。从税收体制上讲，现行税制还远远不是我们所要最终构建的直接税体制和间接税体制有机配合的目标模式。我们不能单纯依赖靠国债应对财政支出的需要。我国国债还本付息的压力将在2013年前后突破GDP的3%，达到国际警戒线。长远来看，我们不能完全依赖国债。因此，对宏观税负的适度上升还需要有一定的容忍态度。后危机时代，尤其是“十二五”期间，财政政策应该突出财政对改善民生和调整收入分配的支持力度。一方面，大幅度提高有利于改善民生的非建设性支出；另一方面，要大力调整政府投资领域，退出高铁、民航等一般性市场投融资领域，大幅度改善或转移到带有基本制度安排性质的保障住房、农田水利建设等领域。许生认为，要提高社会消费能力和可持续发展能力，财政基本功能的调整应该朝着如何建立、健全我国社会主义的基本制度方向发展。

财政部科研所副研究员张鹏认为，本轮如此大规模的积极财政政策不可能永远实施，我们在退出时机上基本把握住三个条件：第一是经济基本企稳，国内状况已基本可以承受全球金融危机的影响；第二是市场开始恢复自主投资能力，投资不再依赖财政引导；第三是主要的产业结构调整已经完成，如发展非常快的风电产业，属于新能源产业，只要市场自主投资能力恢复了，财政引导做好前期铺垫，剩下的事情交由市场去做，因为市场的效率比财政的效率更高。为什么积极的财政政策要退出呢？一是长期用财政手段配置资源肯定导致价格扭曲和高成本，大家都会去寻租，而不是寻求市场竞争了；二是债务风险的累积，目前地方债累计过大，北京、上海这样的城市也面临还债的压力。按照我们的安排，到2013年积极的财政政策将退出。退出的步骤基本上是先退出减税，之后退出支出。退出税收优惠以后，财政增量过快，用新增的收入来弥补国债减少的部分。

资料来源：五道口议事厅：积极财政政策如何落地. http://finance.sina.com.cn/leadership/mroll/20110815/101010316557.shtml?qq-pf-to=pcqq.temporaryc2c[2011-08-15]

思考问题：

根据上述材料分析我国积极财政政策应该退出抑或转型？

参 考 文 献

《财政支出学》编写组. 2009. 财政支出学.上海：上海财经大学出版社
陈共. 2009. 财政学. 6 版. 北京：中国人民大学出版社
陈共. 2012. 财政学. 7 版. 北京：中国人民大学出版社
陈共. 2015. 财政学. 8 版. 北京：中国人民大学出版社
陈志勇. 2007. 公债学. 北京：中国财政经济出版社
邓子基. 2010. 财政学. 2 版. 北京：中国人民大学出版社
邓子基. 2014. 财政学. 3 版. 北京：中国人民大学出版社
邓子基，林致远. 2005. 财政学. 北京：清华大学出版社
方福前. 2000. 公共选择理论. 北京：中国人民大学出版社
冯宗容，杨明洪. 2010. 财政学. 成都：四川大学出版社
海曼 D N. 2004. 财政学. 王爱君译. 9 版. 北京：中国人民大学出版社
蒋洪. 2011. 公共经济学. 2 版. 上海：上海财经大学出版社
寇铁军，孙晓红. 2015. 财政学. 4 版. 大连：东北财经大学出版社
李海波，刘学华，王京梁，等. 2001. 新编财政学. 上海：立信会计出版社
李燕. 2008. 政府预算管理. 北京：中国财政经济出版社
刘京焕，李景友. 2011. 财政学原理. 北京：高等教育出版社
刘明慧. 2008. 外国财政制度. 大连：东北财经大学出版社
刘溶沧，赵志耘. 1998. 财政政策论纲. 北京：经济科学出版社
刘怡. 2004. 财政学. 北京：北京大学出版社
罗森 H S. 2000. 财政学. 郭庆旺，赵志耘译. 4 版. 北京：中国人民大学出版社
罗森 H S. 2006. 财政学. 郭庆旺，赵志耘译. 7 版. 北京：中国人民大学出版社
罗森 H S. 2009. 财政学. 郭庆旺，赵志耘译. 8 版. 北京：中国人民大学出版社
马蔡琛. 2007. 政府预算. 大连：东北财经大学大学出版社
马国贤. 2011. 政府预算. 上海：上海财经大学出版社
毛程连，庄序莹. 2010. 西方财政思想史. 上海：复旦大学出版社
缪勒 D C. 1999. 公共选择理论. 韩旭，杨春学译. 北京：中国社会科学出版社
孙文学. 2008. 财政思想史. 上海：上海交通大学出版社
王国清，马骁，程谦. 2010. 财政学. 北京：高等教育出版社
王玉春. 2013. 公债适度规模. 浙江大学硕士学位论文
许正中. 2003. 公共财政学. 北京：中共中央党校出版社
杨志勇，张馨. 2005. 公共经济学. 北京：清华大学出版社
曾宪植，薛文平. 2002. 财政学原理. 北京：华文出版社
张雷宝. 2007. 公债经济学. 杭州：浙江大学出版社
张馨. 2002. 财政学. 北京：人民出版社
张馨. 2012. 财政学. 2 版. 北京：科学出版社
朱伯铭. 2002. 公共经济学. 杭州：浙江大学出版社